Jugendliche Träume einer Schweiz von morgen
Les rêves de la jeunesse pour une Suisse de demain
Sogno giovanile della svizzera domani
Siemis da giuvenils per ina Svizra futura

Kanton Basel-Landschaft

Jugendliche Träume einer Schweiz von morgen

Les rêves de la jeunesse pour une Suisse de demain

Sogno giovanile della svizzera domani

Siemis da giuvenils per ina Svizra futura

Tag der Jugend auf dem Rütli, 31.07.1991
Journée de la Jeunesse sur le Grutli, 31.07.1991
Giornata della gioventù sul Grutli, 31.07.1991
Di da la giuventetgna al Rütli, 31.07.1991

VERLAG
des Kantons Basel-Landschaft

Herausgeber:

Erziehungs- und Kulturdirektion Basel-Landschaft

Alexandra Hänggi, Basel

Thomas Rutishauser, Riehen

Peter Schmid, Regierungsrat, Muttenz

Edgar Spinnler, Liestal

Regula Steffen, Hölstein

Max Zoller, Schönenbuch

Typografie: Florian Besset, Basel
Herstellung: Birkhäuser+GBC AG, Reinach

ISBN 3-85673-612-3

Inhaltsverzeichnis
Sommaire
Indice
Register

Einleitung von Bundespräsident Flavio Cotti zum Buch «Jugendliche Träume einer Schweiz von morgen» anlässlich des Tages der Jugend vom 31. Juli 1991

Das vorliegende Buch ist ein Geschenk von Schweizer Jugendlichen an alle Schweizerinnen und Schweizer aus Anlass der 700-Jahr-Feier der Schweizerischen Eidgenossenschaft. Hunderte von Zwölf- und Dreizehnjährigen aus der ganzen Schweiz sind der Einladung gefolgt und haben ihre Gedanken, ihre Träume und ihre Sorgen über die Zukunft ihres, unseres Landes festgehalten. Auf diese Weise entstand ein eindrückliches Werk, in dem die grossen Probleme unserer Zeit, die Hoffnungen, Wünsche und Erwartungen der jungen Generation auf eindrückliche Weise zur Darstellung kommen.

Eine Feststellung scheint zentral: Die Fragen, die die Jungen beschäftigen, sind letztlich auch die Fragen der erwachsenen Generation. Das Vorrecht der Jungen ist es aber, die drängenden Probleme der Gegenwart ungeschminkter und direkter beim Namen zu nennen: Drogensucht, Umweltprobleme, Armut, Flüchtlingsprobleme, menschliche Kälte, all diese Schattenseiten der modernen Gesellschaft beunruhigen die junge Generation. Vielleicht unterscheidet sie sich in diesem Punkt am deutlichsten von früheren, sorgloseren Generationen von Jugendlichen.

Die Äusserungen der Jungen richten sich mit besonderem Nachdruck an uns alle. Sie rufen dazu auf, Fehlentwicklungen Einhalt zu gebieten. Um den wichtigsten Herausforderungen unserer Zeit begegnen zu können, sind unkonventionelle Ideen notwendig. Die vorliegenden Texte stimmen mich zuversichtlich. Sie enthalten ein grosses Potential an Kreativität und Wille, die Zukunft unseres Landes zu gestalten und einzustehen für mehr Toleranz, mehr Solidarität und mehr Lebensqualität. Mit Phantasie, Überzeugungskraft und Engagement wird es der jungen Generation, wird es uns gelingen, die Zukunft unseres Landes zu gestalten, viele der Hürden zu nehmen und viele Probleme zu lösen.

Ich wünsche dem Buch, das uns zum Nachdenken anregt, einen grossen Leserkreis.

Flavio Cotti, Bundespräsident

Avant-propos de Monsieur Flavio Cotti, président de la Confédération, pour le livre «Les rêves de la jeunesse pour une Suisse de demain», publié à l'occasion de la Journée de la Jeunesse du 31 juillet 1991

Ce livre est le présent que les jeunes de ce pays offrent à leurs concitoyens à l'occasion du 700e anniversaire de la Confédération. Des centaines d'adolescents de douze à treize ans, répondant à l'invitation qui leur était faite, y ont consigné leurs idées, leurs rêves et leurs soucis quant à l'avenir de leur pays. Ainsi est né un ouvrage qui ne laissera personne indifférent, qui reflète les grands problèmes de notre temps et où s'expriment les espoirs, les aspirations et les attentes de la jeune génération.

Une constatation s'impose d'emblée: les questions que soulèvent les jeunes sont aussi celles, en fin de compte, qui préoccupent les adultes. Mais c'est le privilège de la jeunesse de s'exprimer sans détours et de désigner plus directement que leurs aînés les problèmes brûlants de notre temps: drogue, dégradation de l'environnement, pauvreté, misère des réfugiés, indifférence à l'égard du prochain. Toutes ces zones sombres de la société moderne hantent l'esprit des jeunes. C'est là peut-être en quoi ils se distinguent le plus des générations de jeunes antérieures, plus insouciantes.

Les textes réunis dans cet ouvrage nous interpellent tous avec insistance, et nous invitent à prévenir les dérapages. Pour faire face aux défis de notre époque, nous avons besoin d'idées non conventionnelles. Des pages qui suivent, il se dégage une force créative étonnante, de même qu'une volonté de construire un avenir empreint de tolérance, de solidarité à l'égard des autres, qui offre une meilleure qualité de la vie. La jeune génération parviendra – ou plutôt, nous parviendrons ensemble – à force d'imagination, de force de persuasion et d'énergie, à façonner l'avenir de notre pays, à surmonter maints obstacles et à résoudre beaucoup de problèmes.

Je souhaite que ce livre, qui force la réflexion, trouve de très nombreux lecteurs.

Flavio Cotti,
Président de la Confédération

Prefazione del Presidente della Confederazione Flavio Cotti per il libro «Sogno giovanile della Svizzera domani» in occasione della «Giornata della Gioventù», del 31 luglio 1991

Questo libro è un regalo dei giovani svizzeri alle loro concittadine e concittadini in occasione del Settecentesimo della Confederazione. Centinaia di dodicenni a tredicenni da tutta la Svizzera hanno risposto all'invito ed espresso i loro pensieri, sogni e preoccupazioni circa il futuro del nostro Paese. E' nata cosi un'impressionante opera dalla quale emergono con forza i grandi problemi del nostro tempo, le speranze, i desideri e le attese delle giovani generazioni.

Una constatazione appare centrale: gli interrogativi dei giovani sono in ultima analisi gli stessi degli adulti. I giovani s'esprimono però in maniera più schietta, diretta, chiamano i problemi con il loro vero nome, senza troppi eufemismi: droga, ambiente, povertà, rifugiati, incomunicabilità, tutti questi risvolti negativi della moderna società preoccupano le giovani generazioni.

Le riflessioni, le paure dei giovani sono un appello a noi tutti, una messa in guardia da evoluzioni sbagliate, un invito a rettificare la rotta. Le maggiori sfide del nostro tempo possono essere raccolte solamente con idee nuove, non convenzionali. I componimenti letti nella presente opera mi riempiono di fiducia. Da essi traspare un enorme potenziale di creatività, di volontà a costruire l'avvenire del nostro Paese, ad impegnarsi in favore di una maggiore solidarietà, tolleranza e migliore qualità della vita. Con fantasia, convinzione ed impegno le giovani generazioni riusciranno a perseguire queste mete, a superare molti degli ostacoli che s'oppongono alla soluzione dei grandi problemi d'oggi.

Spero quindi vivamente che la presente opera induca alla riflessione un gran numero di lettori!

Flavio Cotti,
Presidente della Confederazione

Introducziun dal president da la Confederaziun Flavio Cotti per il cudesch «Siemis da giuvenils per ina Svizra futura» a chaschun dal di da la giuventetgna dals 31 da fanadur 1991

Il cudesch preschent è in regal da giuvenils svizzers a tuttas Svizras ed a tuts Svizzers a chaschun da las festivitads per ils 700 onns da la Confederaziun svizra. Tschient giuvenils da dudesch e tredesch onns da l'entira Svizra han consentì al giavisch ed han mess en scrit lur pensaments, lur siemis e lur quitads pertutgant l'avegnir da lur, da noss pajais. Uschia è naschida in'ovra impressiunanta, en la quala vegnan exprimids ils gronds problems da noss temp, las speranzas, ils giavischs e las aspectativas da la generaziun giuvna.
Ina constataziun ma para centrala: Las dumondas ch'occupan ils giuvenils èn er dumondas dals creschids. Il privilegi da la giuventegna è però d'astgar numnar pli sinceramain e directamain ils problems urgents da noss dis: Il consum da drogas, ils problems da l'ambient, la povradad, ils problems da fugitivs e l'indifferenza; tut questas vards stgiras da la societad moderna inquietan ils giuvenils. Forsa s'exprima en quest fatg il pli evídentamain la differenza tranter questa generaziun da giuvenils ed autras che han vivì senza quitads.
Ils pensaments dals giuvenils sa drizzan cun insistenza a nus tuts. Els ans envidan a franar in svilup privlus e fauss. Per pudair dumagnar las pli impurtantas provocaziuns da noss temp èsi necessari da sviluppar ideas nuncunvenziunalas. Ils texts dals giuvenils ma dattan curaschi e fidanza. Els cuntegnan in grond potenzial da creativitad e da voluntad per furmar l'avegnir dal pajais e per s'engaschar per dapli toleranza, per dapli solidaritad e qualitad da viver. Cun fantasia, engaschi e persvasiun vegni a reussir a la generaziun giuvna ed a nus tuts da furmar l'avegnir da noss pajais, da surmuntar blers impediments e da schoglier cun quai blers problems.
Jau giavisch a quest cudesch – ch'ans dà bler da pensar – in vast circul da lecturas e lecturs.

Flavio Cotti
President da la Confederaziun

Zur Geschichte dieses Buches

«Botschaft vom Rütli»
Für die Organisatoren des «Tages der Jugend» vom 31. Juli 1991 stand nur eines diskussionslos fest. Vom Rütli aus soll von den Jugendlichen eine Botschaft in alle Schweizer Gemeinden hinausgetragen werden. Diese soll den Zeitgeist der Jungen erfassen und die ganze Schweizer Bevölkerung zum Denken und Handeln anregen.
Aber wer soll diese Botschaft an wen richten? Wer soll sie erarbeiten? Wie soll sie präsentiert werden? In welcher Sprache wird sie verlesen? Wie treten der Bundespräsident, die Behörden in Erscheinung?
Einen ersten Lösungsschritt stellten die Gedanken von Pater Kassian Etter vom Kloster Einsiedeln, Mitglied der vorbereitenden Arbeitsgruppe «Tag der Jugend», dar. Er schlug vor, Jugendliche «Träume einer Schweiz von morgen» formulieren zu lassen. In der Hoffnung, die ehrlichen Bedürfnisse und Wünsche der Jugend zu erfahren und damit den Behörden Grundlagen für eine bedürfnisgerechte Politik unterbreiten zu können, wurde der Vorschlag weiter bearbeitet.
Nach eingehender Diskussion mit dem OK «Tag der Jugend» und Vertretern der eidgenössischen Jugendkommission gelangten wir zur Ansicht, dass folgende Elemente wegweisend sein sollten:

- der Bundespräsident soll den Gehalt der «Botschaft vom Rütli» unterstreichen;
- die Jugendlichen sollen einen Teil der «Botschaft vom Rütli» selber gestalten;
- die «Botschaft vom Rütli» soll viersprachig sein.

Voller Begeisterung orientierten wir die Vertreter aller Schweizer Kantone über unser Projekt, in allen Kantonen etwa 30 Jugendliche «Träume einer Schweiz von morgen» schreiben zu lassen, und baten sie um ihre tatkräftige Unterstützung.
Das Resultat war überwältigend. Mehr als 700 Arbeiten sind bei uns eingetroffen.
Die Ganzheit der Aufsätze stellt ein grosses Potential jugendlicher Phantasie, Sorge, Hoffnung und Schaffenskraft dar. Eine Fundgrube für jeden interessierten Menschen.
Der Kanton Basel-Landschaft ermöglicht durch die Produktion dieses Buches den öffentlichen Zugang zu den «Werken» der jungen «Schriftsteller».
Ein Team von jungen Leuten aus allen Landesteilen nahm die Herausforderung an und wählte die vier Aufsätze (einen aus jedem Landesteil) aus, die als Bestandteil der «Botschaft vom Rütli» dort während der Geburtstagsfeier vom 31. Juli 1991 verlesen werden. Der Bundespräsident wird auf den Inhalt eingehen und seine Botschaft darauf aufbauen und somit seine Vorstellungen einer Schweiz von morgen als Auftrag an uns alle formulieren. Wir hoffen natürlich, dass diese «Botschaft vom Rütli» in vielen 1. August-Feiern in den Schweizer-Gemeinden von den Jugendlichen wiederum verlesen wird.

Markus Monsch
Projektleiter
OK «Tag der Jugend»

L'origine de ce livre

«Message du Grutli»
Les organisateurs de la «Journée de la Jeunesse» du 31 juillet 1991 avait décidé d'un commun accord: les jeunes emporteront du Grutli un message dans leur commune. Ce message saisira l'esprit du temps et devra stimuler les pensées et les actes de tous les concitoyens.

Mais à qui doit-on adresser ce message? Qui doit l'élaborer? Comment doit-il être presenté. Dans quelle langue sera-t-il lu? Comment se présenteront le Président de la Confédération et les autorités?

Les premiers idées ont été exprimées par Pater Kassian Etter du cloître de Einsiedeln, membre du groupe de travail «Journée de la Jeunesse». Il proposa de laisser les jeunes s'exprimer sur le thème «Rêves de la Suisse de demain». Il espéra que les jeunes exprimeront sincèrement leurs demandes et leurs rêves. Les autorités auraient alors une base pour construire une politique à la mesure des désirs des jeunes.

Après plusieurs discussions avec le comité d'organisation «Journée de la Jeunesse» et les représentants de la Commission de la Jeunesse fédérale, les éléments suivants ont été retenus
- le Président de la Confédération doit souligner le contenu du message du Grutli;
- les jeunes doivent composer euxmêmes une partie du message du Grutli;
- le message doit être en quatre langues.

Avec beaucoup d'enthousiasme nous avons informé les représentants des cantons suisses de notre projet. Les cantons ont prié quelques 30 jeunes de composer un texte exprimant leurs rêves de la Suisse de demain.

Le résultat a été impressionant. Plus de 700 textes nous sont parvenus.

Les textes ont démontré un énorme potentiel de la part des jeunes. Ils ont exprimés leurs fantaisies, leurs soucis, leurs espoirs et leurs besoins. Une source de découverte pour tout être humain.

Le canton Bâle-Campagne a imprimé ce livre. Nous pouvons ainsi lire les œuvres de nos jeunes ecrivains.

Nous avons mis sur pied une équipe de jeunes des quatre régions linguistiques afin de sélectionner les quatre lettres. Ces lettres seront lues sur le Grutli le 31 juillet 1991. Le Président de la Confédération s'inspirera du contenu de ces lettres pour ecrire son message. Il nous transmettra ce que nous devons faire pour atteindre le rêve de notre jeunesse. Nous espérons que le message du Grutli sera lu par les jeunes dans toutes les communes de Suisse à l'occasion de la fête du 1er août.

Markus Monsch
responsable du projet
CO «Journée de la jeunesse»

La storia di questo libro

«Messaggio del Grutli»
Per gli organizzatori del «giorno della gioventù» del 31° luglio 1991 c'era una sola cosa certa. Dal Grutli dovrebbe essere trasmessa un messaggio dai giovani in tutti i comuni della Svizzera. Questa raccolga lo spirito attuale dei giovani e spinga tutta la popolazione svizzera a riflettere e agire.

Ma chi dovrebbe rivolgere questo messaggio e a chi? Chi la dovrebbe svolgere? Come dovrebbe essere presentata? In che lingua sarà data in lettura? Come si presentano il presidente della confederazione e le autorità?

Le opinioni di padre Kassian Etter del convento di Einsiedeln, membro del gruppo preparativo del «giorno della gioventù», rappresentavano una prima soluzione. Egli proponeva di lasciar formulare ai ragazzi dei «sogni di una Svizzera di domani». Nella speranza di conoscere i veri bisogni e desideri della gioventù e di poter costruire le basi del messaggio per una politica di sobrietà piu giusta, la proposta è stata in continua elaborazione.

Dopo un'esauriente discussione con il OK del «giorno della gioventù e i rappresentanti della commissione confederale della gioventù, concludevamo, che i seguenti elementi dovrebbero essere indicativi:

– il presidente della confederazione dovrebbe sottolineare il centenuto del «Messaggio del Grutli»;
– i giovani stessi dovrebbero rappresentare una parte del «Messaggio del Grutli»;
– il «Messaggio del Grutli» dovrebbe essere quadrilingue.

Con pieno entusiasmo orientavamo i rappresentanti di tutti i cantoni del nostro proggetto di lasciar scrivere circa 30 sogni giovanili di una Svizzera di domani in tutti i cantoni e pregavamo loro per un aiuto energico.

Il risultato era vincente. Ci sono arrivati più di 700 temi.

Tutti i temi rappresentavano un grande potenziale di fantasia, cura, speranza e forza di lavoro giovanile.

Il cantone Basilea-Campagna dà la possibilità trâmite la produzione di questo libro l'accesso pubblico ai «lavori» dei giovani «scrittori».

Un gruppo di persone giovani di tutte le parti del paese accettavano la sfida e sceglievano quattro temi (uno di ogni parte del paese), i quali saranno dati in lettura là durante la celebrazione d'anniversario del 31° luglio 1991 come parte integrante del «Messaggio del Grutli». Il presidente della confederazione spiegherà il contenuto e vi costruirà il suo messaggio e quindi formulerà le sue idee di una Svizzera di domani per un incarico a tutti noi. Naturalmente speriamo che in molte feste del 1° agosto questo «Messaggio del Grutli» sarà data in lettura dai giovani nei comuni della Svizzera.

Markus Monsch
conduttore del proggetto
OK «Giorno della gioventù»

Davart l'istorgia da quest cudesch

«Messadi dal Rütli»
Per ils organisaturs dal «Di da la giuventetgna» dals 31 da fanadur 1991 è be ina chaussa stada clera senza la discussiunar. Dal Rütli enora duain ils giuvenils purtar in messadi en tuttas vischnancas da la Svizra. Quel duai cuntegnair il sentir e pensar dals giuvenils ed intimar l'entira populaziun svizra da pensar ed agir correspundentamain.
Ma tgi duai trametter quest messadi ed a tgi al drizzar? Tgi duai elavurar quel? Co duai el vegnir preschentà? En tge linguatg vegn el prelegì? En tge furma sa preschentan il president da la Confederaziun e las autoritads?
In emprim pass per ina schliaziun da quest problem munta l'idea dal pader Kassian Etter da la claustra da Nossadunnaun, commember da la gruppa preparatoria «Di da la giuventetgna». El ha proponì da laschar formular ils giuvenils «Siemis per ina Svizra futura». Questa proposta è vegnida elavurada vinavant cun la speranza d'udir ils basegns e giavischs sincers da la giuventetgna e da pudair suttametter uschia a las autoritads la basa per ina politica che resguarda quests basegns e giavischs.
Suenter ina intensiva discussiun cun il comité d'organisaziun dal «Di da la giuventetgna» e cun represchentants da la cumissiun federala per la giuventetgna essan nus arrivads a la conclusiun ch'i saja da resguardar ils suandants elements directivs:

- il president da la Confederaziun duai suttastritgar il cuntegn dal «Messadi dal Rütli»;
- ils giuvenils duain formular sez ina part dal «Messadi dal Rütli»;
- il «Messadi dal Rütli» duai vegnir scrit en quatter linguas.

Cun grond entusiassem avain nus orientà ils represchentants da tuts chantuns svizzers davart noss project, da laschar scriver en tuts chantuns randund 30 siemis giuvenils per ina Svizra futura e nus als avain supplitgà per in ferm sustegn.
Il resultat è stà surprendent. Pli che 700 lavurs èn arrivadas tar nus.
La totalitad dals concepts è in grond potenzial da fantansia, quitads, speranzas e forzas da lavur dals giuvenils. In stgazi per mintga uman interessà.
Il chantun Basilea-Champagna pussibilitescha tras edir quest cudesch che la publicitad obtegnia access a las «ovras» dals giuvens «scripturs».
In team da giuvenils or da tuttas parts dal pajais ha acceptà la provocaziun ed ha tschernì ils quatter concepts (in or da mintga regiun) che vegnan prelegids sin il Rütli sco part integrala dal «Messadi dal Rütli» a chaschun da la festa d'anniversari da la Svizra dals 31 da fanadur 1991. Il president de la Confederaziun vegn a far allusiun a quest cuntegn e basar ses messadi sin quel ed uschia formular sias imaginaziuns per ina Svizra futura sco incumbensa per nus tuts. Nus sperain naturalmain che quest «Messadi dal Rütli» vegnia prelegì dals giuvenils en bleras vischnancas svizras a chaschun da las festivitads dal 1. d'avust.

Markus Monsch
CO «Di da la giuventetgna»

Vorwort

Statt Schlachten der Vergangenheit – Kampf für eine lebenswerte Zukunft

Die Idee, im Jahr 1991 in der Schweiz ein Buch zu veröffentlichen, das die Schweiz zum Thema hat, mag auf den ersten Blick und angesichts der Papierberge rund ums Jubeljahr nicht sonderlich originell erscheinen.
Wer jedoch einen zweiten Blick ins vorliegende Werk wagt, entdeckt, dass hier für einmal nicht Schlachten der Vergangenheit aufgerollt werden und dass hier nicht Leute zu Worte kommen, die schon seit Jahrzehnten wissen, was und wie die Schweiz ist und zu sein hat.
Die Autoren und Autorinnen dieses Buches sind die künftigen Erwachsenen unseres Landes. Der Inhalt dieses Buches besteht aus deren Vorstellung von der Zukunft unseres Landes. «Jugendliche Träume einer Schweiz von morgen» lautete das Aufsatzthema, das Zwölf- und Dreizehnjährigen aus allen vier Landesteilen gestellt wurde.
Eine Auswahl aus den über 700 eingesandten Arbeiten, in denen sich eine überraschende Vielfalt von jugendlichen Wunsch- aber auch Alpträumen widerspiegelt, wurde auf Initiative und mit Mitteln des Kantons Basel-Landschaft in Buchform herausgegeben.
Der Beweggrund für das Baselbieter Engagement zugunsten der jubilierenden Eidgenossenschaft ist der grosse Wert, den die Aufsatzsammlung in unseren Augen als Zeitdokument besitzt. Ein Wert, der den «Tag der Jugend», an dem dieses Buch eine zentrale Rolle spielt, und auch das Jubiläumsjahr weit überdauern wird.

Sowohl die optimistischen als auch die pessimistischen Zukunftseinschätzungen der Schweizer Jugend können der Generation, die heute in unserem Land das Sagen hat, gewaltige Impulse verleihen. Aber nicht nur den heutigen Erwachsenen dürfte das vorliegende Werk «zu denken geben».
In einigen Jahren, wenn die heute Zwölf- bis Dreizehnjährigen ihre damaligen Vorstellungen von der Zukunft der Schweiz, die mittlerweile zur Gegenwart geworden ist, wieder lesen, dürfte dies seine Wirkung nicht verfehlen: Entweder lehnen sie dann zufrieden zurück, reiben sich die Hände und stellen fest, dass all ihre Jugendträume in Erfüllung gegangen und all ihre Ideale verwirklicht sind, oder – und diese Möglichkeit scheint uns realistischerweise die wahrscheinlichere – sie besinnen sich erst beim Lesen darauf zurück, wofür und wogegen sie einst ihre Kräfte einsetzen wollten.
Am schönsten wäre es, wenn durch die Lektüre dieses Buches beim einen oder bei der andern, vielleicht schon heute oder erst morgen nicht nur ein Denkprozess in Gange käme, sondern auch der Kampfgeist sich regen würde.
Es geht in diesem Werk, erschienen 1991 in der Schweiz, wirklich nicht um vergangene oder gar verlorene Schlachten. Dieses Buch ist dem Kampf für eine lebenswerte Zukunft gewidmet.

Regierungsrat Peter Schmid
Vorsteher der Erziehungs- und Kulturdirektion Basel-Landschaft

Préface

Au lieu des batailles du passé –
La lutte pour un futur digne d'être vécu

L'idée de publier, en 1991, en Suisse, un livre qui a pour thème la Suisse, peut, à première vue et face à la montagne de papier à propos du jubilé, ne pas sembler particulièrement originale.
Mais celui qui ose un second regard dans le présent ouvrage, découvrira que, pour une fois, on n'y fait pas le récit de batailles du passé et qu'on ne donne pas la parole à des gens qui savent depuis des décennies ce qu'est et ce que doit être la Suisse, comment elle est et doit être.
Les auteurs (masculins et féminins!) de ce livre sont les futurs adultes de notre pays. Le contenu de cet ouvrage correspond à leur représentation de l'avenir de notre pays. «Rêves de jeunesse d'une Suisse de demain», tel était le thème de composition proposé à des jeunes de douze et treize ans venant des quatre régions linguistiques de la Suisse.
Une sélection opérée parmi plus de 700 travaux reçus, dans lesquels se reflète une diversité surprenante de rêves, mais aussi de cauchemars de jeunes, a été publiée sous forme de livre, à l'initiative et avec l'appui financier du canton de Bâle-Campagne.
La raíson de l'engagement bâlois en faveur de la Confédération jubilaire est la grande valeur que possède à nos yeux le recueil de compositions en tant que document d'époque. Une valeur qui persistera bien au-delà de la «Journée de la jeunesse», durant laquelle ce livre jouera un rôle de premier plan, et également de l'année du jubilé.
Tant les perspectives optimistes que les prévisions pessimistes de la jeunesse suisse peuvent conférer un puissant élan à la génération qui est aujourd'hui aux commandes, dans notre pays. Mais le présent ouvrage ne devrait pas «donner à réfléchir» uniquement aux adultes actuels. Dans quelques années, lorsque les jeunes âgés aujourd'hui de douze à treize ans reliront leurs idées d'autrefois à propos de l'avenir de la Suisse, devenu entretemps le présent, cela devrait porter ses fruits: Ou bien, ils s'installeront confortablement, se frotteront les mains et constateront que tous leurs rêves de jeunesse se sont concrétisés et tous leurs idéaux se sont réalisés, ou – et cette probabilité nous paraît être la plus vraisemblable – ils se souviendront subitement en lisant ce livre pourquoi et contre quoi ils voulaient à l'époque employer leurs forces.
L'idéal serait qu'à la lecture de ce livre, chez l'un ou chez les autres, peut-être aujourd'hui déjà ou seulement demain, s'amorce un processus de réflexion, mais aussi que l'esprit de lutte se réveille. Dans cet ouvrage, paru en 1991 en Suisse, il ne s'agit vraiment pas de batailles passées voire perdues. Ce livre est consacré à la lutte pour un futur digne d'être vécu.

Conseiller d'Etat Peter Schmid
Directeur du Département de
l'instruction publique et de la Culture
Bâle-Campagne

Introduzione

Invece delle guerre del passato: Lotta per un futuro, che merita di essere vissuto

L'idea di pubblicare in Svizzera nel 1991 un libro, avente per tema la Svizzera, può sembrare a prima vista e in considerazione della montagna di carta stampata a proposito del giubileo, un'idea non molto originale. Chi però si azzarda a gettare uno sguardo più approfondito nell'opera presentata, scopre che qui, eccezionalmente non vengono ricordate le solite battaglie del passato e che non sono le persone di sempre a prendere la parola che da decenni declamano che cosa è e come deve essere la Svizzera.
Gli autori e le autrici di questo libro sono i futuri adulti del nostro paese. Il contenuto di questo libro consiste nella loro rappresentazione del futuro della Svizzera. Infatti il tema proposto ai dodicenni e tredicenni delle quattro regioni nazionali era «Sogni giovanili di una Svizzera del domani». Una selezione degli oltre 700 lavori, nei quali si esprimono oltre a una varietà di desideri giovanili anche timori, è stata pubblicata in forma di libro su iniziativa e con i mezzi del cantone di Basilea-Campagna.
La motivazione dell'iniziativa dei basilesi a favore del Giubileo della Confederazione è il grande valore che questi scritti assumono ai nostri occhi quale documento attuale. Un valore che sopravviverà a lungo alla «Giornata della gioventù», a cui è dedicato il libro ed anche all'anno del Giubileo.
Le considerazioni ottimistiche ed anche pessimistiche della gioventù svizzera sul futuro possono infondere enormi impulsi alla generazione, che oggi nel nostro paese ha diritto di decisione. Ma questo libro non «darà da pensare» solo agli adulti di oggi.
Tra qualche anno, quando gli attuali dodicenni e tredicenni, rileggeranno le loro idee in merito al futuro della Svizzera, che nel frattempo sarà diventato il presente, queste non perderanno il loro effetto: Poichè o si distenderanno soddisfatti che i loro sogni giovanili e i loro ideali nel frattempo sono diventati realtà oppure – e questa possibilità ci sembra realisticamente la più probabile – si ricorderanno solo con questa lettura, per che cosa e contro chi a suo tempo volevano impiegare le loro forze.
Il miglior risultato sarebbe, se la lettura di questo libro potesse stimolare qualcuno, già oggi oppure anche domani, non solo a una riflessione, ma anche alla combattività. In questo libro pubblicato in Svizzera nel 1991 veramente non si tratta di battaglie passate o addirittura perdute. Questo libro è dedicato alla lotta per un futuro, che meriti di essere vissuto.

Consigliere di Stato Peter Schmid
Capo del Dipartimento della pubblica
e della cultura Basilea-Campagna

Prefaziun

Empè da battaglias dal passà – cumbat per in avegnir plaschaivel

L'idea da publitgar l'onn 1991 en svizra in cudesch cun la Svizra sco tematica na para l'emprim mument betg dad esser gist fitg originala, cunzunt a vista dals mantuns da palpiri en connex cun l'onn giubilar.
Tgi che ristga da dar in segund sguard en l'ovra preschenta, vesa immediat ch'i na sa tracta qua betg da preschentar las battaglias dal passà e che na vegnan qua betg a pled glieud che san gia dapi decennis tge e co è la Svizra e tge e co ella ha dad esser.
Ils auturs e las autturas da quest cudesch èn ils futurs creschids da noss pajais. Il cuntegn da quest cudesch consista da l'imaginaziun da l'avegnir da noss pajais. «Siemis da giuvenils per ina Svizra futura» è stà il tema per in concept ch'è vegni da e giuvenils da dudesch e tredesch onns ord tuttas regiuns dal pajais.
Ina schelta or da las passa 700 lavurs inoltradas, en las qualas sa reflectescha ina diversitad surprendenta da giavischs e siemis dals giuvenils, è vegnida edida en furma da cudesch sin iniziativa e cun meds finanzials dal chantun Basilea-Champagna.
Il motiv per l'engaschament da Basilea-Champagna en favur da la Confederaziun giubilanta è la gronda valur che questa collecziun da concepts posseda tenor noss avis sco document da noss temp. Ina valur che vegn per ditg a surviver il «Di da la giuventetgna», per il qual quest cudesch ha giugà ina rolla centrala; e quella valur vegn er a surviver l'onn giubilar 1991.
Tant las perspectivas optimisticas sco er las pessimisticas da la giuventetgna svizra pon dar enorms impuls a la generaziun che cumonda oz las festas en noss pajais. Ma l'ovra preschenta dastgass «dar da pensar» na be als creschids dad oz.
En varsaquants onns, cu ils giuvenils dad oz da dudesch e tredesch onns turnan a leger lur anteriuras imaginaziuns per l'avegnir da la Svizra, ch'èn dentant arrivadas al preschent, duess quai na manchentar ses effect: U ch'els sesan cumadaivlamain en lur sutgas pulstradas sfruschond ils mauns e constatond che tut lur siemis giuvenils sajan s'accumplenids e tut lur ideals realisads u – questa pussaivladad ans para realisticamain pli probabla – ch'els sa regordan tar la lectura per tge e cunter tge ch'els vulevan ina giada impunder lur forzas.
Il pli bel tissi, sche, tras la lectura da quest cudesch, l'in u l'auter na entschaviss betg be a far tschertas ponderaziuns e quai gia oz u forsa damaun, mabain sentis a mover in tschert spiert da cumbat. I va vairamain en quest'ovra, cumparida il 1991, betg per battaglias passadas u tuttavia persas. Quest cudesch è deditgà al cumbat per in avegnir degn e plaschaivel.

Cusseglier guvernativ Peter Schmid
cau dil departement d'educaziun
e cultura Basilea-Tiara

Aargau

Träume der Schweiz von morgen

Die Schweiz, das fast reichste Land der Welt, wird am 1. August 1991 700-jährig. Anlässlich dieses hohen Geburtstages werden Festspiele mit Szenen aus der Zeit der Gründung vorgeführt; aber auch glanzvolle Feste werden ganz sicher jung und alt begeistern. In so schönen Stunden vergisst man schnell das weniger Schöne. Zum Beispiel gibt es einige Leute in der Schweiz, die, wenn der Bund die Subventionen für die Bauern wieder ein wenig hinaufsetzen will, ein riesiges Gemecker loslassen. Dabei sind das die Gleichen, die dann ins zum Teil nahegelegene Ausland fahren, oder in der Schweiz ihren Bedarf mit ausländischen Waren decken, weil diese billiger sind als inländische. Andere Leute hätten gerne Lebensmittel, die nicht mit Kunstdünger und Pflanzenschutzmitteln behandelt worden sind, zahlen möchten sie aber nur soviel, dass es ihrem Geldbeutel nicht zu sehr weh tut. Wieder andere hätten gerne ihr Fleisch aus tiergerechten Ställen, ohne Zusatzstoffe gemästet und denoch billig wie ein Blatt Papier. Da muss man sich nicht mehr wundern, wenn ein Bauernhof um den andern von der Bildfläche verschwindet. In andern Ländern sind die Gesetze noch nicht so weit fortgeschritten, dass das Düngen einzelner Flächen nur zeitweise oder gar nicht gestattet ist. Es wäre also klüger, für bessere Qualität einen besseren Preis zu bezahlen; denn man kennt den Herstellungsweg bei ausländischen Gütern ja nicht immer genau wie bei inländischen. Es wäre schön für die Zukunft der Schweiz, wenn diese Probleme gelöst werden könnten.

Manfred Müller, Kölliken

Jugendliche Träume einer Schweiz von morgen

Als Bundesrat oder Bürgermeister würde ich viel mehr Märkte, Skatebahnen usw. machen. Ich finde es jetzt hier in Mellingen viel zu uninteressant.

In der Schule sollte man mehr im Freien arbeiten, dann wäre der Unterricht viel interessanter.

Alle sprechen von Naturschutz, aber fast niemand unternimmt etwas. Könnte man sich vielleicht die Finger schmutzig machen? – Tiere werden mit Schrotflinten gejagt, so dass sie keine Chance zum Entkommen haben. Man sollte wieder mit Pfeil und Bogen jagen, wie im 12. und 13. Jahrhundert.

In der Schweiz gibt es auch zu viele reiche Leute. Was wäre, wenn die Reichen einmal arm wären und die Armen reich? – Das wäre, wie wenn der Hase den Fuchs jagen würde. Ich finde man sollte allen Leuten das gleiche Recht geben, vielleicht ändert sich dann etwas, das man gar nicht erwartet hat.

Ich bin froh, Schweizer zu sein. Ich möchte nicht wie die Flüchtlinge als „Idiot" angeschaut werden. Dank der guten Politik haben wir auch genügend, wenn nicht zuviel, Nahrungsmittel.

Matthias, 14 Jahre, Mellingen

Träume einer Schweiz von morgen J: 2191

Ihre ursprüngliche Form hat die Schweiz behalten, aber im Landesinneren hat sich vieles verändert. Man würde kaum glauben, dass hier noch vor 200 Jahren qualmende Fabriken standen. Aber ein Bevölkerungsaufstand im Jahre '99 hat's geschafft: Man ist zurückgekehrt zur teilweise zerstörten Mutter Natur. Aus der Generation der hochtechnisierten Schweiz lebt niemand mehr. Einige Narben in der Landschaft zeugen noch von dieser Zeit. Es war ein hartes Stück Arbeit. Es mussten neue Gesetze erarbeitet werden, und nicht alle wollten mitmachen. Aber die Regierung hat für alle gesorgt. Es gibt Nahrung für alle, da wieder viele in der Landwirtschaft arbeiten. Was zuviel ist, wird in Entwicklungländer verschickt. Alle haben Arbeit: Im Wald, auf dem Feld, in den wenigen Fabriken. Die Menschen wohnen in Bauernhäusern oder freundlichen Siedlungen. Es wurden alte Gebäude abgerissen, Bäume gepflanzt, ausgestorbene Tiere eingegliedert. Es war ein harter Kampf. Noch sind nicht alle Probleme gelöst. Es stehen stillgelegte AKW's herum, und der Andrang der Touristen vergrössert sich zusehends. Aber die Schweizer sind anders geworden. Sie halten zusammen und werden diese Probleme gemeinsam lösen. 06.05.91

Julia J Engesser, Leimbach AG
15 Jahre

Monika, I5, Widen

TRAEUME EINER SCHWEIZ VON MORGEN

Schweiz-wenn ich das höre,löst das mehrere Empfindungen in mir aus. Auf der einen Seite bin ich sehr froh,hier zu leben. Ich fühle mich geborgen in der "kleinen" Schweiz. Die Meisten hier leben im Wohlstand.Den Eidgenossen ist es bisher immer relativ gut gegangen.Dank ihrer Neutralität sind sie von Kriegen verschont geblieben-und werden es hoffentlich auch immer bleiben. Natürlich bin ich glücklich, dass ich hier geboren bin,wo es mir gut geht.Doch manchmal,wenn ich sehe,wie andere leben,schäme ich mich fast,in so eine "heile" Welt hinein geboren worden zu sein. Vielleicht wäre es gar nicht so schlecht,wenn es den Schweizern mal nicht so gut gegangen wäre. Man würde dann offener gegenüber denen sein, welchen es nicht so gut geht.

In der Schweiz wird im Gegensatz zu anderen Ländern viel für den Umweltschutz getan. Ich hoffe,dies wird in Zukunft sogar noch mehr gefördert.Schliesslich geht dies uns alle an. Was ich mir für die Schweiz von morgen noch erhoffe? Dass sie weniger bürokratisch wird.Oft ist es gut,alles ganz genau zu nehmen,aber kann man da nicht auch mal Ausnahmen machen?Sie sollte ein wenig offener sein. Dies beginnt bei mehr Herzlichkeit untereinander und geht bis zur Offenheit gegenüber anderen Ländern. Auch sollten Klischees abgebaut werden - im Ausland und in unserem eigenen Land selbst. Und wir sollten uns nicht immer als "brave" BürgerInnen darstellen - wir sind es nämlich nicht !

Monika Heiz
Dorfstr. 36
8967 Widen

JUGENDLICHE TRAEUME EINER SCHWEIZ VON MORGEN

Der Wecker klirrt, ich stehe auf und begebe mich in den Alltagstrott - die Autoschlangen winden sich um die Kurven, die Leute eilen durch die Strassen, der Fernsehreporter in den Schaufenstern plappert von den Katastrophen in fernen Ländern, die Schüler reiben sich die durch die Abgase brennenden Augen - die Schule beginnt. In der Bank sitzend, sehe ich den Lehrer vor mir, die gähnenden Schüler um mich herum und höre ganz fern einen Vogel pfeifen. Wie ein Hilfeschrei tönt es, ein einziger gller Pfiff, und ich eile diesem Vogel zu Hilfe. Ueber Wiesen, durch Wälder gehe ich und höre Vögel pfeifen aller Art. Kein Hilfeschrei ist zu hören, ich lausche dem sanften Rascheln der vom Wind bewegten Blätter. Vor mir suchen sich Wassertropfen den Weg in's Tal, um mich summen die Bienen, um den Staub von den unzähligen Blüten zu sammeln. Gurgelnd fliesst das Wasser, und auf der andern Seite des Baches blickt mich der vor kurzem noch um Hilfe schreiende Vogel vergnügt an.
Ich verlasse die Auen und komme auf einen Kiesweg, der zu einem stillen Dörfchen führt. Lachend begrüssen mich die Leute. Sie sind mir unbekannt und doch bekannt, weil sie Menschen sind mit Herz und Seele. Plötzlich finde ich mich in einer kleinen, gemütlichen Wohnung wieder. Auf der Strasse hört man spielende Kinder. Ueberall hat es Grasstücke zwischen den Strassen. Grosszügig angelegte Gärten erstrecken sich vor jeder Tür. Die Bäume in den vielen Parks schwächen den Autolärm ab und geben auch Vögeln und anderen Tieren Raum.
Und dann dasselbe Fenster, draussen kalte Betonmauern, wie Klötze in die Strassen geworfen, und darüber das Dröhnen eines Flugzeuges.

Dominique 16, Biberstein

Jugendliche Träume über eine Schweiz von morgen

Träume sind Schäume. Bierschäume. Abschäume. Abwaschschäume, Staatsschäume, Zwangsschäume, gewöhnliche Schäume, normierte Schäume, eintönige Schäume, fremde Schäume, hasserfüllte, (umwelt-) zerstörerische Schäume.

Der Schaum lässt mir keine Luft zum Atmen, keine Freiheit, keine Phantasie. Alles ist eintönig, läuft nach Gewohnheit und wie geplant ab. Nur keine Zwischenfälle !

Der Schaum schafft aber auch Geborgenheit, Gewissheit; keine bösen Überraschungen - oder doch?

Der Schaum isoliert jeden einzelnen. Jeder ist allein. Auch Du bist allein. Das Gartentor ist zu. Dem Ungemütlichen aus dem Weg gegangen, der (innere) Konflikt vermieden.

Das Auge des Staates wacht. Mach keinen Fehler! Das Auge des Nachbarn wacht. Mach keinen Fehler! Alles muss tadellos sein.

Die andern kommen trotzdem, wollen "profitieren". Wir denken, sie schaden uns, schliessen das Gartentor, wollen nicht teilen, wünschen uns nicht nur, dass sie verschwinden.
Sind Träume Schäume?

Lea, 16, Aarau

Jugendliche Träume einer Schweiz von morgen:

Min Traum för morn wär,dass die ganz Schwyz echli meh nach Mönsch tät "schmöcke",dass me meh merkti,mer send Mönsche,alli zäme.M-OE-N-SCH-E, Mönsche us Fleisch ond Bluet,met Gfüel,met Träne ond met eme Lache,met eigne Gedanke ond Tröim,met eusne Stärkine ond Schwäche.

Ond grad wel ned all die gliche Stärkine oder Schwäche händ,sött me lehre,enand z'akzeptiere,grad so wie mer send- ebe as Mönsche.Es esch mängisch schwerig,zu de-n-andere,zu dene,wo anders send wie...wie me halt sälber esch,ja z'säge.Müe händ mer au met de Mönsche am Rand vo eusere Gsellschaft.I dänke jetzt bsonders a die Drogeabhängige.Vellecht sötte mer is jetzt emal sälber a de Nase neh,denn- händ ned mer die Lüt an Rand use drängt?

Drom meini,dass es jetzt au de Gsellschaft tät legge,dene Lüt z'hälfe oder wenigschtens dene Lüt anders z'begägne.Ned met eme abschätzige Gedanke wie:"de het versäit"oder"das esch en fuule Cheib".Nei,sondern met em Gedanke:au das esch en Mönsch.En Mönsch,wo im Läbe nöime z'chorz cho esch,aber wäge dem glich en Mönsch!

Mer chömed jetzt au no d'Osländer i Senn,wo mängisch as"weiss-i-ned-was"behandlet wärde,wie-n-es Teili,wo ned i euses Zämmesetz-Speli passt. Debi send das ja au Mönsche,wo s'Rächt händ of nes schöns Läbe wie mer Schwyzer,oder ned?

Es get natürlech no vel meh Mönsche,wo's ned liecht händ i eusere Gsellschaft:Behendereti,Obdachlosi,Schwarzi,Grüeni...ond debi semmer doch alles Mönsche!!

Au gäg osse chönt d'Schwyz ruhig echli meh zeige,dass Mönsche i dem Ländli läbe,ned nome Maschene ond Kompiuter,sondern au no Mönsche. So müesst denn au ned alles emmer so perfekt ond suuber ablaufe,denn wie gseit,mer send au nome Mönsche!

Karin 16 J. Küttigen

Jugendliche Träume einer Schweiz von morgen

Friedliches Zusammenleben aller Rassen, in der Schweiz. Aus der Traum.
Gelb, braun, rot und weiss zusammen? Nur ein Traum.
Keine Unterscheidungen, alle gleich. Traum?
Könnten wir nicht jeden Tag probieren, diesen Traum auszuleben?
Jeder noch so stolze Schweizer könnte doch seine starke,
Eingebildete Schale ablegen und ein friedliches Zusammenleben mit
'Den' Menschen anfangen, welche es zu Hause shon genug schwer haben.

Wohin ist die saubere Luft gegangen? In meinen Traum.
Wohin sind die grünen, vollen Wälder gezogen? In meinen Traum?
Die Vögel, sie sangen, haben gesungen, hatten gesungen. Aus der Traum.
Wie lange wollen wir noch - NEIN! Wie lange können wir noch mit
Unserer Umwelt so umgehen, wie es uns beliebt, wie es unserer
Industrie am bequemsten ist? Wir müssen uns bekehren, oder wir
Verrecken in unserem eigenen Dreck! Und dieser Tag kommt schon bald.

Auch unsere Neutralität, nur noch ein Traum (der Politiker).
Viel Gerede, keinen Sinn. Dieser Traum...
Es machen sowieso alle, was sie wollen. Nicht in meinem Traum.
Kaum sind sie gewählt, meinen sie, sie können machen, was ihnen
Beliebt. Aber manchmal können sie einfach nicht wie das gemeine
Volk denken. Sie fühlen sich wohl besser. (?)

Und was wird aus meinem Traum? Aus der Traum?

Marc, 16 J., Aarau

Jugendliche Träume einer Schweiz von morgen

Die Schweiz wird überall als "das Traumland" beschrieben, ein Land, in dem alles gut ist, keine Fehler herrschen und der Wohlstand jedem angeboren ist. Doch dem ist nicht so!
Die Wirklichkeit wird unter einer schönen, grossen Decke versteckt, so dass für die Aussenstehenden nichts sichtbar wird. Wie lange wird dies noch so weitergehen?- Bald ist auch dies nicht mehr möglich, und unser Dreck wird für alle sichtbar werden. Die Schweiz mit ihren schönen, weissen Schneebergen wird dann nicht mehr mit der reinen Weste hingestellt, und "holiday on Switzerland" wird seinen Reiz verlieren. Auch der überall proklamierte Wohlstand lässt die andern gut verdecken.
Wie schön ist doch die Schweiz, jedes Land, wenn man nicht zu tief gräbt. Jetzt herrscht bei uns Gleichberechtigung und Demokratie, doch warum werden Menschen mit anderen Vorstellungen und Meinungen schräg angeschaut und ihr Dasein verdrängt und vertuscht?
Ich glaube, bei uns in der Schweiz wird zuviel diskutiert und zu wenig in die Tat umgesetzt. Ist ein Problem vorhanden, so wird in den Parteien, Stände-,National- und Bundesrat lang und breit diskutiert, so dass es längst zu spät ist, wenn ein schneller Rat gefragt ist. Reden werden gehalten mit Fremdwörtern verziert, und doch wird nur um den heissen Brei herumgeredet! Ist dies das Wahre? Wie wird es weitergehen? Wird vor lauter Innen- und Aussenpolitik der einzelne Staatsbürger vergessen, zum Wohle der Schweiz?
Unsere Schweiz hat soviele Gesichter, die sie zu wahren hat. Manchmal, so denke ich, sind es fast zu viele. Das Spektrum wird so zu breit, und man geht gar nicht mehr richtig auf das Einzelne ein. Ist es das, was wir Bürger unserer Schweiz wollen?
Sieht man unsere Schweiz an, so dürfen wir trotz allem stolz darauf sein und könnten noch viel mehr Grund haben zum Stolz-Sein, wenn wir unseren Beitrag zur besseren Schweiz leisten würden! Bist DU bereit dazu??

Simone, 16, Aarau

Tim Wirthmüller
Sekundarschule
5266 Wölflinswil

Wettbewerb

„Träume einer Schweiz von morgen"

Ich finde die Schweiz eigentlich schön. Wenn wir nicht so viel Schule hätten, könnte ich die Schwez mehr ausnützen.
Ich wünsche mir dass die Zukunft noch schöner wird, als die Schweiz jetzt ist. Ich wünsche mir noch, dass wir in der Zukunft nicht so viel Schule hätten.
Ich stelle mir vor, dass in der Zukunft alles mit Computern und Robotern gemacht wird, und die Arbeiter nur auf Knöpfe drücken müssen, dass die Maschinen laufen. Oder es läuft alles ferngesteuert. Dann müssen die Arbeiter nicht mehr zur Arbeit gehen. Und noch später entwickeln sich die Menschen zu Robotern. Ich finde das nicht so gut, sondern es soll so bleiben wie es jetzt ist. Nur die Hausaufgaben sollte man mit den Computer machen dürfen. Es wäre besser, wenn es nur noch Solarautos gibt, dann wird die Luft besser und die Umwelt wird nicht verschmutzt.

Jugendliche Träume einer Schweiz von Morgen

Wie ich die Schweiz heute als Mensch sehe:
Erschreckend auf mich wirkt, dass sich die die überaus intellektuelle Gesellschaft im Laufe der Jahre eher ins Negative bewegt hat, die Enfremdung hat immer zugenommen und nicht wie man annehmen könnte, mehr ins Positive, mehr in die menschliche Richtung. Unsere Umgebung wird immer unpersönlicher. Keiner schenkt dem andern ein freundliches Lächeln, das eienm aufmuntert Das ganze Leben des Schweizers richtet sich nich nur nach Erfolg, Rhum, Reichtum, Karriere und Geld. alles ist auf Leistung ausgerichtet. Ist man in unserer Gesellschaft nicht gerade der Intelligenteste, so wird man sofort ausgeschlossen, nicht akzeptiert. Wir Schweizer sind einfach zu verklemmt - man könnte ja hören was man im Bus miteinder spricht. Und da alles nur auf Leistung ausgerichtet ist, so nimmt der Mensch auch keine Rücksicht mehr auf andere Leute. Nur immer schön gerade ausschauen, ja nichts links und nicht rechts, nur für sich schauen. Die anderen gehen einen ja nichts an.
Durch all diese Faktoren leben wir Menschen uns auseinander. Da der Mensch nur auf sein persönliches Wohl bedacht ist, nimmt er keine Rücksicht auf Verluste. Zu einem dieser Verluste zählt auch die Mutter Natur. Keine Rücksicht auf Mensch und Umwelt - der Respekt vor dem Zusammenleben der Menschen mit der Natur hat seien Wert verloren.

Roger 16 J. 5015 Nd. Erlinsbach

Simon, 14, Birrhard

Jugendliche Träume einer Schweiz von morgen

Wenn es nach meinen Träumen ginge, gäbe es an der Schweiz viel zu ändern. Es ist keine „Traumschweiz" in der wir im Moment leben. Ueberall herrschen Autos, graue Mauern und Elend unter den Menschen, den Menschen unserer hochmodernen Zivilisation. Die Natur stirbt aus.
Natürlich gibt es auch viele schöne Dinge wie Orte ohne viel Verkehr und Dreck, an denen die Natur noch das Sagen hat. Dennoch: Es wird viel zu wenig für Natur und Umwelt getan. Wenn es nach mir ginge, wäre das Autofahren ab sofort verboten und der öffentliche Verkehr würde noch mehr ausgebaut.
Ein grosses Problem sehe ich auch in der grossen Anzahl der Menschen, die hier leben. Wären es weniger, würde, so glaube ich, das Drogenproblem zurückgedrängt und die Selbstmordrate würde sich senken. Man lebt einfach zu nahe aufeinander.
Um eine schöne, angenehme Schweiz zu erreichen, müsste der Schweizer auf den grössten Luxus verzichten. Tiere und Menschen müssten nebeneinander leben können, ohne dass die einen darunter leiden müssen.
Ich glaube, dass es realisierbar wäre, eine bessere Schweiz zu organisieren, wenn alle mithelfen würden! Doch wahrscheinlich entscheidet sich auch in Zukunft die Mehrzahl der Schweizer für den Luxus und im weiteren Sinne auch für den Untergang. Trotzdem sage ich zum Schluss: Es lebe eine gesunde, angenehme Schweiz!

Michael Meier
Sekundarschule
5266 Wölflinswil

Wettbewerb

Träume einer Schweiz von morgen

Man sollte die Schweiz nicht mit Autos, mit Kernkraftwerken, mit Spraydosen u.s.w. verseuchen. Es verseucht das Vaterland, aber auch uns!
Wenn wir so weitermachen, gibt es bald keine Schweiz, und auch keine Welt mehr.
Wenn nur ein Mensch anfängt umweltbewusst zu leben, könnte nach kurzer Zeit die ganze Welt so leben. Aber nur dann, wenn sich alle daran beteiligen!
Am besten wäre, man könnte alle Autos gegen Solarmobile umtauschen, das wäre schon der erste Beitrag daran, die Welt zu retten.
Man sollte auch nicht Altes gegen Neues tauschen, das heisst, man sollte nicht alte (Riegel-) Häuser gegen neue Wohnblocks tauschen!

Träume einer Schweiz von morgen

Sehr geehrter Herr Bundespräsiedent Cotti!
In der Schweiz gibt es viele Drogensüchtle, den Drogensüchtigen könnte man helfen indem man die Drogen in Apotheken billig anbieten könnte. Die, die die Drogen kaufen, sind selber schuld. Oder man verhaftet die Drogenbosse und Drogensüchtige. Viele Leute in der Schweiz schauen weg und kümmern sich nicht um dieses Problem.
Wegen dem Verkehr in der Schweiz wäre es auch besser, wenn der Auslandsverkehr durch einen grossen Tunnel unterirdisch durch die Schweiz führt, geleitet würde. Dann gäbe es weniger Staus auf unseren Autobahnen. Oder die Container und verschiedene Frachten werden per Bahn durch die Schweiz reisen, dann müsste man keinen Riesentunnel bauen und die Luft würde nicht so stark belastet. Und der Atommüll von Schweizer AKW's könnte man doch auf den Mond schiessen oder sonstwo ins All. Dann bräuchte es keine Sondermülldeponien und Berge von Abfallsäcken. Und in den USA gibt es schon seit den 70.er-Jahren Katalysator-Autos, warum bei uns nicht, in der Schweiz?

Daniel, 14 Jahre, Wittwil

Daniela Leber 14 J.
Leihacker 142
43 43 Etzgen

Jugendliche Träume einer Schweiz von morgen

Ich habe viele Wünsche und Träume, aber was ich mir am Meisten wünsche, ist, das die Natur in Ordnung bleibt, dass wir uns bewusst sind, ohne Natur geht es nicht mehr weiter, dass wir selber probieren zu helfen, denn einer allein kann nicht viel tun. Wir können der Natur helfen indem wir, wenn es geht, mit dem Postauto oder dem Zug fahren, anstatt mit dem Auto zu gehen oder nichts einkaufen, das man nach zwei Tagen sowieso wegwirft usw. Das könnte man auch auf der ganzen Welt tun, nur, wir leben in der Schweiz und es wäre sicher das Beste, wenn wir bei uns anfingen.
Um jetzt aber auch noch etwas mehr bei der Schweiz zu bleiben: Es wäre viel schöner, wenn wir nicht so verschlossen wären, wenn wir Flüchtlinge nicht gerade schief anschauen würden, wenn sie eine andere Hautfarbe haben. und etwas mehr nach dem Satz: „Liebe deinen Nächsten wie dich selbst", handeln würden.

Patricia Treier 13 J.
Dorfstr. 21
4343 Etzgen

Jugendliche Träume einer Schweiz von morgen

Ich habe eine Vision, wie die Welt morgen aussehen sollte.
Es gibt keine Autos mehr, so wie heute. Alle Autos sind umweltfreundlich und fahren ganz leise. Es werden sich auch keine Autostrassen und Fusswege mehr kreuzen, weil alle grossen Strassen von der Aussenwelt abgeschirmt werden. Ich hoffe auch, dass die Schweiz von morgen umweltfreundlicher ist, als die Schweiz von heute, nicht nur wegen der Autos. Ich erhoffe mir auch, dass jeder, der den Abfall einfach so in die Landschaft abschiebt, bestraft wird und dass es für die Leute, die am wenigsten produzieren, am Ende des Jahres einen Preis gibt. Ich wünschte mir auch, dass man alles recyclen könnte.
Auch ein Wunsch von mir wäre, wenn es kein Arm und Reich geben würde, sondern dass alle, die die arbeiten sehr viel Geld haben.

Renáta Müller
Weihermatt 4
4336 Kaisten
13 J.

Jugendliche Träume einer Schweiz von Morgen

Wünsche und Träume, das sind sehr weite Begriffe. Jeder Mensch hat andere, auch was die Schweiz betrifft. Ich habe sehr viele, und es wäre nur zu schön, wenn sich alle verwirklichen liessen… …… denn nichts und niemand ist perfekt!

Besonders unsere Natur macht uns allen zu schaffen, vor allem was das Thema „Abfall" betrifft. Es wäre doch nur zu schön, wenn irgend jemand ein Auto erfinden würde, das man mit Abfall als Treibstoff füttern könnte. Aber anstatt dass schädliche Stoffe aus dem Auspuff kämen, müsste es daraus duften, nach Wald, Kräutern, je nach Belieben, man müsste einfach nur daran denken. Und diese Luft würde die Ozonlöcher stopfen und für genug Sauerstoff sorgen. Aber viel realistischer wäre natürlich die Benutzung von öffentlichen Verkehrsmitteln wie z.B. Bahn, Bus oder Tram. Es gibt ja das Umwelt-Abo, da könnte man übrigens viel Geld, allein nur für's Benzin, sparen… oder man müsste den Abfall viel mehr ordnen, Zeitungen in die Papiersammlung - weg, und erst noch sinnvoll dazu. Dasselbe müsste man natürlich mit allen anderen Dingen wie Kompost oder so auch machen. Und für den Rest, den „unsortierbaren Abfall", müsste man eben pro Kehrichtsack Geld (z.B. 5 Fr./Sack) verlangen. Da müssten die Leute eben mitdenken und sich nicht nur um ihren vollen Bierbauch kümmern…

Oliver Gut 13 J.
Weihermatt 46
4336 Kaisten AG

Jugendliche Träume einer Schweiz morgen

Ich möchte, dass man in der Schweiz keine Steuern mehr zahlen muss (sonst ziehe ich nach Monaco um. Ha, ha!)
Auch wünsche ich, dass man jeweils von 7^{30} Uhr an sechs Schulstunden hat und den Nachmittag über frei hat. Der Samstag, sollte wie der Sonntag, frei sein. Man hätte dann mehr Zeit für die Familie übers Wochenende.
Sicher sollte es auch möglich sein, mehr Geld in den Spitzen- und Schulsport zu investieren. Das gleiche gilt auch für die Umwelt. Schliesslich soll die Schweiz in verschiedensten Sportarten auf internationalem Parkett gut dastehen und die Umwelt (Natur) geschützt werden. Die Tierversuche sollten abgeschaft werden. Sollen doch die Professoren sich ihre Mittel selbst einspritzen.
Ich meine auch, dass mindestens eine Frau dem Bundesrat gut tun würde. Schlussendlich sind die Frauen gleichberechtigt also sollten auch sie im Bundesrat zu Worte kommen.
Zusätzlich sollte sich der Staat mehr mit dem Drogenproblem in der Schweiz befassen. Denn die Betroffenen sind auf staatliche Hilfe angewiesen.
Selbst wenn dies alles in Erfüllung ginge, wäre die Schweiz in meinen Augen nicht perfekt. Denn die Erfüllungen würden wieder neue Probleme erzeugen, so dass die Schweiz nie fehlerlos bleibt. Aber wer ist das schon?

JUGENDLICHE TRÄUME EINER SCHWEIZ VON MORGEN

Ja, was bedeutet die Schweiz denn eigentlich für mich? Diese Frage habe ich mir noch nie so recht durch den Kopf gehen lassen.... doch wenn ich jetzt eine Antwort darauf suche... ja, eigentlich sollte man um einiges dankbarer sein, hier in der Schweiz zu leben, als es die meisten von uns sind. Für viele ist es selbstverständlich hier zu leben, doch man sollte einmal an andere Menschen auf dieser Welt denken; für die ist die Schweiz ein Paradies!!!

Und wir, wie sieht es denn mit uns aus? Wir ersticken in unserem Luxus! Wenn ich denke, jetzt nur z.B. all das Elektrische, wie wäre es darauf zu verzichten? Unvorstellbar! Wir haben doch praktisch alles.

Statt immer verwöhnter zu werden, immer mehr zu wollen, würden wir doch besser etwas mehr für unsere Umwelt unternehmen. Ja, das wäre ein grosser Wunsch von mir. Es wird zwar schon einiges unternommen, aber es ist halt doch noch viel zu wenig. Können ./.

wir unseren Nachkommen eine solche Umwelt zurücklassen? Nein, bestimmt nicht, denn die wollen unseren Dreck genausowenig, wie wir ihn wollen. Ja, es ist einfach zu schlimm! Aber alle klagen darüber (dazu gehör ja auch ich) aber einmal etwas in die Tat umsetzen können nur die wenigsten. Stattdessen zerbrechen wir uns den Kopf über die unwichtigsten Kleinigkeiten.

Wird es sich denn jemals ändern? Dazu gibt es nur eins, zuerst müssen wir uns ändern, denn das hängt alles von uns ab!

FISLISBACH 10.5.91
MICHELE 14 JAHRE

Appenzell Innerrhoden

UNSERE ZUKUNFT

Ich bin jetzt in dem Alter, da ich mich für einen Beruf entscheiden musste. Diese Wahl war nicht einfach, denn dieser Beruf sollte doch auch Zukunft haben. Diese Wahl aber ging doch noch ziemlich gut, denn mein Vater hat eine Schreinerei und ich bin der einzige Sohn. Also habe ich mich für eine Lehre als Schreiner entschieden.

Ob dieser Beruf eine lange Zukunft hat das weis ich nicht. Aber solange ich diesen Beruf habe, glaube ich nicht, dass es mit dem Geschäft als Schreiner zu Ende geht. Meine Zukunft will ich mit einem guten Geschäft und einer glücklichen und frohen Familie verbringen.

Auch noch ein sehr wichtiger Punkt für die Zukunft ist die Umwelt. Die Umwelt ist ja derzeitig ein grosser Gesprächsstoff, denn es gibt immer wieder Industrieumfälle und Schiffsunglücke, bei denen schädliche Stoffe freigesetzt werden. Für die Umwelt muss man nicht übertrieben gut schauen, aber ein kleines bisschen sollte man sie schon pflegen. Auch der Waldschaden gehört zum Gesprächsstoff. Beim grossen Teil des Waldschadens können wir nichts dafür, denn auch der Wind fällt viele Wälder und wenn das so weiter geht, sind viele Bergdörfchen vor Lawinen gefährdet.

Auch mit dem Sport soll es in Zukunft nicht abwärts gehen, denn ich bin ein grosser Sportfan. Aber der Sport wird immer ein grösseres Geldproblem und das ist nicht sehr gut für die Zukunft des Sportes. Ich hoffe aber, dass ich in der Zukunft gesund bleibe und ein schönes und glückliches Leben führe.

Hans, 16, Weissbad

Die Schweiz , ein Sandwich

Eine Schweiz von morgen sollte einmal etwas eigenes machen, nicht alles von den Nachbarstadten abschauen. Nehmen wir zum Beispiel das Schweizer Fernsehen, es bringt nie etwas neues. Serien, die im Ausland schon lange ausgestrahlt wurden, Spielschaus die in ähnlicher Form schon exestieren, Jugend programme, die auch nicht selbst erfunden wurden. Etwa gleich ist es mit der Regierung. Sie schaut immer, ob das den Nachbarstadten auch gefallt. Das ist schon auch wichtig, aber nicht in dem Masse, wie es die Schweizer tun.

Die EG ist auch so eine Sache. Sie bringt für den Normalen Schweizer Bürger fast nur Nachteile. Die Löhne sinken, Schwertransporter durchqueren die Schweiz, die dem Lande keinen Nutzen bringen, denn sie führen doch nur Südfrüchte von Italien nach Deutschland und Billigprodukte zurück. Es sind Geschäftsleute, die profitieren. Dann können sie Handeln, wie sie wollen. Die werden immer reicher. Und die Regierung nennt das dann Aufblühen des Schweizer Handels

Alfred , 16, Appenzell

WÜNSCHE AN DIE SCHWEIZ

Ich wünsche von der Schweiz, dass sie hält, was sie verspricht. Nicht nur haufenweise neue Gesetze erschaffen, die ja sowieso kein normaler Eidgenosse versteht. Unsere Vorfahren haben die Freiheit schwer erkämpfen müssen.

Ich glaube auch, dass es nicht mehr lange so weitergehen kann. Umwelt, Strassen und noch schnellere Autobahnen, sowie moderne Betonhäuser. Jedes Geschäft oder Firma will noch mehr leisten als die anderen. Wohin soll das alles führen?

Auch ein Graus, wie alles fruchtbare Land überbaut wird. Für viele Schweizer ist unsere Landwirtschaft nur noch notwendig für den Kriegsfall. Was wäre die Schweiz ohne Landwirtschaft?

Viele haben den grossen Schweizerlohn, aber die Lebensmittel müssen billig sein, meist aber ausländische.

Ich verstehe auch nicht, warum dieses Jahr 700 Jahre Eidgenossenschaft so gross gefeiert wird. Bald soll man sich doch der EG anschliessen und was dann?

Dann ist man zwar in der Schweiz daheim, aber von der Freiheit nicht zu sprechen.

Heidi, 15, Appenzell

Zukunft - ?...!

Wenn man bedenkt, wie die Welt vor 100 Jahren ausgesehen hat, fragt man sich, wie es wohl in den kommenden 100 aussehen wird.
Vor rund 100 Jahren kannte man noch nicht einmal das Auto. Heutzutage gibt es solch luxuriöse Schlitten, mit Telephon und allem drum und dran. Kann sich die Technik noch mehr verbessern?
Schon mit der Mode von 1800. Wenn man sie mit der heutigen vergleicht, frage ich mich, mit welchen Klamotten man später einmal rumläuft?
Ob die frühere Mode nochmals kommen wird?
Auch frage ich mich, wie die Arbeit einmal aussehen wird? Früher musste man meist alles von Hand leisten. Heutzutage gibt es für alles Maschinen. Ich kann mir auch gut vorstellen, dass die Handarbeit einmal vom Computer und vom Roboter verdrängt wird!

Sandra Koller. 16.

ZUKUNFT

Ich denke viel über unsere Zukunft nach, vor allem über die Umwelt, zB: Luft- und Wasserverschmutzungen, die durch Öl von Schifftankern und Gift von Fabriken ins Meer fliessen. Immer mehr Tiere sterben aus oder werden qualvoll gefangen. Auch immer mehr Asylanten kommen in die Schweiz, reklammieren, verstossen gegen das Gesetz und nehmen unsere Arbeit weg. Meiner Meinung nach sollte man mehr ausweisen. Auch immer mehr Menschen verfallen der Droge, vorallem Grossstädte sind sehr davon betroffen. Auch andere schwere Krankheiten wie Aids und Krebs kann man bis heute noch nicht heilen. Ich wünsche mir, dass denjenigen geholfen werden kann, die unter solchen Krankheiten leiden müssen. Aber durch die Versäuchungen und Vergiftungen gibt es kaum gesunde Menschen mehr. Wiesen, Blumen, Pflanzen und Tiere gibt es mit der Zeit immer weniger. Es werden noch mehr Autos, Fabriken und Häuser gebaut. Jeder will sein eigenes Auto, jeder sein eigenes Haus. Bald ist unsere Welt nur noch Stein, Beton und Staub. Kein Vogel der zwitschert, keine Fische mehr in Gewässern. Kranke Menschen, wie soll das bloss enden?

Barbara 17

Die Schweiz von Morgen

Ich heisse Marco, bin 16 Jahre alt und habe zwei Geschwister. Bis zum Sommer besuche ich noch die 3. Realschule in Appenzell und danach werde ich eine Elektromonteurlehre absolvieren. Meine Wünsche für meinen zukünftigen Beruf sind, dass ich zunächst einmal meine Lehrzeit gut bestehe und danach ein gutes Abschlusszeugnis erhalte. Ich wünsche mir in Zukunft von meinem Beruf, dass die Schulen und Weiterbildungsmöglichkeiten nicht mehr strenger werden, und dass man immer genügend Arbeit hat.

Und nun möchte ich noch etwas über die Schweiz von heute berichten. Aus dem Ausland gibt es sehr viele Flüchtlinge denen man natürlich auch auf irgendeine Art helfen sollte. Trotzdem frage ich mich wieso man immer soviel Geld für die betreffenden Länder ausgibt? Ich glaube nämlich, dass mit Geld allein nicht alle Probleme gelöst werden können. Deshalb denke ich, dass es in der Schweiz auch genügend Notleidende gibt, denen man mit diesen Geld helfen könnte.

Darum wünsche ich mir, dass in Zukunft auf der ganzen Welt Friede wäre, so das niemand mehr flüchten müsste.

Marco, 16

Träume einer Schweiz von morgen

Ich heisse Daniel, bin 17 Jahre alt und wohne in Gonten. Ich möchte gerne Metallbauschlosser werden.

In der Schweiz sollte man ein bisschen mehr Ordnung machen. Man sollte besser darauf achten, dass es weniger Raucher, Drogensüchtige und weniger Aids-Kranke gibt.

Es wäre schön, wenn es weniger Abgase von den Autos und Mofas gäbe. Dann hätte es auch weniger kranke Bäume und Wälder. So würde das Ozonloch nicht mehr grösser.

Daniel, 17

DIE SCHWEIZ VOM MORGEN

Mein Name ist Martin Zürcher wohne in Appenzell, und gehe in die 3 Real. Mein Beruf, denn ich lerne ist Spengler. Ich habe einen Bruder, eine Schwester und eine Enkelin. Mein Bruder heisst Karl, meine Schwester Sonja und die Enkelin Amalia.

Mein Wunsch im Beruf ist, dass ich ein gutes Verhältnis mit dem Chef haben werde, und das es so bleibt wie es ist, und immer genügend Arbeit. Der Beruf wird sich in zehn Jahren kaum ändern. Vielleicht gibt es computergesteuerte Maschinen oder andere Blechqualitäten. Wenn ich in der Regierung wäre müssten alle Ausländer raus aus der Schweiz ausser jene, die seit mehr als fünf Jahren in der Schweiz sind, denn sonst hätten wir nur noch Ausländer in der Schweiz! Wenn wir nicht darum kämpfen, verlieren wir die Schweiz an die Ausländer. Sie nehmen uns auch die Arbeit weg, und leben vom unserem Geld.

Ich hoffe, dass es in Zukunft weniger oder gar keine Ausländer in die Schweiz gelassen werden.

Martin 16

TRÄUME EINER SCHWEIZ VON MORGEN

Ich heisse Roger und bin im 16. Jahr meines Lebens, habe 1 Schwester und einige Haustiere. Im Herbst beginne ich eine Lehre als Schriften- Reklamenmaler. Im Bezug auf meine Zukunft in Sachen Beruf, möchte ich nach meiner Lehre mit meinem Vater zusammen eine "Vater und Sohn" Firma eröffnen, denn mein Vater ist Graphiker.

Nun zum Thema Schweiz. - Die Schweiz ist ein schönes "Ländchen", aber für meinen Bedarf etwas zu kalt und zu regnerisch. In der Schule bin ich in Staatskunde nicht gerade ein Genie, weil ich finde, dass in der Politik viel "Vetterliwirtschaft" betrieben wird. Dem EG-Beitritt stimme ich voll und ganz zu, nur schade finde ich, dass die Neutralität der Schweiz bei einem EG-Beitritt verschwindet, aber ich hoffe, dass auch das Problem sich zum Positiven wendet, weil ich meine, ein Beitritt der Schweiz in die EG bringt mehr Vor- als Nachteile und dass die Kleinbauernbetriebe verschwinden, ist mir mehr als recht. Übrigens für die Abschaffung der Armee werde ich mitkämpfen helfen, weil ich finde, niemandem sollte man das Töten von Mitmenschen beibringen.

Roger 16

Die Schweiz von morgen

Am Griffel sitzt Roman Inauen. Ich habe noch fünf Geschwister und ich bin der jüngste. Ich komme aus dem Kanton Appenzell und wohne im Bezirk Appenzell. Zurzeit besuche ich die 3. Realschule in Appenzell und werde in geraumer Zeit die Lehre als Zimmermann beginnen

Der Beruf Zimmermann ist ein schöner Beruf. Es gibt viele Aufstiegsmöglichkeiten vom Polier bis zum Selbstständig-erwerbenden. Aber Leider geht die Arbeit ein bisschen zurück, weil alles im Ausland billiger produziert wird. In der Schweiz sind die Bodenpreise und der Hypothekarzins so schnell gestiegen, dass die Leute nicht mehr wissen was sie machen sollen. Wenn der Zinsfuss heute noch auf einer bestimmten Höhe ist, kann er vielleicht in einem Monat schon wieder höher sein. Jetzt gibt es noch sehr viel Holzbearbeitungsbetriebe in Appenzell aber vielleicht in zehn Jahren werden es nur noch ein paar sein wegen den hohen Löhnen. Das zwingt jeden Arbeitgeber, der nicht genug Arbeit auf längere Zeit hat oder nicht finanziell gut dasteht, seinen Betrieb aufzugeben. Die Berufswelt von morgen sieht vielleicht so aus, dass es riesige Gebäude sind und zuhinterst in einer Ecke befindet sich ein Arbeiter der den Computer bedient und den Maschinenpark überwacht. Er gibt Aufträge ein die von Robbotern ausgeführt werden.

Mein grösster Wunsch wäre, dass es auf der Welt keinen Krieg mehr gibt und das niemand mehr hungern muss.

Roman, 16

Appenzell Ausserrhoden

Bitte an die Schweiz

Oh Schweiz du sollst die schönen Wiesen nicht mit Strassen überbauen. Tausche die Autos durch Velos und Sonnenmobyle aus. Schütze die Tierwelt vor Müll und Verschmutzungen. Erzeuge den Strom nicht mehr durch Kraftwerke, sondern durch Sonnenenergie! Entsorge den Müll umweltbewusst!
Mach aus den Dörfern keine Städte! Mache keine Armut und zahle Geld gerecht aus! Lasse Dörfer nicht mit Geld verkaufen!
Lass das Volk immer mitbestimmen! Und bleibe neutral!
Auf der Landwirtschaft soll nicht alles motorisiert werden. In Fabriken sollen nicht die Roboter das Sagen haben. Essen sollte man dan nicht nur aus der Büchse. Und alles übriges in den Container werfen.
Lasse die Kantone wie sie sind! Breche nicht mehr einen in zwei Teile. So sollst du werden in 30 Jahren. Meine Heimat!

Samuel, 12
Waldstatt

So sollte es sein und bleiben in der Schweiz

Ich finde es toll, dass die Schweiz ein neutrales Land ist und dass das Volk (Schweizerbürger) mitbestimmen darf über einige Dinge. Es ist auch schön, dass wir einige Ausländer auf nehmen können, weil wir so reich sind. Aber es kommen auch Ausländer wegen dem Drogenhandel. Die ärmeren Ausländer besitzten viel zuwenig Geld, dass sie mit den Verkehrsmittel (z. B. = Schiff, Zug, Flugzeug u. s. w.) in die Schweiz reisen können. Schön finde ich die Berge und die Alpen, die grünen, saftigen Wiesen in unsrer Heimat. Wenn man mit einem kleinen Flugzeug oben drüber fliegt, sieht es aus wie ein bunter Teppich.
Ich hoffe, dass die guten Dinge von der Schweiz bleiben und dass wir noch mehr als 700 Jahre Bestehung der Schweiz feiern dürfen.

Gisela, 12 Jahre, Waldstatt AR

Die Schweiz von morgen

Ich finde jetzt im Jahre 1991 geht es den Leuten gut. In der Schweiz gefällt es mir trotzdem nicht besondors. Ich möchte lieber in Jugoslawien leben. In der Schweiz kenne ich nicht so viele Leute. Hier habe ich nicht viele Freunde. Das Klima gefällt mir nicht. Manche Leute tun so blöd, Ausländern gegenüber. Ich wünsche mir in der Zukunft, dass jeder Mensch in seinem Land leben und arbeiten kann.

Aida, 13, Heiden

Jugendliche Träume einer Schweiz von morgen

Ich finde es schön, dass es so viele Berge gibt. Es ist gut, dass die Industrien die Luft nicht so „verdrecken" wie an anderen Orten. Es ist herrlich, dass es so schöne und so viele Bäume gibt. Mir gefällt es, wenn der Frühling erwacht. Es ist gut, dass es nicht so viele Arbeitslose gibt. Zum Glück sind wir nicht so überbevölkert.

Es ist schlimm, wenn ein Kind falsch erzogen wird. Ich finde es nicht gut, dass es keinen autofreien Sonntag gibt.

Manuel, 11, Lutzenberg

Die Schweiz von morgen

Ich finde es schlecht, dass heute so viele Menschen unzufrieden sind. Wenn man etwas bekommt, dass man immer mehr will. Zumbeispiel eine Hose, man bekommt sie, dann will man noch eine und noch eine. Oder wenn man etwas tun muss sofort zu maulen beginnt.
Ich wünsche mir dass in der Zukunft die Schweiz ganz anders ist, viel schöner. Dass die Menschen zufriedener sind und nicht immer mehr und mehr wollen. Auch dass die Natur blüht und auch keine Abgase mehr gibt, nicht mehr so viele Leute mit den Autos herumfahren. Dass es keine Tierversuche gibt und nicht so viel Politik.

Nadja 13, Heiden

Die Schweiz von morgen

Ich finde, dass wir Menschen hier in der Schweiz viel zu undankbar sind. Wenn ich denke, wie es andere Leute im Ausland haben:

kein Dach über dem Kopf
kein Essen (Hungersnot)
schlimme Krankheiten
keine warmen Kleider
einfach nichts.

Wenn ich an diese Sachen denke, bin ich sehr zufrieden mit dem, was ich habe. Ich finde, dass die Leute viel zuwenig an so etwas denken. Die Leute denken nur an sich! Verlangen immer nach mehr! Sind nie zufrieden! Das finde ich nicht gut!

Ich hoffe für die Zukunft, dass die Leute zufrieden sind mit dem, was sie haben. Wenn jeder an sich arbeiten würde könnte man dies erreichen. Dann wäre die Schweiz von morgen: Zufriedner und Dankbarer. Man würde hiermit sein Zuhause mehr schätzen.

Petra, 13, Heiden

Die Schweiz von morgen

Heute ist es so: Viele Leute haben das Gefühl dauernd unter Stress zu stehen. Sie haben keine Zeit. Nur in den Ferien können sie das Leben geniessen.

Das kommt, weil sie ihre Zeit nicht selbst einteilen können. Vieles was die Leute tun oder meinen, dass sie es tun müssen ist überflüssig. Wer seine Zeit klug ausnützt, gewinnt mehr Zeit, um das Leben zu geniessen.

Die Lösung vieler Probleme, könnte man mit einem Computernetz bewältigen. Anstatt dauernd mit dem Auto herumzurasen, könnte man bequem zu Hause am Bildschirm Einkäufe machen, Büroarbeiten erledigen u.s.w. Das wäre auch sehr umweltschonend und würde einen Haufen Zeit und Energie sparen. Viele Leute, die Computer hassen, merken nicht, dass man damit viele unserer heutigen Probleme wunderbar lösen könnte. Das wünsche ich mir für die Schweiz von morgen.

Benno, 13,
Heiden

Die Schweiz von morgen

Es hat zuwenig Natur. Es wird mit der Natur viel zu grob umgegangen. Die Natur produziert für uns Stickstoffe. Wenn wir spazieren gehen, gehen wir meistens in den Waldd. Warum? Weil uns die Natur gefällt. Aber wenn sie uns gefällt, warum tun wir den nichts für sie. Wir könnten ja ein wenig rücksicht nehmen in den nächsten Jahren. Wärscheindlich wird sich in der Zukunft nichts verbessern. Es kann hochstens so bleiben. Wir müssen etwas unternehmen für die Natur, zumbeispiel Schutzzonen einrichlen. Es sollten mehr Leute dafür eingesetzt verden!
Mir gefällt es, wie es jetzt ist. Ich wünsche mir, auch, dass es so bleibt

Franz Bach 13 Heiden

Jugendliche Träume einer Schweiz von morgen

Ich finde es echt super, dass es in der Schweiz nicht so aussieht, wie in Kuwait und im Irak. Gut finde ich auch, dass in der Schweiz in den nächsten Jahren keine Atomkraftwerke mehr gebaut werden dürfen.
Ich wünsche und hoffe, dass die ganze Schweizer Bevölkerung hilft, die Natur so zu erhalten, wie sie jetzt noch ist. Ich glaube, dass wir auskommen, ohne weitere Strassen zu bauen. Freuen würde ich mich, wenn der Staat, statt neue Strassen zu bauen, den Umweltschutz mehr unterstützen würde. Wie eigentlich alle Bürger der Schweiz hoffe ich, dass in der Schweiz (und überhaupt in allen Ländern) kein Krieg ausbricht. Ausserdem sollte die Müllentsorgung nicht auf Kosten der Natur ausgehen.

Andrea, 13, Wienacht

Jugendliche Träume einer Schweiz von morgen

Mir gefällt es hier, weil es in der Schweiz genug Arbeit hat für uns Ausländer. Das gleiche gilt auch fürs Essen. Ich finde es auch schön, dass es viel Wald hat in der Schweiz. Schön ist es auch, in den Bergen spazieren zu gehen. Ich bin auch froh, dass es saubere Industrien gibt in der Schweiz. Am besten finde ich, dass es genug Teigwaren hat für uns.
Es haben fast alle genug Geld. Wenn wir z.B. nicht viel Geld hätten, dann müssten wir mit kapputen Hosen herumgehen, und dann müsste ich mich schämen.
Froh bin ich auch um die warmen Kleider, sonst müssten wir sehr frieren.
Zum Glück haben wir ein fruchtbares Land.

Flavio, 11, Lutzenberg

Jugendliche Träume einer Schweiz von morgen

Ich finde nicht gut, dass wir alle die Umwelt verschmutzen. Man sollte mehr Geld freimachen für den Umweltschutz. Ich würde es auch gut finden, wenn man eimal die Seen reinigen würde. Wir haben auch viel zuviel Geld. Man sollte nur das nötigste Geld brauchen und das andere den Armen spenden. Ich finde es nicht gut, dass wir so viele Steuern zälen müssen. Man würde es besser denen geben, die kein Dach über dem Kopf haben. Es ist nicht gut, dass in den Warenhäusern so teure Waren verkauft werden. Ich bin auch froh, dass wir eine Armee haben, denn sie kann bei Umweltkatastrophen Menschen retten oder Geröll wegschaffen. Ich finde es sehr gut, dass die Kriminalität noch nicht so gross ist wie in anderen Ländern.

Michael, 12, Lutzenberg

Jugendliche Träume einer Schweiz von morgen

Mit der Schweiz von heute bin ich ei-
gentlich recht einverstanden. Nur die enor-
me Zahl von Drogentoten und die Waf-
fenexporte an Saddam Hussein stören
mein Bild der „guten Schweiz". Aber zum
Glück haben wir ja schöne Landschaf-
ten, einen guten Bundesrat und eine
gute Wirtschaft.
Für morgen wünsche ich mir, dass
wir endlich mal etwas für die Umwelt
tun (jedermann meine ich). Ebenfalls
wünsche ich mir, dass die Schweiz mehr
„Film-Oscars" und „Musikgrammys"
bekommt. Mehr Fussball- und Mehr-
zweckstadien für internationale
Stars und Fussballclubs wären auch
nicht schlecht, ebenfalls eine bessere Luft
(Fabriken, Autos und Flugzeuge reduzie-
ren). Ein grosser Wunsch von mir
wären auch mehr Rock- und Popsen-
dungen am STV. Das zu meinen Wünschen
zur Schweiz von morgen.

Jonas, 13, Wienacht-Tobel

Jugendliche Träume einer Schweiz von morgen

Leider sind schon viele Wiesen verbaut. Ich finde, dass es einfach zu viele Häuser gibt. Die Leute werfen noch zuviel weg, wie Büchsen, Papier usw. Man müsste mehr auf die Natur achtgeben. Meine Kameraden und ich, sicher die meisten Kinder, müssen immer extrem auf die Autos achten. Man sollte eigentlich weniger Strassen bauen, dann hätten wir mehr Gelegenheit zum Spielen. Man sollte einmal die Seen rausputzen und endlich weniger Schadstoffe hineinleiten. Wenn man so nachdenkt, wie es in andern Ländern ist, bin ich froh, dass wir so gute Spitäler haben. Viele Menschen haben keine Heimat oder ein Zuhause! Wir können dankbar sein, dass wir ein Heim haben. Wir haben auch genug zu essen und zu trinken, und das finde ich schön. Die Regierung sorgt gut für unser Land. Wir haben genügend sauberes Wasser, dass wir uns waschen können. Wir haben saubere Toiletten. Wenn ich so denke, wieviele Leute in andern Ländern Angst haben, dass gerade ein Angriff kommt, können wir froh sein, dass bei uns kein Krieg herrscht. Wir haben viele Strassenputzer, die für Ordnung und Sauberkeit sorgen. Wir können einkaufen, was wir wollen und müssen nicht hungern. Ich träume davon, dass die Kriminalität aufhört und dass sich alle Leute verstehen.

Judith, 11, Lutzenberg

Meine Schweiz

Die Schweiz ist für mich wie ein Paradies, es gibt Berge, Flüsse und Seen. Was mir besonders gefällt, dass es noch so viel Landwirtschaft gibt. Dadurch sind wir in der Lage in Krisenzeiten uns selbst zu ernähren. Überschüssige Produkte können wir ins Ausland verkaufen. Neben der Landwirtschaft haben wir noch eine vielseitige Industrie und grosse Städte. Jedem Schweizer ist es dadurch möglich, einen Beruf seiner Wahl zu ergreifen.

Weniger dagegen gefällt mir, dass in Alters- und Pflegeheimen die älteren Mitmenschen nicht genügend betreut werden.

Ich finde es nicht gerecht, dass die reichen Mitbürger in manchen Fällen bevorzugt werden.

Mein Wunsch: Ich wünsche mir, dass die Schweizerbanken den Drittländern die Schulden erlassen mit der Bedingung, den Regenwald zu schützen, damit das klimatische Gleichgewicht weltweit erhalten bleibt.

(Sarah, 12, Herisau)

Die Schweiz

Die Schweiz ist mein Heimatland. Ich bin hier in Herisau aufgewachsen und mir gefällt es hier. Die Schweiz ist für mich mehr als nur die Heimat. Sie wird vielleicht mein Erwachsenwerden steuern. Die Überlegung, eine andere Heimat zu haben, ist mir noch nicht in den Sinn gekommen. Ich möchte, dass die Schweiz auch noch in ein paar Jahren so schön ist, wie heute, und dass wir Schweizer ihr weiterhin sorge tragen.

Ein Wunsch für die Zukunft

In letzter Zeit mache ich mir Gedanken über die Energie. Ich stelle mir vor, dass die Schweiz mehr mit Solarantrieb arbeitet. Man könnte damit viel Geld sparen. Es gibt ja schon Solarautos, doch sie sind zu langsam. Und immer wenn die Batterie leer ist, muss man das Auto an die Steckdose anschliessen. Auf Dächern, auf Wiesen könnte man Solarzellen anbringen. Man nützt die Naturkraft noch zuwenig aus. Was sollen wir Schweizer tun? Sollen wir mehr Staumauern, mehr Wasserkraft ausnützen, oder mehr Solarzellen bauen?

(Marco, 13, Herisau)

In der Schweiz geboren

Warum bin ich in der Schweiz geboren? Dazu habe ich versucht eine Antwort zu finden. Ich glaube, dass es einfach Schicksal ist. Denn wäre ein Kind aus der dritten Welt an meiner Stelle hier geboren, würde es trotzdem nicht anders sein, denn dann würde ich hungern.

Ich finde es merkwürdig, dass ein Kind in der dritten Welt schon froh ist, wenn es nur etwas zu Essen bekommt. Ich habe genug, sogar zu viel, mir fehlt es an nichts. Aber trotzdem will ich immer noch mehr haben:, mehr Kleider, mehr Spielzeug, mehr Schmuck.

Ich bin zufrieden mit meinem Heimatort, ich bin froh, dass ich hier geboren bin.

Mir gefällt an der Schweiz, dass sie noch trinkbares Wasser besitzt. In anderen Ländern dürfen die Kinder zum Teil ja nicht mal in die Schule. Natürlich, die Schule ist nicht immer lustig, aber man kann vieles lernen.

(Petra, 12, Herisau)

Meine Schweiz

Für mich bedeutet die Schweiz Berge, Seen, Weizenfelder, Kühe, Industrie und Landwirtschaft. Ich lebe gerne hier, obwohl ich auch einmal andere Länder besuchen möchte. Heimat ist ein Platz, an dem ich gerne bin, an diesem Ort kann ich all meine Gefühle und Empfindungen zeigen: Angst, Hass, Leid, Hoffnung, Freude, Liebe. Ich fühle mich hier wohl, wo ich auch immer bin. Ich kehre gern hierher zurück, nach Hause, hier wo ich lebe, mein Bett steht, meine kleinen und grossen Dinge sind, wo der Hund einer Katze nachjagt und all meine Sorgen verflogen sind. Das ist für mich der schönste Platz, ob ich wohl je noch einen schöneren finde?

Wenn ich in der Schweiz bestimmen könnte, würde es in diesem Land ab sofort nur noch Holzhäuser geben. Ich würde um alle Häuser Blumen anpflanzen lassen. Alle Ehepaare dürften nur ein Auto haben und an zwei Sonntagen pro Monat dürfte man nur mit dem Velo, zu Fuss oder mit öffentlichen Verkehrsmitteln fahren. Ich würde den Leistungsdruck in der Schule ein wenig stoppen. Jeglicher Schulstress würde abgeschafft.

(Heidi, 12, Herisau)

Meine Beziehung zur Schweiz

Ich kenne eigentlich nur Herisau und Davos gut, für mich ist nur das die Schweiz. Da gefällt es mir und ich fühle mich geborgen in meiner Heimat. Ich finde, wir haben eine schöne Sprache, und ich würde auch nicht für längere Zeit im Ausland bleiben, obwohl ich noch nie dort war. Mir gefällt es hier einfach zu gut.

Eines beschäftigt mich doch, und das ist das Leben der Menschen. Alle haben einen Computer und Radio, Fernseher, Geschirrwaschmaschine und und und. Mir z.B würde es nie in den Sinn kommen einen Computer oder eine Geschirrwaschmaschine zu kaufen, denn abwaschen kann ich von Hand und dabei verbrauche ich weniger Wasser, als eine Geschirrwaschmaschine und auch weniger Strom.

Ich würde also alle Computer, die nicht so sehr notwendig sind, aus der Welt schaffen.

Mein Wunsch wäre so zu leben wie vor 100 Jahren, als Bauernkind, also ein ganz einfaches Leben führen.

(Marlen, 13, Herisau)

Meine Beziehung gegenüber der Schweiz von heute und morgen

Ich bin keine Schweizerin, aber mir gefällt sie trotzdem: die Kühe mit ihren Glocken, die schönen Bergen und die gute Luft. Hier habe ich viel gelernt, nicht im Bereich Schule, sondern mit den Leuten auf der Strasse.
Die Schweiz von morgen stelle ich mir etwa so vor: Die Schüler werden in der Schule mit Computer arbeiten; die Leute nur mit Velos unterwegs sein, und alle Häuser werden mit grüner Farbe bestrichen, damit es besser zur Natur passt.
Das was mir hier nicht passt, ist sehr wenig, zum Beispiel die Drogensüchtigen im Kanton St. Gallen. Ich hoffe für die Schweiz von morgen, dass es keine Menschen mehr gibt, die diese Spritzen brauchen.
Aber sonst fühle ich mich hier wohl, hier habe ich Freunde und meine Familie, denn sie arbeiten ja in Herisau. Wenn ich nach Italien gehe, hab ich niemanden.

(Teresa, 13, Herisau)

So soll die Schweiz sein!

Ich finde die Schweiz hat gute Dinge und schlechte, schöne und nicht schöne.
Die Schweiz hat eine schöne Landschaft, Aussicht und schöne Wanderwege.
Aber zu viel Motorfahrzeuge die die Natur verwüsten. Man sollte mehr mit dem Zug, Velo oder zu Fuss gehen.
Die Sonnenenergie mehr brauchen zum Beispiel für die Wärme.
Schlecht an der Schweiz ist der Abfall, den man wegwirft, die Industrie.
Das schönste an der Schweiz ist die Natur mit den Pflanzen, Tieren, Berge, Seen, Bäumen, Wälder, Bäche. Die vier Jahreszeiten Frühling, Sommer, Herbst und Winter.
Dass die Schweiz ein neutrales Land bleibt, und dass sie noch lange hält und das es keinen Krieg in der Schweiz gibt.

Thomas, 13 Waldstatt

Bern

Die Schweiz Von Heute

Wenn es keine Fahrzeuge mehr gäbe, wegen der Umweltverschmutzung. Wenn es kein Kleider gäbe! Mir gefällt nicht, wenn man ein Tier erschiesst oder Tiere fängt Es ist nicht schon, wenn man Städte baut. Es ist nicht schön wenn man abfall ins Land und ins Wasser wirft. Mir gefällt Krieg nicht. Wer vergräbt die Leute?

Die schweiz von morgen

villeicht gibt es dann weniger Autos und Lastwagen. Vielleicht ist am nächsten Morgen keine Schule mehr. Vielleicht hat mein Kaninchen morgen Junge oder eine Kuh. Es könte am Morgen regnen oder schneien.

mathias, 11, Trub Brandösch,

Wünsche, Vorstellungen
zur Schweiz von morgen

Warum kann die Schweiz nicht wie früher ehrlich sein? Ich Wünsche mir, dass es wieder so werden kann.

Wir horen in der letzten Zeit viel von den Kurden und alle bedauern sie. Aber es wäre noch keinem in den Sinn gekommen, einige Kurden zu holen. Würde jemand gehen, durfte man sie nicht über die Grenze nehmen. So können wir sehen, wie die Schweiz und ihr Volk egoistisch sind. Man konnte ja plötzlich nicht mehr arbeiten gehen, weil alle Flüchtlinge die Arbeitsplatze belegen. Aber solange man arbeiten kann, fluchen alle über die Arbeit und gehen zum Teil gar nicht mehr arbeiten. Solche Sachen sollten, das wünsche ich, bald ein Ende habe, sonst geht es stark bergab mit dem Schweizervolk.

Man kann ja nicht mehr stolz sein, ein Schweizer zu sein.

Simon

Wünsche, Vorstellungen zur Schweiz von morgen!

In unserem Dorf gibt oder gab es eine schöne Wiese. Sie ist auf einem Hügel und man sieht von dort das ganze Dorf. Früher hatten wir dort oft gespielt, und waren richtig glücklich. Wenn ich manchmal dort vorbei fahre, sehe ich anstatt einer schönen, grünen Wiese hohe Kranen, Lastwagen und Mauern, die noch nicht fertig gebaut sind. Es ist auch ein Lärm und ein Schmutz. Die halbe Wiese ist überbaut. Auf der anderen Seite der Wiese, wo es noch wie früher ist, sehe ich Kinder, die spielen. Wenn das so weitergeht, ist in zwei Jahren, die ganze Wiese überbaut. Wo kann man dann noch spielen? Wenn ich älter bin, und vielleicht selbst einmal Kinder habe, können die dann überhaupt noch irgendwo spielen? Ich finde es traurig, dass in der Schweiz so viel gebaut wird. Ich mochte nicht, dass die Schweiz wie New Jork oder Los Angeles aussieht!! Das, mit dem Essen ist auch so eine Sache! Heutzutage haben wir so viel zu Essen und Trinken, dass wir nicht einmal mehr wissen, wohin damit! Es ist auch so, dass die Esswaren, wenn man sie nicht mehr mag, in den Abfall geschmissen werden. Wenn ich das manchmal sehe, denke ich an die Kinder in der dritten Welt, die alles täten, diesen Abfall zu bekommen. Es gibt eben Leute, denen das egal ist, die nur für sich schauen. Solche Leute sollte man auch mal für ein paar Jahre nach Äthiopien schicken, wo sie hungern. Ich glaube danach würden sie auch anders handeln!!!

Nevil

Wünsche, Vorstellungen zur Schweiz von morgen

Früher, bevor die Schweiz gegründet wurde, brauchten die Menschen viel Mut, die Schweiz zu gründen. In manchen Dingen bräuchte man heute vielleicht auch solchen Mut. Auch in der Zukunft braucht es Mut. In der Zukunft wird es sicher auch viel Neues geben, das die Schweiz und die Welt verbessert. Auch wegen der Umwelt wird es vielleicht besser als es jetzt ist. Ein Wunsch wäre natürlich, dass es keinen Krieg gibt u.s.w. Aber ob man in der Zukunft auch noch so zusammenhalten kann, wie sie es früher machten und heute auch noch, das ist wohl eine Frage, die nicht so leicht zu beantworten ist. Ich hoffe natürlich, dass die Schweiz so bleibt oder noch besser wird in der Zukunft. Wie man die Schweiz vielleicht verbessern könnte: Wegen den Ausländern. Sicher ist es gut und recht, dass die Ausländer da sind, aber wir können doch nicht immer für manche von ihnen arbeiten. Und wie schon gesagt, müsste man doch auf die Umwelt achten u.s.w.

Barbara

Wünsche, Vorstellungen zur Schweiz von morgen

Ich wünsche mir, dass die Schweizer etwas mehr auf die Umwelt schauen, dass sie über jeden fortgeschmissenen Unrat nachdenken, was mit ihm geschieht.
Ich möchte auch, dass den Leuten klar wird, dass sie hier in der Schweiz genug zu Essen haben, und in anderen Ländern müssen Leute verhungern. Es gibt sogar Millionären, die nicht wissen, was sie mit ihrem Geld machen sollen. Von mir aus sollte jede reiche Schweizerfamilie mindestens einmal im Jahr etwas für die Armen kaufen. Und besonders jetzt, wo so viele Menschen an Kälte und Hunger leiden in Irak und Iran, sollte jede Familie etwas Geld abgeben. Man sollte nicht mehr so viel Strom brauchen wie bisher, und auch nicht mehr so viel heizen. Einfach in den Wald gehen und dort das verdorrte Holz sammeln und zuhause verbrennen.

Ueli Strauss

Wünsche, Vorstellungen zur Schweiz von morgen

Die Schweiz soll zusammenhalten. In der Schweiz soll es nie Krieg geben, und sie soll sehr gross werden. Die Schweiz muss sorgen, dass es viel weniger Rauschgiftsüchtige gibt. Die Schweizer sollen auch viel mehr Sorge zur Umwelt tragen. Sie sollen mehr zu den Abfällen schauen und Dosen oder Papiersäcke nicht mehr in den Wald werfen. Tierversuche sollten verboten werden. Für sauberes Wasser der Seen müsste mehr getan werden. Auch sollte dafür gesorgt werden, dass in manchen Berufen mehr verdient wird. Das Verpackungsmaterial sollte umweltfreundlich werden.

Carol

Lieber Tobias J. 2010 4. Mai

Neim, Tobias egal wie das Leben läuft, wir müssen leben und Freude daran haben. Ausserdem haben wir gute Fortschritte gemacht: Zum Beispiel sind starke Ventilatoren gebaut die die Luft sauber machten. Sie sind bei den Fabriken eingebaut.

Für die Kinder ist es gut: Sie haben ein riesen-grossen Zentrum gebaut, in jedem Teil gibt es etwas anderes, zum Beispiel ein Abteil zum Fussball spielen, eines nur zum Boxen, eines nur zum Skaten und zum Basketball spielen und jeber hat genügend Platz, man braucht nicht zu streiten um ein Spielfeld zu erhalten. Was die Roboter angeht, das stimmt, da gibt es viele, aber jeder hat zum Beispiel einen zum Arbeiten, ober nicht hunderte, so dass man von ihnen abhängig sein muss und ausserdem ist alles elektronisch und alles lustig. Also vergiss nicht Freude am Leben zu haben.

Liebe Grüsse, Dein Dejan.
aus Bern. ..13..

Wünsche, Vorstellungen zur Schweiz von morgen

Ich finde, dass die Bundesräte und Regierungsräte viel zu viel schwatzen. Das Gesprochene in die Tat umzusetzen wird oft nicht berücksichtigt. Z.B. sprechen sie schon lange über autofreie Sonntage, aber bis jetzt geschah ja eigentlich nicht sehr viel.
Was ich sehr toll finde ist, dass man jetzt schon mit 18 Jahren an Wahlen abstimmen darf. So merkt man auch, was die Jüngeren meinen. Wir müssen ja schliesslich auch mal ohne die älteren Menschen zurecht kommen in der Welt.
Diese Menschen, die etwas gegen Ausländer haben, kann ich nicht begreifen. Was ich auch einsehen, dass es solche gibt, die meinen, man müsse in der Schweiz nicht arbeiten, weil sie ja Geld vom Kanton bekommen. Das finde ich nicht gerecht denen gegenüber, die arbeiten wollen. Die Ausländer, die ich kenne, arbeiten wirklich sehr gut und sauber. Sie arbeiten aber nicht nur, weil sie müssen, sie machen oft Spässe und haben es lustig. Wenn wir keine Ausländer mehr hätten, würden wir uns noch wundern, was alles passieren würde.
1. Wir hätten zuviele Wohnungen. 2. Die Schweizer müssten wieder vermehrt auf der Baustelle arbeiten, usw. Ich finde man sollte auch mit den Ausländern etwas freundlicher umgehen, den Tamilen nicht, nur weil sie 'ne dunkle Haut haben, Schoggistängeli und ähnliches nachrufen. Imallgemeinen sollte man bei den Ausländern nicht immer das Schlechte suchen. Man kann sich selber mal fragen, was denken wohl die Ausländer über uns Schweizer?
Leider kann ich nicht alles aufschreiben, was ich denke über das Verhältnis Ausländer/Schweizer und umgekehrt.

Andrea P.

4.5.91

Jugendliche Träume einer Schweiz von morgen

Es wäre schön, wenn die Schweiz auf dem Mond wäre. Dann könnte man in der Luft schweben. Aber auch wenn es in der Zukunft keine Verbrecher hätte oder auch kein Ozonloch mehr, Das wäre schön Jetzt ist die Natur noch O.K, aber wäre, wenn es Krieg geben würde. Also meinen Wunsch würde das nicht erfüllen. Ich möchte lieber dass es bei den fruchtbaren Wälder bleibt. Dann müsste man keine Unwelt verlezungen machen, sonst können wir unserem Wald "Adiö" sagen. Wer träumt schon nicht von einer Stunde Schule? Die Eltern könnte man vielleicht ein Meer in der Schweiz haben Oder auch ein Walt Disney land, das wäre schön. Aber auch schön wäre es, wenn nur noch Feriengäste in die Schweiz kommen dürften, und es keine Ausländer mehr hätte.

MEINE ZUKUNFT, GEGENWART, HATT VIEL ZU TUN

4.5.1991 René Schwab

Jugendliche Träume einer Schweiz von morgen

Es wäre schön, wenn ich mehr Taschengeld bekäme,
also das Doppelte in einer Woche.
In der Schweiz sollten die Kinder schon ab 9 Jahre
arbeiten dürfen.
Morgen sollten alle Wünsche in der ganzen Schweiz in
Erfüllung gehen Es sollte in meinem Zimmer 1000
Watt Boxen haben, die es bei 999 Watt überschlägt.
Die Kinder in Arch sollten mit kleinen Panzer in die Schule
kommen und eine Tomaten Schlacht gegen die Lehrer
machen. Es sollte keine Aufgaben geben in der Schule.
Es sollte keine Abgase geben.
Der Lamborgihni ist mein Lieblingsauto. Er fährt so
schnell, dass er fast fliegt.
Vielleicht habe ich später mal eine elektrische Gitarre und
wir gründen eine Musikgruppe, da die anderen Musik-
gruppen kaum gegen uns ankommen werden.

René

Jugendliche Träume einer Schweiz von morgen

Gregor 4.5 91
Schwab

Die Zukunft sieht für mich so aus: Autos, die sprechen können und sogar Autos die von allein fahren können, aber auch Autos die fligen können, über und unter Wasser. Robocop, der ideale Beschützer der Menschenund der Tiere. Die Utopie sieht für mich so aus: Besen und Abwaschlumpen, die von aleine putzen, Pfannen die von aleine Kochen, Ampeln, die sogar sprechen, Autos die so schnell fahren, dass man sie nicht mehr sehen kann, eine Wandtafel, die sich von alleine putzen Kinder die mit Computer schreiben. Der Mc Donalds sollte vor der Haustür stehen. Die ~~gegenw~~ Gegenwart ist nicht so schön: Wir haben ja Krieg heute, dass sehr schlim, aber das Schlimmste ist, das so viele Menschen sterben und dazu noch so junge. Aber das Schöne ist das die Schweiz so ein schönes Land ist und dazu auch noch sehr sauberes und wir die Freiheit geniesen können.

Ende

Kilian Herzig
4.5.1991

Jugendliche Träume einer Schweiz von morgen

Ich bin sehr froh, dass ich ein Schweizer bin und stelle mir die sonst so schöne Schweiz so vor:
Als erstes möchte ich, dass die Erwachsenen die Autos in die Garage stellen, und vielleicht mit dem Velo zur Arbeit gehen, und wenn das nicht möglich ist, dann mit dem Zug oder dem Bus.
Als zweites wünsche ich mir, dass Elektroflugzeuge entwickelt werden, wegen den Abgasen und dem Lärm. Und schliesslich wünsche ich mir, dass Elektrofahrzeuge bilieger und besser hergestellt werden.
Als letztes würde ich mir von Herzen wünschen, dass die Ozohnschicht repatiert werden könnte, und die Drogen vom Markt verschwinden würden. Zu meinen letzten Wünschen wünscht ich, dass (endlich) entlich ein Perpetummobile erfunden wird. Aber ich weiss, dass das letzte unmöglich ist.

Die Schweitz von Heute und

Ich finde, die Schweiz ist ein Abfalleimer. Die Luft ist vom Abgas der Autos vergiftet, das merke ich vor allem in den grösseren Orten. Was mich verstört, ist, wenn ich die kranken und toten Bäume sehe. Ich bekomme gleich Angst, wenn ich an die langsam kaputtgehende Schweiz denken muss. Die grossen Hochhäuser, so riesig, stören mich auch. Man könnte doch in kleineren, lustigen Häuschen wohnen. Brauch man Autos umbedingt? Man könnte mit dem Rad einkaufen gehen! Ich finde es schade, dass manche Leute einfach den Gricht in den Wald hineinwerfen.

Morgen

Die Naturschutzgebiete finde ich etwas Tolles, dass soll so bleiben. Ich finde es toll, dass es noch Landschaften gibt, die unzerstört sind. Ich bin froh, dass bei uns noch die Sonne scheint und die Blumen blühen. Mir gefällt es, wenn das Wasser fliest und die Tannen rauschen.

Charlotte, 11, Trub, Brandösch

Bern im Mai
3-5-2010

Lieber Tobias,

im Jahre 2010 ist es viel schlimmer.
Aber ich hoffe, dass es wieder gut wird.
Es sollte 99'999 mal weniger Autos und
Mofas haben, und niemand mehr sollte
Rauchen.
Man sollte aber auch die Häuser nicht
immer teurer werden lassen.
Alle sollten gleich arm und gleich reich
sein.
Es solte viel mehr Platz zum Spielen haben.
Ich bin aber froh, dass die Schweiz neu-
tral ist.

Viele liebe Grüsse

Sandra, 12, Bern

Bern im Mai 2010

Lieber Tobias

Ich möchte, dass es immer viel grünes Land gibt. Im Jahre 2010 ist die Stadt ganz anders. Man muss viel mehr auf die Umweltverschmutzung aufpassen. Zum Beispiel: dass man die Spraydosen in den Ländern und Läden nicht mehr kaufen kann! Das man mehr die öffentlichen Verkehrsmittel braucht: Zug, Tram, Bus auch das Velo. Dass man billiger Zug, Tram, und Bus fahren kann. Auch sollte man nicht jeden Abfall in den Wald werfen, damit die Wanderwege sauber bleiben. Die Schweiz ist schön zum Wandern. Auf dem Lande ist es sehr schön! Das Wasser ist zum Glück noch rein und sauber, nicht so wie am Golf! Man muss jetzt etwas machen sonst ist es zu spät!

Viele
Liebe
Grüsse
Claudia, 12, Bern

Bern, den 3. 5. 1991

Lieber Tobias

Ich möchte, dass es besser wird als jetzt
ZB: Mehr Grün, weniger Autos. Man könnte auch Pferde brauchen um Sachen zu transportieren.......
Im Jahr 2010 sollte alles besser sein. Die Erwachsenen sollten auch an die Zukunft von der Kinder denken.
Ich möchte, dass die Kinder im Jahr 2010 mehr Platz haben zum Spielen haben.
Wenn die Erwachsenen auf die Zukunft der Kinder nicht besser aufpassen, dann sollten die Kinder mit ihnen sprechen. Die Kinder haben auch das Recht zu leben. Wenn die Erwachsenen nicht schnell die Welt ändern, dann wird es für die Kinder zu spät sein.
Liebe Erwachsene, wenn ihr uns gerne habt, dann ändert die Welt für uns

Bitte!

Viele liebe Grüsse von

Vanessa, 12, Bern

Bern, den 4.5.2010

Lieber Tobias

Bei uns gibt es keine Reichen und Armen, und auch kein Geld mehr. Viele Umwelt probleme haben wir gelöst. Wir haben auch keine Kriege mehr und alle Autos brauchen keinen Treibstoff mehr, der die Umwelt belastet. Vor allem haben wir keine Urwaldrodung mehr; die Regenwälder werden sogar aufgeforstet. Die Energie beziehen wir aus der Sonne und dem Wind und Wasser; wir haben also keine Kernkraftwerke mehr. Seit dem Jahre 2000 und 5 wird auch der Mond bewohnt. Und im Jahre 2000 und 2 landeten wir auf dem Mars. Und das Beste an unserem Jarhundert ist, dass wir Kontakt mit Ausserirdischen schlissen konnten.

Viele Grüsse von
Cyrill, 13, Bern

4. 5. 91

Jugendliche Träume einer Schweiz von Morgen

Mein Traum wäre ein Gespenst um 12^{00} Uhr bis 01^{00} Uhr in meinem Zimmer zu sehen und mit ihm Freundschaft zu schliessen.
Mein Gespenst soll mir aber einen Wunsch erfüllen und der lautet: "Alle, aber wirklich alle Verbrecher und Bösewichte auf den Mond zu bringen. Dieser Wunsch ist zwar unmöglich. Aber ein Pflanzenzimmer oder eine Reise nach Hawaii dort, wo es Palmen, ein blaues Meer und Kokosnüsse hat, könnte vieleicht einmal in Erfüllung gehen. Zwei kleine Wünsche ge- nügen mir auf jeden fall: Ein riesen Blumenstrauss und ein aus Blumen geformtes Herz um den Strauss herum und in der Mitte ein kleiner Brief: Ich möchte nicht das die Natur unter den Bauten ver- schwindet.

4.5.91. Sascha

Die Jugendlichen Träume in der Schweiz von Morgen

Weil wir gerade im Geo über die Schweiz haben, dachte ich mir, es wäre schön, wenn die Schweiz wieder einmal in die Fussball WM kommen würde. Wenn sie auch noch den WM Pokal gewinnen würde, dass wäre ja sogar noch besser. Aber jetzt weg vom Fussball. Es wäre sehr Gut, wenn es in der Schweiz einen Europapark geben würde, dann müssten wir nämlich nicht immer so weit mit dem Auto oder mit dem Car fahren. In der Schweiz gibt es viele Drogenprobleme, ich würde mich sehr freuen wenn das aufhört, denn ich hasse Drogen über alles. Das Walt Disney Lande ist ja ein sehr berühmter Park. Gäbe es ihn in der Schweiz so würde ich dorthin gehen. Das wäre nämlich mein Grösster Wunsch. Aber so etwas gibt es wohl nie. So, das wären jetzt meine Wünsche gewesen.

Schriftsteller: Sascha Kaiser

ENDE

Basel-Landschaft

Auf dem Rütli (Eine Wiese mit hohen Felsen und Wald umgeben.)

M•: Wir sind am Ziel, hier ist das Rütli. Es ist eine schöne Mondnacht.

R+: Hört den Grund, warum wir hier zusammenkommen, liebe Eidgenossen. Wir wollen uns darüber Gedanken machen, wie die Schweiz von morgen aussehen soll. Wir gehen schwierigen Zeiten entgegen.

S▲: Wir müssen unser Land vor der zunehmenden Überbauungen, der ansteigenden Luftverschmutzung, dem Verkehrschaos auf den Strassen und dem enormen Abfallberg schützen. So kann es nicht weitergehen!

M: Wir gründen einen neuen Bund zum Schutz der Schweiz. Jeder Kanton soll folgendes beachten: Das höchste Gebot ist, dass jeder einzelne Bürger sein Auto so wenig wie möglich braucht, oder noch besser, wenn er die öffentlichen Verkehrsmittel benützt und so einen aktiven Beitrag zum Umweltschutz leistet.

S: Zweites Gesetz: Achtet beim Einkaufen darauf, so wenig wie möglich übermässig eingepackte Esswaren zu erstehen. So schrumpft der Abfallberg im Nu zusammen.

R: Im Winter zieht euch lieber wärmer an, um Energie beim Heizen zu sparen. Auch sonst wollen wir weniger Strom verbrauchen, so dass die Atomkraftwerke abgeschafft werden können. Das soll Gesetz drei sein.

M: Alte Häuser sollen, wann immer es geht, erhalten bleiben. Gegen die Einführung von Wolkenkratzern wehren wir uns. Das fordert das vierte Gesetz.

S: Zu der Natur wollen wir Sorge tragen. Wir wollen uns an ihr noch lange erfreuen und uns in ihr erholen können. Das ist das fünfte und letzte Gesetz.

A■: Wir sind ein Volk, und einig wollen wir handeln. Darum beachten wir diese Gesetze.

M: So können wir nicht nur von einer schönen Zukunft der Schweiz träumen, sondern wir haben sie auch! Zum Zeichen, dass ihr einverstanden seid, erhebe jeder seine Hand zum Schwur.

Christina, 12, Ramlinsburg

• M = Melchtal
+ R = Reding
▲ S = Stauffacher
■ A = Alle

JUGENDLICHE TRÄUME EINER SCHWEIZ VON MORGEN

Wir zählen das Jahr 2045; ich befinde mich mit meinem Enkel Walter auf einem kleinen Spaziergang am Ufer des Vierwaldstättersees. Dabei fragt er mich, wie es in der Schweiz gewesen sei, als ich so alt war wie er. Ich sagte ihm, dass der Mensch damals noch recht dumm war, weil er seine eigene Natur verschmutzte und sich damit selbst vergiftete. Zum Glück hat sich dies nun geändert: das Auto wurde nämlich bald abgeschafft, weil die Leute ihre Arbeit zu Hause am Computer machten. Ausserdem konnte ein Magnetschwebebahn-Netz errichtet werden, das an alle Orte führt. Ein anderes Problem jener Zeit, die ungenügende Stimmbeteiligung, konnte durch eine Einrichtung gelöst werden, die in jedem Haus eingebaut wurde, damit die Stimmberechtigten per Knopfdruck „Ja" oder „Nein" stimmen konnten. Ich könnte dir noch viel von unserer schönen Schweiz und ihrer Demokratie erzählen, aber schau, dort unten wartet schon Wilhelm. Geh nur und schau, was er dir gebracht hat.

Christian, 12, Schönenbuch

Jugendliche Träume einer Schweiz von Morgen

Das grösste Anliegen von mir ist die Verminderung der Umweltverschmutzung. Ich finde, wir sollten umweltfreundlicher und bewusster arbeiten. Es gibt zu viele Abfälle, die nicht entsorgt werden können. Auch die Abgase unserer Autos, Lastwagen oder anderer wärmeerzeugender Maschinen sollten reduziert werden. Es muss mehr mit öffentlichen Verkehrsmitteln gefahren werden; dies löst einige Probleme: Z.B weniger verstopfte Strassen und weniger Abgase.

Das gute unserer heutigen Schweiz ist, dass wir neutral sind und keine Kriege führen dürfen. Aber darum verstehe ich nicht, wieso wir eine Armee haben, denn wenn jemand uns überfallen würde, käme die UNO oder NATO uns zu Hilfe.

Ein wichtiges Thema ist auch die Stromproduktion. Ich finde, man sollte Kernkraftwerke abschaffen und mehr Solarenergie fördern wie auch Solarmobile. Aus dems Grund wünsche ich keine 40 Tonnen Fahrzeuge auf unseren Strassen.

Andreas

13 Jahre

4462 Rickenbach

Die Schweiz

Heute

Ich finde es toll, dass die Schweiz neutral ist, da diese Neutralität manche Kriege von uns ferngehalten hat. Im grossen und ganzen habe ich an der Neutralität nichts auszusetzen. Was ich allerdings nicht gut finde ist die EG. Damit wäre die Schweiz nicht mehr so neutral und nicht nur die Schweiz: Österreich müsste auch nicht mehr neutral sein weil Österreich einen Vertrag mit Russland hat. In dem steht dass Österreich genau so neutral bleiben muss wie die Schweiz. Auch Drogen kann man dann ohne Probleme über die Grenze schmuggeln. Die Bauern müssten ihre Ware noch billiger verkaufen und einer nach dem anderen müsste seinen Hof aufgeben oder ihn an jemand anderem verkaufen und als Arbeiter weiter machen. Der Nachteil dabei wäre, dass sie über ihre Ware nicht mehr frei verfügen könnten.

Morgen

Ich möchte mich nicht mehr 32 Stunden in der Woche in der Schule „quälen". Vor allem kostet mich der Schulweg jeden Tag im ganzen zwei Stunden, das finde ich doof. Ich stelle mir eine Schule ohne Noten vor. Man könnte die Schule locker nehmen, ja vielleicht sogar geniessen, das wäre mein Traum für die Zukunft. Der wird sich leider nie erfüllen für mich – schade, denn diese Noten können einem viel verderben im Leben. Es wäre schön, wenn mehr Leute diesen Gedanken so verstehen würden: „wir Arbeiten um zu Leben" denn ich höre viel die verdachte Version: „wir leben um zu arbeiten" wenn alle Leute nach der 1. Version denken würden, würde das auch mehr zum Umwelt-schutz beitragen denn dann würde nicht mehr so übermässig produziert. Auch schön wäre es, wenn alle Abfälle wiederverwendbar oder biologisch-abbaubar wären. Die Sonnenenergiegewinnung sollte auch mehr genutzt werden. Ich habe nämlich das Gefühl dass man aus dem Fall Tschernobil nichts gelernt hat. Ich hoffe auch schwer, dass die Sonnenenergiegewinnung keine Schattenseiten hat.

Jürg 13½ Anwil

Mein Wunsch im Jubiläums-jahr 1991 für die Zukuft ist:

Alle Menschen sollen das gleiche Recht haben, und freundlich zueinander sein, und keine Kriege führen.

Man sollte mehr Sportanlagen bauen, für den Freizeitsport, vorallem in der Öffentlichkeit.

Und man sollte den Tieren helfen, wenn sie ausgesetzt werden und einfach zurückgelassen werden. Man sollte sie nicht einfach abschlachten.

Es sollte mehr Jugendzentren geben, man sollte mehr auf die Kinder achten und sie schützen vor Drogen.

Man sollte weniger Ausländer in die Schweiz lassen und meiner Meinung nach die ein Bedürfniss haben und hilfe brauchen.

Man sollte mehr Anlagen bauen, um mehr Sport treiben zu können. Vorallem in der Öffentlichkeit. Es sollten mehr Clubs organisiert werden für Jugentliche. Für die Fahradfahrer sollten mehr Strassen gebaut werden.
Ich hoffe mit diesen Ideeen ein kleiner anstoss zu geben.

Selena. 12 Langenbruck
6.5.91

Es geschah im Jahre 1991, im Jubiläumsjahr der Schweiz. Ich war einfach plötzlich in der Zukunft. Es weiss niemand, wie das geschah. Ich befand mich zwar in meinem Wohnort, aber alles war modernisiert: Vor dem Schulhaus auf dem Pausenhof war eine Landebahn für Flugzeuge gebaut worden. Villen von Filmstars standen protzend auf dem schönsten Hügel, die schönen alten Häuser waren längst abgerissen. Auf einer Leinwand am Dorf-, nein, es war ja längst der Grossstadteingang, wurde Werbung gemacht für Flüge auf den Mond. Und in den Supermarkts zahlte man längst nicht mehr mit normalem Geld, nein, alles wurde mit Plastikgeld bezahlt.

Ich wollte so schnell wie möglich wieder nach Hause. Aber wie? Das ist ja ganz einfach: Der Wecker klingelt. Der erste Gedanke: Schule!!

Ob ich mich wohl freue auf die Zukunft?

Mirjam, 13½, Buckten

Jugendliche Träume einer Schweiz von morgen

...Die Ferien am Meer sind vorbei. Wir fahren in Chiasso über den Zoll – und sind wieder daheim in der Schweiz. Ich habe das Gefühl, nur in der Schweiz in voller Sicherheit leben zu können. Dieses "Heimatgefühl" möchte ich auch in 20 Jahren noch haben. Es ist aber nötig, dass jeder von uns seinen Beitrag leistet.
Auf dem Schulweg begegne ich grossen Bussen auf Vergnügungsfahrten → Ist das nötig? In der Pause beobachte ich Schüler, die ihren Abfall einfach auf den Boden werfen, als ob sie nicht wüssten, dass das nicht gut ist. Wir müssen mit unserem Wohlstand dafür sorgen, dass es den armen Ländern besser geht. Bei uns wird zuviel aufgebauscht und Geschäfte gemacht (Muttertag, Valentinstag). Das Geld ist zu wichtig!
Hoffentlich wird es in 50 Jahren auch noch so sein, dass man von "Basler Läckerli" oder "Emmentaler Käse" spricht. Schlimm wäre es, wenn hinter unseren Spezialitäten plötzlich "Made in Taiwan" stehen würde. Das leben im kleinen Dorf (550 Einwohner) gefällt mir. Der Bennwiler Wald produziert mehr Sauerstoff, als die Autos hier verbrauchen. Täglich darf ich die schöne Natur geniessen; ich wünsche mir, dass dies auch in Zukunft möglich ist.

Susi, 13, Bennwil

Jugendliche Träume einer Schweiz von Morgen

Wenn ich schon einmal die Gelegenheit erhalte, meine Träume zum gegebenen Thema zu äussern, will ich das gerne tun.

Es beunruhigt mich sehr, dass sich die Menschen immer mehr in die Natur einmischen. Unsere Schweiz ist so „schön". Ich wünsche mir einen vermehrten Schutz der Alpen und Bergregionen vor Überbauungen. Auch ist mir ein Bedürfnis, dass die Herren in der Regierung mehr Rücksicht auf die Jugend nehmen. Wenn es wenigstens nur zwei autofreie Sonntage im Jahr gäbe, wäre ein kleiner Schritt gegen die Umweltverschmutzung getan. In meinen Wunschvorstellungen sehe ich Kinder ohne Angst vor Autos auf der Strasse Federball spielen und Rollbrett fahren.

Gerne ging ich jeweils in den Sommerferien meinen Grosseltern helfen, denn mein Grossvater bewirtschaftete einen Bauernbetrieb. Ich konnte es kaum erwarten bis Grosi den „Znünikorb" auspackte, und wir zusammen Speck und Brot assen und dazu Süssmost tranken. Wir arbeiteten hart, fanden aber immer noch Zeit, miteinander zu plaudern und das „Zvieri" zu essen.
Wo ist das heute noch möglich?

Adrian, 12, Hemmiken

Bericht aus der Schweiz von Morgen
Ein Augenzeugen Bericht aus der zukunft

Wir haben es geschafft, den Samstag schulfrei zu machen, dafür unterrichten heute die Lehrer von 8-14 Uhr durchgehend und als erste Fremdsprache lernt man Englisch und wer will kann von der 8. Klasse an auch Französisch lernen. Kaugummikauen in der Schule ist obligatorisch und Kaugummis werden von der Schule gratis abgegeben, da sie als Nebenwirkung gleichzeitig gegen verschiedene Krankheiten impfen.
Unsere Chemie hat bewiesen was sie kann. Früher gab es nämlich Tierversuche. Das war etwas ganz Schlimmes, denn wer ist schon gerne Versuchskaninchen.
auf unserer Strasse läuft etwas! Wir kommen besser vorwärts als unsere Urgrossväter. So sausen unsere lautlosen Solar- und Elektroautos mit 250-300 Sachen durch die gegend. Wer ein Billigauto fahrt kommt immerhin 100-150 km/h vorwärts. Wer heute noch einen Oldtimer mit Benzin-oder Dieselmotor fahren will, muss seinen Treibstoff suchen gehen, denn es gibt keine Tankstellen mehr wie um 1991. Der Sternenhimmel ist wieder intakt und die Luft ist sehr sauber, weil Schornsteine verboten sind. In unserer Freizeit treffen sich jung und alt in den vielen kleinen Freizeit- und Natur- und Erlebnisparks, die es in allen Bezirken hat. Die Tiere können wieder ungestört in grösseren zusammenhängenden Naturgebiete leben.

Die Schweiz von Morgen

Draussen regnet es. Ich sitze in meinem Zimmer auf meinem Stuhl. Ich könnte eigentlich in das neuerstellte Freizeitzenter in dem riesigen Park gehen, der seit einiger Zeit bei uns am Stadtrand steht. Auf das alles mit der Magnetschienenbahn vernetzt ist. So bin ich in kurzer Zeit dort, wo ich hin will. Ich steige aus und staunend sehe ich vor mir einen riesen Park mit einem grossen Freizeitzenter, das aber ganz unscheinbar zwischen den vielen Bäumen und Sträuchern steht. Jetzt stehe ich in einer grossen Halle, vor mir eine Hinweistafel, auf dieser steht: Ping-Pongtische, Biliardraum, Restaurants, Skateboards, Kegeln, Minigolf, Golf usw. Ich bin überwältigt von der Auswahl, die auf dieser Tafel steht. Ich schaue auf. Erst jetzt bemerke ich den grossen Springbrunnen, der einige Meter vor mir steht. Er ist rund und das Wasser plätschert in einem gewaltigen Schauspiel hinuhter. – Erst jetzt kann ich ein Gewirr von kleinen unscheinbaren Figuren erkennen, aus deren Mäulern ein dünner silberner Wasserstrahl spritzt. Ein gewaltiger Anblick. Langsam wende ich mich wieder dem Ausgang zu. Draußen im Park unterhält sich angeregt eine Menschengruppe über die Schweiz von Morgen. Sie sind alle fröhlich und freundlich. Plötzlich berührt mich etwas weiches an meinen Füssen. Mit einem sanften Schnurren bringt mich meine Katze in die Wirklichkeit zurück. Schade das alles nur ein Traum war. Wie schön wäre es doch in Wirklichkeit.

Moritz. 14. Bottmingen

"Jugendliche Träume einer Schweiz von Morgen"

Mein Traum der "Schweiz von Morgen" wäre, dass der Automobilverkehr und auch sonst der allgemeine Verkehr zurückgeht. Nicht nur wegen der verschmutzten Luft, sondern auch wegen dem Lärm. Heutzutage kann man nicht einmal eine Minute sein, ohne dass man irgend ein Verkehrsmittel oder eine Maschine hört.

Die Weltoffenheit ist schon gut, aber heute herrscht ein grosses Durcheinander auf der ganzen Welt. Ich träume von sesshafteren Völkern. Zum Beispiel davon, dass die Schweizer wieder ihre Nahrungsmittel, Kleider, Maschienen, Energie, u.s.w. selber produzieren und nicht, bloss weil es billiger kommt, alles importieren. Auch wäre es schön, wenn nicht jeder in den Ferien jedes Mal möglichst weit durch die Welt reisen würde.

Wenn alle mit etwas weniger sogenanntem "Wohlstand" zufrieden wären, würden sich auch viele Umweltprobleme lösen, Glück und Lebensfreude könnten die Menschen wieder leichter finden.

Ich hoffe sehr, mein Traum werde sich erfüllen, sonst ist die Schweiz in 30 Jahren ein Betonklotz mit gehetzten Menschen darauf.

David, 13, Tenniken

Jugendliche Träume einer Schweiz von Morgen

Meine Traumschweiz sieht in etwa so aus:
Zum Beispiel wünsche ich mir, dass der Müllberg sich verkleinert, und wir nicht in unserem eigenen Dreck ersticken! Nicht, dass am Ende der Müllberg höher ist als das Matterhorn. Das liesse sich vielleicht damit erreichen, dass nicht jeder Apfel etc. 3 mal eingepackt wird.
Toll wäre auch, wenn wir in 10 Jahren noch auf Waldwegen wandern könnten, die nicht mit Kehricht gepflastert sind. Schliesslich ist der Wald ein Erholungsgebiet und nicht ein Müllschlucker.
Ausserdem hoffe ich, dass wir um das Jahr 2000 Füchse, Luchse, Hirsche etc. noch in freier Wildbahn beobachten können, statt sie ausgestopft im Museum betrachten zu müssen.
Mein sehnlichster Wunsch wäre, dass die Schweiz ohne Armee auskäme, weil es auf der ganzen Welt keine Kriege mehr gäbe, aber vielleicht ist das nur ein Traum von mir!

Anita, 13 Niederdorf

"Jugendliche Träume einer Schweiz von Morgen"

An einem sonnigen Morgen, weckt mich der Radiowecker, der mit Sonnenenergie läuft. Meine Mutter macht mir eine heisse Ovomaltine mit der sonnenbetriebenen Kaffeemaschine. Ich gehe auch noch duschen, das Wasser ist sehr heiss, die Sonne schien am vorigen Tag sehr stark. Ich gehe mit dem Bus in die Schule, der Bus läuft auch mit Sonnenenergie. Er ist über Nacht eingesteckt gewesen und aufgeladen worden, so kann er natürlich am nächsten Tag auch wieder fahren. Also bin ich in der Schule angekommen. Wir haben Schreibmaschinenunterricht. Die Schreibmaschinen, die wir haben sind elektrisch, auch sie laufen mit Sonnenenergie. Nun ist die Schule aus, wir fahren wieder mit dem Sonnenbus heim. Zuhause kocht die Mutter mit dem Sonnenkochherd das Mittagessen. Am Nachmittag höre ich Musik und schaue fern, das natürlich auch mit Strom, der durch Solar-Panels erzeugt wird. Jetzt gehe ich ins Bett und schlafe bei der sauberen Luft tief und fest und träume von sonnigen Tagen.

(Tina, 13, Titterten)

Jugendliche Träume einer Schweiz von morgen

Schon wieder eine dieser langweiligen Geschichtsstunden! Einmal mehr sollen wir sagen, was 1315, 1415, 1515 in der Schweiz passiert ist. Eigentlich interessiert mehr, was heute in unserem Land geschieht. Ich sitze da, und dann fange ich an zu träumen...
2015 – Wie sieht die Schweiz wohl dann aus?
Ich spaziere mit meiner Frau und meinen Kindern durch Basel. Wir erzählen uns von unserer Schulzeit und freuen uns für unsere Kinder, dass der Bundesrat gestern gesagt hat, dass ab sofort in der Schule keine Noten mehr gegeben werden. Wenn ich daran denke, wie wir mit Arbeiten und Tests geplagt worden sind! Wir können überall spazieren, ohne dass wir befürchten müssen, dass eines unserer Kinder unter ein Auto rennt. Endlich hat man die Stadt verkehrsfrei gemacht. Überhaupt ist es viel besser als zu unserer Jugendzeit. Ich finde es in Ordnung, dass man hohe Steuern von den Automobilisten verlangt. Die öffentlichen Verkehrsmittel sind so gut ausgebaut, dass man heutzutage wirklich kein Auto mehr braucht. Manchmal denke ich, wir sind in den Bergen – die Luft ist so gut!
Jetzt kommen wir zum Barfüsserplatz. „McDonald" ist immer noch da, und wir haben Lust auf einen Burger. Wie sitzen die Leute doch friedlich im Restaurant – Familien, Schweizer, Türken – alle schwatzen und lachen miteinander. Ich sage zu meiner Frau: „Weisst du noch, wie es war, als wir Kinder waren? Was haben wir die Ausländer schief angeschaut. Wir haben immer Angst gehabt, sie könnten uns etwas wegnehmen. 1991 haben wir sogar Kurden ausgewiesen, obwohl wir die schrecklichsten Bilder vom Elend dieser Menschen im Fernsehen gesehen haben. Es geht uns ja sehr gut. Wir hatten in allen Jahren

immer genug zu essen, und Arbeit finden wir alle leicht."
Nachdem wir uns einen Burger genehmigt haben, spazieren wir zum Rhein. Am Ufer sonnen wie immer junge Leute und freuen sich am Leben. Sie schwimmen im Rhein und brauchen keine Angst zu haben, dass sie irgendwelche Krankheiten auflesen, weil das Wasser schmutzig ist. Die Chemie hat eingesehen, dass man wirklich etwas gegen die Wasserverschmutzung machen muss. Sogar Fische gibt es wieder – Fische, die so köstlich sind, dass meine Frau mir jeden Freitag frischen Rheinfisch auf den Tisch stellt.

„Markus, Markus, träumst du schon wieder?" – „Was ist, wo bin ich? – In der Geschichtsstunde!?" – „Was geschah 1515?" – „Ich habe keine Ahnung." – „Zur Strafe bleibst du eine Stunde in der Schule und schreibst einen Aufsatz mit dem Titel, Jugendliche Träume einer Schweiz von morgen'."

Markus Maurer
4127 Birsfelden

Basel-Stadt

Däni, 16 Jahre, Basel

Die Schweiz

Unsere Schweiz ist zwar klein, aber sie hat noch grosse Probleme zu lösen.
Nehmen wir mal das Umweltproblem. Ich würde gesamtschweizerisch weniger Verkehr zulassen. Dazu würde ich das Angebot an öffentlichen Verkehrsmitteln verbessern. Zum Verkehrsproblem in den Grossstädten: ich würde vorschlagen, dass man alle Altstädte verkehrsfrei macht. Klar, dass man nicht nur den Autos die Schuld geben kann, auch die Fabriken sollten besser aufpassen, was sie rauslassen. Ich schlage vor, dass man das schärfer unter die Lupe nehmen soll.
Ein weiteres Problem sind die Drogen. Wie man das lösen könnte, weiss ich leider auch nicht.
Aber zur Schweizerarmee hätte ich durchaus eine Lösung anzubieten. Ich schlage vor, man lässt jene Militärdienst leisten, die das wollen, wer nicht will, sollte nicht gezwungen werden.
Auch beim Thema Bauen würde ich einiges ändern. Man sollte aufhören, Häuser an die Hänge zu bauen, oder für Häuser Waldstücke abzuholzen, oder Bauernland zu überbauen. Wir brauchen den Wald und die Aecker. Natürlich folgt nun die Frage, wohin mit den Leuten und mit den Ausländern, und das ist bereits das nächste Problem. Ich würde die Ausländer rationiert und kontrolliert in die Schweiz lassen. Sonst ist die Schweiz keine Schweiz mehr.
Die Schweiz soll neutral sein, haha. Erst müsste man mit Waffenlieferungen aufhören, bevor man sagen kann, die Schweiz sei neutral.
Einem EG-Beitritt stehe ich negativ gegenüber. Unsre Probleme würden sich alle verschärfen, kleinerer Verdienst, Bauernproblem. Auch das Drogenproblem würde sich drastisch verschlimmern, weil die Ware einfacher in die Schweiz käme.
Was mir sehr positiv auffällt, ist, dass in der Schweiz relativ viel für die Jugend getan wird.
Noch ein letztes Problem zum Schluss: ich habe gehört, dass es bei uns sehr viel mehr Armut gibt, als man angenommen hat. Ich würde vorschlagen, dass man denen unter die Arme greifen soll, anstatt das Geld für Strassenbau und Armee auszugeben. Ich wünsche der Schweiz noch viele und schöne Lebensjahre.

Die Schule von morgen

Die Schüler bleiben alle zu Hause.Um 10 Uhr beginnt die Schule. D.h jeder Schüler setzt sich an den Hauscomputer. Je nachdem,was der Schüler lernen will,wählt er ein Programm. Immer um halb 4Uhr wird geprüft,ob er auch aufgepasst hat. Um 4Uhr wird bekannt gegeben, wer noch weiter lernen muss. Nach der Schule kann man mit dem Computer mit einander spielen. Meistens gehen die Schüler um 1.oo Uhr in der Früh ins Bett. In der Freizeit wird Computer gespielt und Fernsehen geschaut, denn die Eltern haben nichts zu sagen. Der Beruf desLehrers ist ausgestorben doch jede Woche kommen neue Disketten heraus, die die Lehrer hergestellt haben.

Adrian Lohri 12 J. , Basel

Gedanken zur Schweiz von morgen

Man sollte den Sport für Jugendliche mehr unterstützen. Kinder, die Talent haben, sollten besser gefördert werden, vorallem in Tennis, Fussball, Leichtathletik, Handball,Eishockey. Man sollte mehr Turniere veranstalten,für Jugendliche bis 16 Jahre alle Sportartikel billiger abgeben, mehr Spielwiesen einrichten in der Stadt.

Eine Vison zur Schule
Schule sollte auf einem Bauernhof stattfinden, mit Feldern, Wald, und vielen Tieren, wie z.Bsp. Schweinen, Kühen, einem Stier, Ziegen, Hunden, Schafen, Pferden und Katzen. Der Bauernhof braucht etwa 7 Zimmer, denn jeweils eine Woche lang übernachten die Klassen abwechselnd dort. Die Schülerinnen und Schüler bewirtschaften gemeinsam den Hof,pflegen den Wald und die Tiere, jeweils von 1o-12 Uhr täglich ist Schulunterricht in einem der Zimmer.Nur Sprachen und Rechnen sind obligatorisch, das andere sind Freifächer.Im Umgang mit den andern Kindern und der Verantwortung für die Tiere lernt man genug fürs Leben.

Patrick , 14 Jahre, Basel
Michi, 14 Jahre, Basel

Gedanken zur Schweiz von Morgen

Was fällt einem Amerikaner ein, wenn man ihn fragt, was ihm zum Stichwort 'Schweiz' einfalle? Er würde eine Weile überlegen und von Bergen, Bauern mit Kühen, Uhren und Schokolade schwärmen.
Aber was denke ich, wenn ich das Stichwort 'Schweiz' höre? Verbote, Paragraphen, Nachbarn, die reklamieren. Was mich auch beschäftigt, ist, wie lange sich die Schweiz gegenüber anderen Ländern und Sitten abkapseln kann oder will. Was bringt es, wenn wir noch länger wie eine verträumte Insel in einem grossen Meer schwimmen?
Ich wünschte mir eine Schweiz, in der der Weltfrieden und der Umweltschutz eine Rolle spielen und nicht etwa Käse oder teure Uhren.

Alex Bruderer, 15 Jahre
Basel

Die Schweiz von morgen

Meine Vison für die Zukunft der Schweiz:
Man sollte die Drogensüchtigen in Ruhe lassen, denn ich finde, jeder Mensch hat die eigene Wahl, was er aus seinem Leben macht.Aber die Kriminalität muss man unter Kontrolle kriegen. Deshalb sollte man die Drogen gratis abgeben. Dann brechen die Süchtigen nicht mehr ein,stehlen nicht mehr. Leider kann man die Drogen nicht ganz abschaffen. Man müsste auch Häuser bauen, abgelegen vom Menschenrummel. Dort können die Süchtigen sich aufhalten. Man muss die Durchsuchung nach Drogen an den Grenzen fördern. Man muss auch Orte bestimmen, an denen die Drogen abgegeben werden.

Marc B. 13 Jahre, Basel

SCHWEIZ MORGEN

Die Schweiz kann so nicht weiterleben mit diesem Verkehr!
Ich finde,dass es zu viele Autos hat.Im Stadtviertel,in dem ich wohne ist der Verkehr das Hauptproblem.Auch die Atomkraftwerke in der Schweiz finde ich nicht so gut.Warum kann man eigentlich nicht auf jedes Dach Solarzellen einbauen?Das fände ich nicht schlecht.Es sollte auch keine Tierversuche mehr geben für Kosmetik.Auch keine Tiere sollten mehr für Pelzmäntel abgeschlachtet werden.In den Städten brauchen wir mehr öffentlichen Verkehr.Und warum werden nicht mehr Spielplätze gebaut,auf denen wir gut Spielen könnten.Autobahnen sollten keine mehr gebaut werden,denn das ist eine Landschaftszerstörung und dafür werden unnötig Baüme abgeschlachtet.Ich möchte dass Kataloge und Illustrierte nicht mehr mit Umweltschädlichen Materialien hergestellt werden,sondern Altpapier.

THOMAS HUNN, 15 Jahre, Basel

Ich träume von einer Schweiz, die für den Umwelt-
schutz mehr tut. Auch die Kinder sollen nicht zu kurz
kommen, man sollte mehr Spielpläze, Fussballplätze und
Freizeitanlagen errichten. Die Schweiz sollte sich auch in
der europäischen Politik so betätigen, dass niemand unzu-
frieden ist. Gegenüber den Asylanten sollte sich die
Schweiz offener und hilfsbereiter zeigen. Die Schweiz sollte
sich auch mehr in den Drittweltländern engagieren.
So soll meine Schweiz von morgen aussehen.

Daniel, 13, Riehen

Die Schweiz von morgen in bezug auf Umweltschutz

Zum Ersetzen der Autos sollte man U-Bahnen bauen. (In den Städten). An oft befahrenen Strassen muss ein Lärmschutz her. Bei jedem Auto., das noch keinen Katalysator hat, sollte man ihn nachträglich einbauen. Gesamtschweizerisch wird nur noch bleifreies Benzin verkauft.
Arbeiter aus Deutschland und Frankreich müssen ihr Auto beim Zoll abstellen und mit dem Tram und dem Bus weiterfahren.

Das Auto darf nur benutzt werden, wenn mindestens 2 Personen drinsitzen. Auch in Rasenmäher muss ein Katalysator eingebaut werden.

Martin M. 12 Jahre, Basel

MEINE GEDANKEN

Ich lebe gern in der Schweiz.
Wenn ich die Nachrichten sehe, höre und die Zeitung lese, dann kann ich die Katastrophen und Kriege, leid und not in der Welt nicht vorstellen.
Es gibt viele Menschen auf der Welt die hungern oder krank sind oder um ihr leben kämpfen müssen.
Das finde ich traurig.
Hier in der Schweiz haben wir auch probleme aber es ist nicht so schlimm wie in andern länder.
Aber wir sind trotzdem nicht zufrieden.
Wir haben zum beispiel eine Umwelt broblem.
Ich finde es fahren viel zu viele leute mit Autos, Mofas und Motorräder herum und zuwenig mit dem velo, Tram und Bus.
An den Ampeln stellen die Farzeuge den Motor nicht ab.
Abends wenn alle Feierabend haben ist es besonders schlimm. Wenn jeder ein bisschen mehr tut, zum beispiel zur Arbeit mit dem Tram fahren oder in die Stadt mit dem Bus und nicht immer das auto nehmen. Es ist viel einfacher und bequemer mit dem Auto.

Björn Löliger, 14 Jahre,
Bettingen

Die Schweiz von Morgen

Miriam ist ein zwölfjähriges Mädchen, sie lebt im Jahre 2050. Heute ist Freitag. Jeden Freitag erzählt ihre Grossmutter, die 1976 geboren ist Geschichten. Es ist 4 Uhr. Miriam geht zu ihrer Grossmutter, legt sich auf das Kanapee und sagt: „Erzähl mir heute doch bitte von deiner Jugendzeit!" „Gut. Also, als ich so alt war wie du, war die Schweiz ein schreckliches Land, das drittreichste Land der Welt. Kuweit war auf dem ersten Platz, aber das kennst du ja gar nicht mehr, weil es Hussein, dann doch endgültig zerstört hat. Aber nun wieder zur Schweiz. Ich nehme an, dass du noch weisst was das Militär ist? Es gab mehrere Abstimmung über die Abschaffung des Militärs, am Schluss würde es dann wirklich abgeschafft, das ist jetzt auch schon lange her. Am Schlimmsten war aber die Chemie z.B. mit den Tierversuchen, das ist jetzt schwer zu verstehen, aber früher probierten wir alle Medikamente zuerst an Tieren aus und schauten zu wie sie reagierten. Die Atomkraftwerke sind heute auch verschwunden, heute wird der Strom ja durch Sonnen-, Wasser- und Windenergie hergestellt. Früher war Geld das Wichtigste, heute ist das zum Glück ja nur noch eine Nebensache. Es gibt noch so viel erzählen, was sich alles in letzter Zeit verbessert hat, aber jetzt musst du gehen. Ciao kleines!"

Ciao Grossmutter!" Als Miriam am Abend im Bett liegt ist sie echt froh, dass die Schweiz sich so geändert hatte.

Aina, 14 Jahre, Basel

Die Schweiz

13.5.91

Ich wünsche mir, dass sich manches in der Schweiz verändert, zum Beispiel, dass die Schweizer Armee abgeschafft wird. Wir zahlen vielzuviel an die Armee, kaufen Panzer und Gewehre. Das Geld könnten wir für bessere Zwecke benützen, zum Beispiel für neue Sportplätze, Spielplätze einfach Sachen für die Kinder. Dann finde ich, dass die Schweiz mehr Medikamente der 3. Welt schicken könnte. Uns geht es hier sehr gut, und nur die wenigsten Menschen dencken daran was da drüben wirklich passiert. Das Fernsehen sollte mehr darüber zeigen wie schlecht es ihnen geht. Dass pro Tag so viele Kinder sterben müssen, darüber macht sich fast niemand mehr Gedanken. Die Schweiz würde eine viel bessere Natur und Umwelt haben, wenn es nicht so viele Fabriken geben würde. Und dass sie auch ihre Fabriken besser absichern möchte ich. Das Unglück von der Sandoz war schrecklich. Die vielen Fischen, die gestorben sind und das Wasser, das vergiftet worden ist. Ich finde dass sie alle Fabriken besser unter Kontrolle haben müssen. Ich wünsche mir, dass es keinen Krieg mehr gibt, und dass es der 3. Welt bald so gut geht wie bei uns in der Schweiz.

Nadine, 15 Jahre, Riehen

Meine Traumvorschtellung

Wenn ich die Schweiz verändern könnte, dann würde ich es sofort tun. Anfangen würde ich mit den Verkehrsmitteln und Fabriken. Es ist doch eine Riesenschweinerei was z.B. die Sandoz alles rauslässt. Es wäre doch viel schöner wenn es wieder (wie früher) meh bunte Wiesen geben würde. Stattdesen betoniert man alles zu und baut irgendwelches unützliches Zeug darauf.
Heute sind unsere Bäume einbetoniert auf den Strassen, unter den Abgassen werden sie krank und sterben schliesslich. Wacht auf! Wir brauchen Bäume um Leben zu können. Dann diese ständigen Kriege und Streite der Staaten, wofür eingentlich, was wollen sie uns beweisen? Es würde auch mit Frieden gehen. Oder nicht?
Macht euch mal Gedanken über alles, wie z.B. über die 3 Welt. Wir in der Schweiz haben mehr als genug sogar zuviel. Die Menschen in der 3 Welt fast nichts. Es hätte auch anderst sein können: Dass wir die 3. Welt wären. Versetzt euch mal in ihre Situation. Denk darüber nach, es lohnt sich!

Natascha, 14 Jahre, Basel

Die Schweiz von Morgen

Ich finde die Schweiz braucht keine Armee, keine Atom-
kraftwerke und keine Autobahnen mehr. Wir sollten mehr
für die Natur tun. Die Schweiz muss sich noch recht verbes-
sern. z.B. Sagt jeder, dass die Schweizer Fussballnati spie
le schlecht. Aber im Gegensatz zu Deutschland, Spanien
etc, da muss die Schweizer Nati schon noch arbei-
ten. Die kleinen Clubs haben meist zu wenig Geld, um
die Jugend wirklich zu fördern. Der Sport braucht ein-
fach mehr Geld. Die Schweiz gibt wahrscheindlich
recht Geld für die Armee aus, dabei brauchen wir sie
gar nicht. Und wenn die Schweiz dann noch zur EG geht
und 40-Tonnen durch die Strassen rattern! Wer will dann
noch mit dem Fahrrad fahren? Wir haben schon jetzt zu
viele Autos auf den Strassen. Warum braucht die Schweiz
immer so viel Zeit bis sie bei Katastrophen in der 3 Welt zu
Hilfe eilt? Die Menschen verhungern dort, während wir im
Durchschnitt zu Fett sind. Wenn wir alle weniger Fleisch essen
würden, müssten viele Menschen weniger Hungern. Und
dann sind da noch unsere Chemiefabriken, z.B. die Sandoz
und noch viele anderen die unsere Umwelt zerstören. Und
warum unternimmt die Schweiz nichts gegen die Tier-
versuche?

Rebecca Junker
14 Jahre, Basel

Meine Schweiz der Zukunft

Für die Zukunft stelle ich mir eine Schweiz vor, die sich gegenüber den Ausländern und Fremden offen und menschlich verhält. Auch stell ich mir eine Schweiz vor, die sich nicht nur hinter ihrer Neutralität versteckt, sondern in einem Vereinigten Europa auch ihre Aufgaben erfüllt.

Und für den Umweltschutz wünsche ich mir eine Schweiz, die ihre schlechten Abfälle nicht nur ins Ausland schickt, sondern sich bemüht, solche Abfälle nicht mehr zu produzieren.

Und was auch noch wichtig wäre:
Weniger Schule, keine Hausaufgaben, einfachere Schriftlichen und längere Pausen. Es sollte auch mehr grosse Wiesen geben, auf denen man Fussball, Baseball u. s. w. spielen kann.

Fabrice, 13 Jahre, Basel

Schweiz – von heute auf morgen

Die Schweiz ist für mich ein Land, das viel zu viel Geld besitzt, und deren Bürger sich deshalb 'weiss Gott was' einbilden.
Doch der Schein trügt, denn nach wie vor gibt es auch in der Schweiz Arbeitslose, Drogentote, einfach jede Menge Leute, denen es nicht so gut geht, und deren Meinung zur Schweiz sicherlich nicht die ist, die nach aussen hin von denen abgegeben wird, die das Geld in der Tasche haben, und auf die auch gehört wird.
Und überhaupt finde ich die Schweizer Bevölkerung, die ja zu einem grossen Teil aus alten Leuten besteht, spiessig und intolerant.
Da hört man z. Bsp. sich zwei alte Leute

über lärmende Rollbrettfahrer aufregen, und 200 m weiter hat die Drogenszene ihren Platz... Jedes Problem, das sie nicht unmittelbar betrifft, wird mit Handwinken abgetan. Ich habe die Schweiz wirklich satt. All die umhermotzenden, spiessigen Alten, die es sich anscheinend zum Hobby gemacht haben, Jugendliche zu kritisieren und über sie zu schimpfen. Doch eines Tages wird auch ihnen der Atem ausgehen, genau wie all den anderen, die nicht mehr wissen, wohin vor lauter Geld.

Alex
16 Jahre, Basel

Fribourg

"Jugendliche Träume einer Schweiz von morgen"

Chers amis,

C'est un honneur pour moi de prononcer ce discours, écrit par des enfants de mon âge.

Personnellement, je vois pour demain :

- Une Suisse avec voitures qui se nourrissent de l'énergie solaire.
- Une Suisse unie avec l'Europe, avec l'O.N.U., sans frontière et avec une même monnaie.
- Une Suisse qui aurait une place pour chaque être humain.
- Une Suisse belle et tranquille.
- Une Suisse en harmonie avec la nature.
- Une Suisse redevenue pays forestier, avec des animaux.

Vous allez me dire que ce sont que des rêves, mais si tout le monde donne du sien, pourquoi ne deviendraient-ils pas réalité ?

Baptiste, 12, Léchelles

"Jugendliche Träume einer Schweiz von morgen"

Chers amis,

J'espère que nous accepterons d'être dans l'Europe UNIE. Nous ne parlerons plus de frontières. On pourra aller partout dans l'Europe sans toujours ouvrir son portemonnaie. On n'aura qu'un seul président. Etre Européen va signifier: sortir des coins perdus.

Gaël, 14, Léchelles

"Jugendliche Träume einer Schweiz von morgen"

Chers amis,

Mon voeu pour un avenir plus rose pour la Suisse et le monde serait que tous les hommes s'aiment, qu'il n'y ait plus de disputes inutiles, plus de guerres qui font mourir des innocents, plus de pollution. Que chacun redécouvre le dialogue, la paix et réapprenne à apprécier toutes les belles choses naturelles de notre pays, de notre Terre. C'est certainement trop demander, mais il paraît qu'il faut beaucoup demander pour obtenir un petit peu. Si l'air que nous respirons était pur, si nos routes étaient moins encombrées de voitures, si nos forêts n'étaient pas malades, alors déjà un petit pas serait fait pour une Suisse plus rose, meilleure à vivre. Alors à ce moment-là tous les pays du monde suivraient notre exemple et la Terre entière serait recouverte de fleurs blanches, signes de paix et de bonheur. Le rêve est permis!

Létizia, 13, Léchelles

"Jugendliche Träume einer Schweiz von morgen"

Chers amis,

J'aimerais qu'il y ait moins de pollution. La plupart des personnes vont en voiture ou en moto dans la forêt. Les gens ne se rendent pas compte. C'est combien mieux de marcher, d'aller à vélo ou à cheval.

Quand des personnes vont pique-niquer dans le bois, elles ne font pas attention à la nature. A peine ils ont fini de manger qu'ils lancent les boîtes de conserves, des papiers, du plastique et tous ces déchets qui polluent.

Il y a des poubelles. Quand vous aller pique-niquer, vous avez les sacs à dos ou des cornets. Faisons un effort pour garder notre Suisse "propre en ordre"!

Christel, 14, Léchelles

"Jugendliche Träume einer Schweiz von morgen"

Chers amis,

700 ans, c'est très long, mais c'est aussi très court! C'est long pour compter les années qui passent, c'est court pour inventer la pollution!

Ah! bien sûr, il n'y a pas que la pollution qui a été inventée, il y a aussi les armes qui ont évolué.

Ah! Certains diront aussi que l'argent a changé: ces gens ont raison!

Comparez une pièce de cinq francs d'aujourd'hui et celle d'hier!

Fabuleux! toutes ces choses qui évoluent, mais elles ne le sont pas toutes!

Eventuellement: demain, les voitures seront des chariots...

Rapidement tout a grandi, mais rapidement tout doit se détruire.

Autrement plus rien n'ira!

Tous les jours nous apprenons des choses qui détruisent.

Irons-nous loin, comme ceci?

Ah! bien sûr que non! A nous d'y remédier!

Béatrice, 12, Léchelles

"Jugendliche Träume einer Schweiz von morgen"

Chers amis,

J'ai la chance d'habiter la Suisse, un très beau pays que j'aime beaucoup, et de plus je vis en campagne. J'ai pourtant bien peur que si nous voulons nous développer encore plus, notre nature va cesser d'exister. Alors commençons par faire un effort contre la pollution. Il faut penser à l'avenir! En lisant un journal, j'ai pu constater que mon pays était le deuxième au monde le plus pollueur!

Il y a aussi la Suisse qui pense entrer dans l'Europe. Que vont devenir l'industrie, la paysannerie? Je suis pour refuser cette proposition.

Mais il y a de bonnes choses, comme notre belle histoire sur Guillaume Tell, les batailles gagnées. Essayons de trouver un autre moyen pour développer ce petit pays, sans nuire à nos paysages. J'aimerais qu'il y ait toujours un rayon de soleil sur nos monts indépendants.

Lionel, 13, Léchelles

"Jugendliche Träume einer Schweiz von morgen"

Chers amis,

Je vous présente le souhait que je ferais si j'étais président de la confédération helvétique.

- Bonsoir! Nous allons assister pour la Suisse à un heureux événement. Notre petit pays a pris part dans la fabrication d'un vaisseau spatial pour aller sur Mars. Cette fussée s'appelle Vulcain II, capable de voler à la vitesse incroyable de 210'000 km/h. Le trajet va se dérouler ainsi: montés à bord de l'astronef, les passagers, bien en sécurité de toute explosion à l'arrière du vaisseau, décollent de Berne vendredi, le 1 août 2016. Ils feront une première escale sur la Lune où ils pourront prendre des barils d'essence supplémentaires pour le trajet. Ils arriveront sur Mars le 6 août 2016 où ils resteront une semaine et prendront des prélèvements de roches. Ils retourneront sur Terre le 15 août 2016 où ils seront accueillis par des reporters, journalistes, familles et bien sûr une foule de curieux. C'est ainsi que je termine mon histoire dont la Suisse est si fière. Au revoir!

Niall, 12, Léchelles

"Jugendliche Träume einer Schweiz von morgen"

Chers amis,

Pensez à l'avenir de vos enfants. Si chacun n'en fait qu'à sa tête, notre pays sera bientôt dévasté. Pour garder une belle nature, respectons l'environnement. Luttons et faisons tous un effort pour éviter le gaspillage, en particulier les déchets ménagers que nous détruisons chaque jour.

De plus en plus des arbres meurent, les fleurs disparaissent. Pensons à la nature, c'est si joli; pourquoi tout détruire avec cette pollution d'aujourd'hui? Soyons plus raisonnables, afin que la Suisse survive.

Pourquoi fait-on une si grande différence entre le pauvre et le riche? Si celui-ci venait en aide au malheureux, il y aurait moins de vols et de violence. Si seulement on pouvait avoir une égalité dans tous les domaines.

Christine, 12, Léchelles

"Jugendliche Träume einer Schweiz von morgen"

Chers amis,

Si demain j'étais architecte, je construirais des villas où toute la famille se sentirait à l'aise, avec de la place pour jouer. Je ferais aussi attention de ne pas trop "envahir" la terre de béton, je garderais beaucoup de coins verts.

Si demain j'étais industriel, je chercherais des produits qui ne nuisent pas à l'environnement. J'améliorerais la sécurité des gens dans les véhicules. Je fabriquerais des voitures qui ne polluent pas et qui soient plus résistantes dans les accidents.

Si demain j'étais sportif, je ne me droguerais pas pour être le meilleur partout. Je jouerais pour le plaisir et non pour l'argent.

Si demain j'étais jardinier, je ne vanterais pas la tulipe noire. Je laisserais les plantes pousser librement.

Chers amis, ne vous en faites pas, je n'oublie pas la phrase qui dit : "Avec des si et des mais, on met Paris en bouteille et toi comme bouchon!" Profitons alors de ce jour de grande fête pour nous engager à mieux faire vivre pour arriver tout simplement à mieux vivre.

Didier, 12, Léchelles

"Jugendliche Traüme einer Schweiz von morgen"

Chers amis,

La Suisse, si cela continue, va devenir un beau gâchis : la pollution ! Mais peut-être avec le temps (pourquoi pas en l'an 2000) si tout le monde fait un effort, elle sera aussi belle, saine qu'au premier jour. Ce qui tue l'environnement, ce sont les usines qui lancent dans la nature et dans le ciel leurs grosses bouffées de fumée noire ... Cela détruit notre couche d'ozone qui devient de plus en plus fine. Un beau jour ... "CRAK !" elle va céder ...

Dans nos villes, tout le monde reconnaît qu'il n'y a pas beaucoup de couleurs, que c'est un peu triste. Il faudrait y mettre de la vie, de la joie, de l'amour. En plantant des fleurs, en semant du gazon à certains endroits, ça mettrait tout de suite un petit rayon de soleil, ça donnerait plus d'entrain. Il y aurait un peu plus de travail pour nettoyer la ville, mais rien ne vaut la Joie de vivre

De nos jours, tout le monde doit faire attention à ce qu'il dit et à ce qu'il fait. On peut déclencher une dispute qui entraîne une bagarre qui amène ensuite une GUERRE ! Pourquoi faire de la jalousie ? Après il y a souvent une guerre. CHACUN EST COMME IL EST. Cette phrase est très importante ; alors contrôlons-nous, c'est pour le bonheur de tous !

Romy, 12, Léchelles.

" Jugendliche Träume einer Schweiz von Morgen. "

Chers amis,

"Si l'on n'est pas obligé de le faire, je ne le ferai pas!" Qu'il est bien triste d'entendre cette phrase prononcée par vous les adultes, alors que vous êtes sensés nous montrer l'exemple!

Je n'ai que 12 ans, mais je souhaite de tout cœur vivre dans un environnement qui soit le plus sain possible à tout point de vue: nature et le respect des autres. Aujourd'hui, nous sommes bien mal partis. Que deviendront nos enfants? Je crains le pire, nous sommes tous pris dans ce même engrenage. Sourions à la vie, nous l'aimons. Si on continue à tout détruire, il ne restera plus un seul morceau de terre à cultiver. Nous ne pourrons plus apprécier une tomate, une carotte ou une belle pomme croquante. La jeunesse souhaite de tout cœur votre aide, votre expérience pour lui éviter de faire des erreurs irréparables.

Nous sommes nés dans un monde où il faut toujours aller le plus vite possible pour gagner toujours plus. Il n'y a pas que l'argent qui compte. Faisons en sorte que chaque être de notre planète puisse avoir de quoi vivre normalement et nous pourrons PEUT-ETRE éviter les guerres STUPIDES! Car si l'on ne s'améliore pas, la Terre va CRAQUER!!

Séverine, 12, Léchelles.

" Jugendliche Träume einer Schweiz von morgen "

Chers amis,

Dans plusieurs journaux, j'ai aperçu en gros titre : " Suisse pollueuse ". Cela veut tout dire. C'est vrai, car beaucoup de pays voisins comme l'Allemagne nous l'ont reproché. Mon rêve pour l'an 2000 serait qu'on invente un moyen de moins polluer, car ne plus polluer du tout c'est quasiment impossible. Des ingénieurs, des techniciens fabriquent des engins pour nous rendre la vie plus facile. Mais avec ce progrès avance aussi la POLLUTION. On invente des tas de choses, mais pour les faire fonctionner, il faut de la benzine ou autres liquides de ce genre.

Je lance un appel que beaucoup de monde a essayé avant moi : " Pensez à la nature et aux animaux, sans qui on ne pourrait pas vivre. Dieu a créé le monde pour qu'il devienne meilleur. Nous n'avons plus de respect. La Terre se révolte, elle se réchauffe pour nous montrer son mécontentement. Des glaciers diminuent et ils augmentent le niveau de la mer qui bientôt va engloutir des îles et des archipels. "

Vous qui avez entendu ce message, vous qui êtes d'accord avec moi :
ENSEMBLE CONSTRUISONS UN MONDE MEILLEUR !

Muriel, 13, Léchelles

"Jugendliche Träume einer Schweiz von morgen"

Chers amis,

Nous fêtons cette année le 700e anniversaire de l'entrée de la Suisse dans la Confédération. Quel événement extraordinaire!

Mesdames et Messieurs, la pollution de l'air augmente de plus en plus, d'année en année. Je compte sur vous pour qu'elle se stabilise, puis s'abaisse. Même l'eau de la mer est empoisonnée par le pétrole. Qui n'a pas entendu parler du Golfe? Là-bas les mouettes ne peuvent plus voler, ni trouver de la nourriture. Poissons et algues sont empoisonnés.

Plantons des arbres pour qu'il y ait plus de forêt. Les oiseaux n'ont plus assez de haie pour y vivre. Que de béton!

Merci à vous tous d'être venus aussi nombreux à ce 1er août 1991. Allumons maintenant le feu de l'espoir!

Ludovic, 12, Léchelles

"Jugendliche Träume einer Schweiz von morgen"

Chers amis,

J'ai l'honneur de vous présenter un projet qui pourrait vous intéresser. Je vais vous l'expliquer en quelques mots.

Il concerne les pauvres et les chômeurs. Mon idée consiste à aider ces personnes en construisant eux-mêmes leurs maisons. Pourquoi? Pour que ces gens puissent comprendre comment l'on fabrique une habitation avec l'électricité, les conduites d'eau, etc.

Bien sûr, il faudra des volontaires pour diriger et pour aider ces gens. Dans chaque ville, on devra mettre de l'argent de côté pour que ce projet puisse être exécuté.

Le maire suivra le cours des travaux chaque mois.

Après quelques années dans ces lieux, tous ces gens pourront repartir chercher du travail.

Fabrice, 13, Léchelles

" Jugendlich Träume einer Schweiz von morgen "

Chers amis,

Je rêve d'un jour où l'on se réveillera avec une Suisse complètement changée. La technologie aura produit ses effets, le combat de la pollution aussi.

Les voitures ne seront plus les mêmes, elles n'auront plus de roue. Les bâtiments auront des formes bizarres. On pourra facilement se rendre dans l'espace avec des navettes spaciales.

La pollution est l'ennemi numéro un de la Terre. Si on n'y prête pas attention, on n'y trouvera bientôt plus rien. Pensons-y tout spécialement ce soir!

Frédéric, 13, Léchelles

"Jugendliche Träume einer Schweiz von morgen"

Chers amis,

Je vois la Suisse de mes vingt ans différente. Je commencerais par aborder le thème de la drogue. Ce que nous devrions faire, c'est construire plus de centres pour les gens qui sont atteints de ce mal. Mais ceci n'est seulement qu'un cas; il y a aussi les sans-abris qui ont le droit d'appartenir à un foyer doux et chaleureux. Leur vie serait tellement plus rose.

La pollution ... si cela continue à évoluer aussi rapidement, il nous faudra porter une combinaison spéciale pour sortir de chez nous. Aussi je vous demande, chers amis, de faire un effort, minuscule soit-il. La vie serait plus gaie.

Le travail sera certainement un problème. Quelles professions conseiller aux jeunes?

Je pense également que l'économie verra un grand problème. Nous, les enfants, nous voulons être de plus en plus à la mode, donc nous dépensons beaucoup d'argent. Evitons ce gaspillage, en y pensant déjà ce soir avec nos traditionnelles fusées du 1er août.

Suzanne, 13, Léchelles

"Jugendliche Träume einer Schweiz von morgen"

Chers amis,

C'est ému que, au nom de notre bienheureuse Confédération, je me permets de vous souhaiter la bienvenue en ce jour fastueux du 700e anniversaire de la Suisse, notre patrie. Nous revivons en cette glorieuse année les prémices helvétiques: Arnold de Melchtal, Walter Fürst et Werner Stauffacher qui, à l'insu du bailli Gessler, fondèrent au Grütli le pays où nous vivons. Mais qu'adviendra-t-il de cet état dans dix, vingt, cent ans? Nous n'en savons guère. Une chose cependant est certaine: ambitions et vanité nous perdront.

La Suisse de demain, chacun la voit avec objection, naïve ou pas. Trop de remords la rongent, soit dit en passant la pollution, crainte d'une crise économique, etc. Alors, avis aux descendants de Guillaume Tell, évitons guerres stupides, semons joie dans le monde que nous n'exploiterons plus impunément. Une autre version existe: le rêve, du rêve à la réalité. Que de gens se voient rouler en Rolls plaquée or, déambuler dans un palais de marbre rose... mais est-ce là le destin de la Confédération? Peut-être, mais de là à la réalité, le sort peut être humiliant. Mieux fausse joie qu'une vision décevante; donc seul compte l'instant présent!

Stefan, 13, Léchelles

Genève

Rêves, visions, désirs, éspoirs pour la Suisse de demain

Je rêverais voir dans chaque famille minimum deux enfants pour que ceux-ci apprennent à partager le goût de la vie qui doit être triste pour un enfant unique. Et que pour ceux-ci un droit d'étude serait égal quel que soit leur niveau sociale. Abolir à tout prix l'école clandestine pour les immigrés et les intégrés au mieux parmi nous. Un homme devrait pouvoir choisir son service militaire, qui pourrait être fait par un service civil et ceci en aidant des personnes agées ou des malades dans les hopitaux ou en ameliorant notre environnement. Je rêverais d'un bâtiment dans chaque villes pouvant acceuillir des clochards. Je verrai une Suisse protegeant ses campagnes contre les constructions de nouvelles villes pour pouvoir aussi protéger et conserver notre faune car je voudrais plus entendre le chant des oiseaux et j'aimerais voir un linx dans son milieu naturel. Pour cela il faudrait renoncer à de nouvelles centrales nucléaires. Nous Suisses, devrions avoir une ouverture plus grande sur le monde en faisant parti de l'europe unie

ELMER Nicolas (12 ans)
AVULLY

Il était une fois un petit garçon qui était à l'hopital et qui rêvait, il avait été "shooté" par une voiture. Il rêvait d'un autre monde, un monde où il n'y aurait pas de voitures, il n'y aurait que de l'herbe, des arbres, de la verdure quoi, partout, et tout le monde serait heureux de savoir que quoiqu'il fasse il ne se ferait pas bousculer par une automobile.
Personne nè serait pressé, on aurait le temps, on avait un certain nombre d'heures de travail par semaine que l'on faisait quand on le voulait.
Quand il se réveilla, sa mère était là pour lui dire un petit "bonjour", mais elle était pressée et il ne la vit pas longtemps. Le médecin arriva, l'examina, puis, s'en alla aussi vite qu'il était venu. Après tout ça, il se dit: "J'espère que ça va bientôt changer.", et il se rendormit.

âge: 12 ans
(8-10-78)
commune: VEYRIER

Delphine

Delphine WUEST
8 ch. Pointe du Plan
1234 VESSY

La Suisse, mon pays.

Je ne veux plus de ces images usées que l'on me ressert chaque fois que je m'éloigne de nos frontières :
"Une Suisse bien propre, le pays du chocolat, de la fondue, des montres ou des banques".
Je désire être suisse demain comme mes grands-parents sont fiers d'avoir été suisses hier.
Je souhaite que très vite nous abordions les grands défis de notre temps :

- Communiquer et échanger hors de nos frontières par la connaissance commune d'une seconde langue comme l'anglais.
- S'acharner à combattre la misère dans le monde entier en allant aider ces peuples défavorisés à développer et exploiter leurs ressources.
- Apprendre à connaître, à respecter et à faire respecter la nature car elle contient notre propre vie.

Enfin pour atteindre ces buts, j'espère que nous accepterons de sacrifier un peu de notre confort et de notre tranquillité.

Ce sont là mes désirs et mes espoirs pour ma Suisse de demain.

Boscia Frédéric, 13 ans, Puplinge

Mon rêve serait que ne subsistent que des vélos et des transports en commun. Une Suisse où on n'aurait plus à réspirer les gaz d'échappement et où on n'aurait plus à supporter tous ces bruit. Où à la place des routes on trouverait des rails et de vastes trottoirs.

Une Suisse intégrée à l'Europe et où il n'y aurait plus de racisme.

MOUCHET VIRGILE
1, avenue Cardinal MERMILLOD
1227. CAROUGE

Mon rêve est que la Suisse soit moins polluée, avec de grands parcs naturels comme celui des Grisons.

Qu'il n'y ait plus de centrales nucléaires mais qu'il y ait davantage de panneaux solaires et aussi des voitures avec des catalyseurs. Que le pays reste neutre tout en partageant ses richesses avec les pays et les populations en guerre ou très pauvres.

Que l'on réintroduise les animaux qui vivaient avant librement en Suisse comme le loup, l'ourse, le lynx, le vautour etc ...

Bernard Knodel
12 ans Grand-Saconnex

La Suisse de demain.

J'espère que la Suisse d'aujourd'hui dans quelques années soit beaucoup plus propre pour conserver la nature:

-aussi pour ne pas créer des maladies qui ne peuvent se guérir.

-c'est ainsi que je voudrais que l'on arrive à trouver un moyen de transport moins polluant.

J'aimerais que la Suisse garde sa neutralité.

Il faut que nous conservions notre droit de s'exprimer.

Je souhaite que l'on aide les pays pauvres tout en le faisant chez eux. Il ne faut pas leur envoyer de l'argent mais leur montrer, leur expliquer.

Dans un rêve magnifique, je vois les réfugiés retourner chez eux car la paix règne.

J'espère que l'on préservera nos coutûmes et nos fêtes traditionnelles.

Pour terminer je souhaite aux habitants de la Suisse une vie humaine.

Cécile Buclin. 11 ans. Troinex.

Je rêve d'une vie meilleure pour les habitants de la Suisse, pleine de rires, d'amusements et de fêtes.
Je rêve d'une Suisse avec une autre réputa-
-tion que celle de ses banques, car il n'y a pas que des riches, il y a des pauvres mais on ne le sait pas assez!
Je rêve d'une Suisse faisant partie de l'Europe. Les adultes ne le veulent peut-
-être pas, mais ce sont nous les enfants qui gouvernerons demain.
Je rêve d'un petit coin de paradis pour chaque enfant, à l'image du mien qui se trouve à Cologny et qui est ac-
-cessible à tous.

Gaëlle Fleury-Roy 12 ½ ans Commune de Corsier

La Suisse est un beau pays aux visages multiples, que ce soit par son relief, ses climats, ses cultures, son histoire, ses langues. Tout ça on fait sa richesse. Elle a été préservée depuis bien longtemps, si bien qu'on l'appelle parfois le pays des gens heureux. Encore faut-il en être conscients. Mais les conflits qui secouent le monde actuel nous rendent peut-être plus attentifs à nos privilèges. J'espère que nous, enfants, saurons préserver cet héritage, garder un pays où il fait bon vivre, équilibré entre tradition et progrès. L'ouverture sur le monde, les bonnes relations avec nos voisins sont autant de défis qui exigent réflexion. Je souhaite que cette évolution soit positive, que les échanges entre jeunes de différents pays soient possible, sans qu'on perde notre identité.

Laurence Chenevière
12 ans 1/2 Céligny

Nom: Deonna Prénom: Emmanuel
Commune de Jussy canton: Genève

Concerne: 700 ème anniversaire de la confédération
journée de la jeunesse/30-31.07.1991

En cette année 1991 date du 700ème anniversaire de la confédération je trouve que notre gentil petit pays est borné sur sa neutralité. J'espère donc que dans les années à venir la Suisse sera plus ouverte à l'Europe et surtout qu'elle adhèrera à la CEE. En espérant que la Suisse ouvrira aussi plus ses portes aux immigrés et aux réfugiés politiques je vous souhaite un bon 700ème.

Monsieur le Président,

J'ai le privilège de vivre depuis 12 ans dans une "super" commune Pregny-Chambésy, où j'ai beaucoup de copains de diverses nations, car mon village est implanté près des Organisations internationales. Mes relations avec mes amis sont excellentes et enrichissantes, par nos différences.

Mon souhait pour notre pays: C'est que la Suisse s'intègre sans délai à l'Europe en construction. Pour l'avenir des Suisses et de leurs hôtes, restons ouvert aux autres nations.

Monsieur le Président à Pregny-Chambésy nous sommes déjà intégrés au Monde!

Avec mes respectueuses salutations.

Arnaud Duret
12 ans
Pregny-Chambésy.

Bonjour monsieur le président
Je suis très heureuse de pouvoir participer au 700ème anniversaires da la Confédération Suisse. J'ai choisi le thème du Rêves, alors voilà mon rêve : C'est qu'il y aille plus d'amusements pour les jeunes, plus de coins verts pour nous promener, que vous utilisiez moins d'argents pour l'armée car comme on est un pays neutre ça ne sert à rien. Aurevoir et merci. Excusez-moi pour les fautes d'orthographes.

Gabrielle Anderset
14 rue de Miléant
1203 Genève
tél : 45-33-36.

Rêves, visions, désirs, espoirs pour la Suisse de demain

J'espère que la Suisse de demain continuera à être un pays où il fait bon vivre mais qu'en plus on tiendra compte de l'environnement et qu'on arrêtera la pollution et la destruction.

J'espère aussi que les gens feront preuve de plus de tolérance et de compréhension et qu'il n'y aura plus de racisme et d'injustice. Il y aurait aussi de la place pour plus de sport et de loisirs.

Kevin

GREENWOOD, Kevin
13 ans, GENTHOD

Confignon, le 16 avril 91

Dans mon rève, j'aimerai tant revoir la Suisse telle qu'on la représente sur les boîtes de chocolat. Avec des vaches aux tétines gonflées, de verts pâturages et de cossus chalets fleuris.

Mon désir, serait de plus respecter la nature, ainsi que de préserver la faune animale, et l'air que nous respirons en donnant, notamment, la préférence aux transports publics dans le centre ville.

Quant à mon espoir, j'aimerai beaucoup que nous nous rallions à l'europé unie. Il faudrait aussi que nous ayons plus d'échanges intercantonaux pour mieux connaître notre façon de vivre et nos traditions.

Laurent BOVEY 12 ans commune de CONFIGNON.

Désirs, espoirs pour la Suisse de demain.

Au seuil de l'an 2000, je vois une Suisse toujours plus riche, et les pays du tiers-monde toujours plus pauvres.
La Suisse devra donc partager davantage, s'ouvrir un peu plus aux autres, accepter les différences.
Un effort devra être fait également concernant la pollution et le respect de l'environnement.
J'espère qu'il y aura beaucoup de voitures électriques.

Yerly Pascal, 12 ans, Bernex.

Pour la Suisse de demain, je souhaiterais que chaque canton ait un réseau de pistes cyclables à l'image de celles qui existe autour du lac de Constance. Pour cela, que chaque ville diminue le trafic des voitures au profit des vélos et des transports publics (trams et trains régionaux tout spécialement).
Enfin, j'aimerais qu'en construisant des bâtiments, des routes ou des installations de ski, on protège au maximum l'environnement.
Pour terminer, cela me ferait plaisir que l'on crée un lieu où des animaux de toutes sortes puissent vivre en liberté.

Olivier Roy

12 ans

Commune de Collex-Bossy

Rêves
Pour la Suisse de demain

J'aime mon pays car j'ai de la chance de vivre là où il n'y a pas de guerre et tout le monde peut manger à sa faim.
Ce qui serait bien c'est qu'il n'y ait plus de frontières pour aller d'un pays à l'autre.
Moi, j'aimerait que les enfants aient le droit de voter pour la construction des parcs, des centres sportifs, etc, car les adultes ne connaissent pas toujours nos goûts.

Grégoire HUG, 13 ans, Chêne-Bourg

Chèrs délegués,

est dur de rêver de désirer ou encore d' espérer pour une Suisse meilleure car ce pays est déjà magnifique sur presque tous les points, bien entendu nous ne possédons aucune richesse naturel; mais cela nous évites peut être des guerres liées à la jalousie. Cependant étant donné que rien ni personne n'est parfait je désirerai certaines choses: Une meilleur répartition de nos biens pour les plus défavorisés ainsi que les personnes âgée, une meilleure compréhension à l'égar des jeunes et leurs idées. Et que la Suisse notre belle Suisse vive encore de nombreuses années dans ce climat serain qui nous permet nous les jeunes de nous épanouirs.

Clivaz Mélanie
73 ans
MEINIER (GE)

J'aimerais voir plus de concerts de musique moderne, à Genève, et partout ailleurs en **Suisse**. Je trouve qu'à l'école la branche de gymnastique ne devrait exister que sans notes. Par contre je trouve que la **Suisse** possède de merveilleuses usines de chocolats, et de superbes paysages! Et je regrette beaucoup que la **Suisse** ne soit pas au bord de la mer. Mais rien ne pourrait changer cela!

Estelle Claret, 12 ans
Commune de Soral

LA SUISSE

J'aimerais que la Suisse devienne un pays qui protège les animaux et que tous les zoos n'aient plus une seule cage: que les animaux soient en pleine liberté, tout comme nous, les Suisses.
La Suisse est depuis longtemps un pays libre, sans guerre et qui n'a pour ainsi dire pas d'ennuis avec les autres pays. Si la Suisse pouvait rester comme ça, ce serait un vrai paradis pour tout le monde.
Je sais que cela peut paraître irréel, mais si la pollution pouvait diminuer, ce serait fantastique. Peut-être bien qu'un inventeur arrivera à faire en sorte que les voitures, les motos, les avions, etc... polluent moins.
Il faudrait que nous aidions un peu plus les pauvres: par exemple que nous donnions un quart voir un tiers de notre nourriture, qu'on les aide à trouver du travail pour qu'ils puissent gagner eux-mêmes leur nourriture et que nous fassions en sorte que les prix arrêtent d'augmenter.
Nous devrions aimer notre prochain sans nous forcer à l'aimer. Il faudrait que cela soit naturel. Laure-Anne Gampert, 11 ½ ans, Vandœuvres

Cologny, le 1.5.91

La Suisse de demain

Qu'elle soit verte,
qu'elle reste alerte.

Qu'elle soit accueillante
et rutilante,
moins de voitures
plus de verdure,
beaucoup plus d'enfants
jouant dans nos champs,
moins de militaires
qui abîment la Gruyère.
Que sur notre mappemonde
la Suisse soit citoyenne du monde

KEZIA GAVIN, 13 ANS, COLOGNY

Rêves, visions, désirs, espoirs, pour la Suisse de demain

Lutte renforcée contre les vendeurs de drogues. La nature à le droit de liberté laissons-là s'épanouir sans la détruire; moins d'usines chimiques et atomiques. Europe unie participons-y. Plus d'échanges à l'intérieur de la Suisse, (entre Romands, Tessinois, Alemaniques-Romands.) Créons plus pour l'intérêt et le loisir des enfants Suisses, Tel que musées de sciences naturelles, parcs d'attractions, zoo. (Cela manque réel-lement) Avec tous cela les enfants de demain seront heureux.

Valeria Polotto 12 ans
Avrières (Genève)

La Suisse de demain

Dans mes rêves je vois une Suisse Européenne, jouant un rôle important dans la CEE/AELE et en Europe en général. Que ce beau pays reste neutre et aie de bonnes ententes avec les pays voisins et étrangers. Qu'il aide un peu plus activement les pays en voie de développement ou les pays touchés par des vagues de maladie, de famines ou de sécheresse. Mes visions sont d'avoir un pays fort et beau, où il fait bon vivre, un havre de paix et de justice pour que touristes et chefs d'états y viennent nombreux. J'ai quelques désirs : que l'histoire de la Suisse reste vivante et mémorable à tous en cette année spéciale et que les belles traditions telles que la Landesgemeinde soient maintenues. Pour finir mes espoirs seraient que les problèmes de réfugiés, demandeurs d'asil, de chômage, de drogue et de sida soient diminués le plus possible.

Ivan Rochat 12 ans et 9 mois Lancy

Glarus

„Jugendliche Träume einer Schweiz von morgen"

Ich finde, es gibt heutzutags viel zu viele Autos. Man sollte sofort mit der Herstellung davon aufhören. Denn so gibt es bald, fast keine Autos mehr. Denen, die dann immer noch ein Auto haben, sollte man nur ein begrenzter Zeitraum geben, in dem sie fahren dürfen. So z.B Sonntagsfahrverbot oder Nachtfahrverbot. Denn dadurch würde z.B nicht so der Wald aussterben. Dasselbe gilt auch für Flugzeug, Motorrad usw. Ich finde das heutige Schulsystem nicht so gut, weil den Leistungen entsprechend der einzelnen Schülern nicht genug Rechnung getragen wird. Darum finde ich, sollte man-immerhin ein Paar Schulen erfinden, in der man Klassen, entsprechend der Leistungen der einzelnen Schüler führen könnte. Mich dünkt es auch, dass immer mehr Maschinen erfunden werden. Zwar u.a auch viele nützliche Maschinen, aber auch schnappen diese viele Berufe weg. Wenn es nur noch Maschinen gäbe, die die Berufe machen, dann kann der Mensch ja gar nichts mehr arbeiten und kein Geld mehr verdienen! Aber soweit wird es vorerst mal gar nicht kommen. Was ich auch nicht hoffe! Was ich aber hoffe ist, dass die Schweiz ein Viersprachenland bleibt, weil dann würde auch-(eigentlich nur)-auch ist schon richtig! Rätoromanisch bleiben. Es wäre schade, wenn Rätoromanisch ganz wegfallen würde, als Sprache dann dann wäre die Schweiz nur noch ein Dreisprachenland.

Jugendliche Träume einer Schweiz von morgen

Eigentlich bin ich ja mit der heutigen Schweiz recht zufrieden, aber ein paar Dinge müsste man, meiner Meinung nach, schon ändern. Zuerst werde ich die negativen Seiten der heutigen Schweiz zu Blatt bringen damit dieser unangenehme Teil erledigt wäre. Etwas das mich an der heutigen Schweiz stört ist, das manchmal wegen einer Kleinigkeit ein riesen Tamtam veranstaltet wird. Zum Beispiel wegen Frau Kopp, da wurde ja in der Presse und im Bundeshaus verückt gespielt, wo es doch viel grössere Probleme in der Schweiz gibt. Wie die Luftverschmutzung, dieses Problem hat man noch nicht so recht im Griff. Oder wie wäre es mit der Müllentsorgung, es gibt viel zu viel Müll! Am besten wäre es wenn man in der ganzen Schweiz ab sofort Sackgebühren einführen würde. Und wenn jemand seinen Kehrrichtsack irgendwo anders deponiert, dann sollte man den mit zweitausend Franken büssen. Ich wünschte es würden in Zukunft mehr Leute den Kehrricht trennen. Wenn ich ermächtigt wäre, dann würde ich ein Gesetz erschaffen, das jeden zum Mülltrennen bewegen würde. Vielleicht wäre es gut, wenn man einen Pflichtkurs „Wie schütze ich die Umwelt" erstellen würde, den man mit sechzehn und dann alle drei Jahre besuchen müsste.

Strom, dieses Thema ist etwas für sich. Vor allem Atomstrom. Ich habe Angst vor Kernkraftwerken, denn wenn noch einmal so etwas wie in Tschernobyl passiert, dann kann man das Köfferchen packen. Hoffentlich baut man auf der ganzen Welt keine Kernkraftwerke mehr, sondern sichert lieber die Bestehenden. Sicher, die Menschen können nicht mehr ohne Strom leben, aber man kann Energie sparen. Anfangen sollte man bei den Reklamelichtern die die ganze Nacht brennen wenn die meisten Leute im Bett sind. Dann könnte man in den grossen Tunnels jede zweite Lampe löschen.

Ich möchte aber trotz allem in keinem anderen Land leben, denn ich fühle mich wohl in der Schweiz. Wir haben einen hohen Lebensstandart. Aber dieser kommt auch nicht von ungefähr, fast alle Leute arbeiten hart und haben dafür genug zu Essen. Auch hat die Schweiz Glück, bis jetzt noch nicht in einen dieser grausigen Kriege verwickelt zu sein die doch nur Elend und Not bringen. Ich hoffe, dass das auch in Zukunft so bleiben wird.

Katja, 13 Jahre

Jugendliche Träume einer Schweiz von morgen

Mein Wunschtraum sieht so aus: Sattgrüne Wiesen und Wälder, mit Pferdewagen befahrene Strassen. Keine Autos mehr!! Das die Kinder vergnügt auf den Landstrassen spielen können, ohne Angst vor einem Auto haben zu müssen. Auch landwirtschaftliche Betriebe die wieder mit Pferde-und Ochsengespannen betrieben werden, nicht von Traktoren und anderen Landwirtschaftlichen Maschinen.
Und auch das wieder mehr junge Leute handwerkliche Berufe wie: Schreiner, Maurer, Dachdecker, usw. erlernen. Keine Menschen die Tiere ihres Felles wegen auf engstem Raum züchten, und sie in ihrem kurzen Leben nur quälen.
Ich hoffe auch, dass Mensch und Tier sich untereinander vertragen, und noch schöner wäre es wenn sich die Menschen der morgigen Schweiz endlich einmal miteinander vertragen würden.

Corina Altmann
Hauptstr. 103
8762 Schwanden

Jugendliche Träume einer Schweiz von morgen

Roman Käslin
Filzbach

Am wichtigsten finde ich das Umweltproblem. Man sollte an den Autos, Lastwagen und Motorrädern mehr Katalysatoren einbauen. Oder noch besser wäre es, wenn mehr Leute zu Fuss oder mit den öffentlichen Verkehrsmiteln gehen würden. So würde das Umweltprobem wesentlich verringert.

Ich hoffe, dass Filzbach nie so gross wie Glarus wid. Ich gehe nicht gerne hin; da stinkt es so und kein Mensch sagt mir guten Tag. Ich träume, dass ich ni gross werde, und dass das Ozonloch wieder zugeht. Aber leider geht das nicht. Ich stelle mir vor, dass keine Häuser verschwendet werden. Ich finde, man sollte nicht mehr soviele Wiesen verbrauchen. Die Kühe haben auch Hunger, und ohne Kühe können wir nicht leben. Es gäbe keinen Käse, keinen Joghurt, keine Schokolade, keine Glace oder auch kein Fleisch, kein Leder.

Ich finde, man sollte autofreie Sonntage machen, und man sollte nicht mehr soviele Autobahnen bauen. Auch ist es nicht nötig, soviele Verpackungen herzustellen. Ich wünschte mir, dass ich mich in eine Rakete setzen und auf einen anderen Planeten fliegen könnte. Dort würde ich eine neue Welt aufbauen, ohne Autos, ohne Atomkraftwerke, einfach ohne etwas, das die Luft verpestet. Ob das wohl auch bei uns möglich sein wird?

MEINE TRÄUME EINER SCHWEIZ VON MORGEN.

Eigentlich gefällt mir die Schweiz Landschaftlich gesehen sehr gut. Berge, Täler, Wälder und Seen und auch einige Gletscher fügen sich wie ein Puzzle zu einem wunderschönen Bild zusammen.
Was mir aber sehr zu schaffen macht ist die Umweltverschmutzung. Wenn ich so denke, dass 1 Liter Öl, 1 Million kupikmeter Wasser verschmutzen kann, überlege ich mir, was für eine Katastrophe das im nahen Osten ist? Wieviel Liter Öl tagtäglich in Meer auslaufen oder verbrennen. Ich frage mich, was für Auswirkungen diese Zerstörung für die Luft hat. Irgend wie kommt dieser schwarze Schmutz mit den Wolken und dem Regen auch zu uns.
Was wird dann mit uns passieren?
Was werden wir dagegen tun?
Jeden Tag hoffe ich, dass die Zerstörung unserer Welt aufhören wird. Denn wenn man bedenkt, dass nach uns noch weitere Generationen leben sollen, müssen wir der Welt unbedingt mehr Sorge tragen. Denn ich möchte auf dieser Welt einmal gesund alt werden. Ich hoffe das meine Kinder, falls ich einmal Kinder haben werde, eine gesunde Kindheit geniessen dürfen, und dass sie der Welt mehr Sorge tragen als wir. Ich hoffe auch, dass es nie wieder Krieg geben wird.
Da ich zwar sehr viel und sehr gerne Träume ist es mir sehr schwer gefallen diese Träume in Worte zu passen.

"Jugendliche Träume einer Schweiz von morgen"

Ich finde es schön, dass es die Schweiz schon 700 Jahre gibt. Ich bin stolz darauf ein Schweizer Bürger zu sein. Ich hoffe, dass die Schweiz noch weitere 700 Jahre und auch mehr besteht. Meine Träume einer Schweiz von morgen sind:

- dass sie neutral bleibt wie jetzt.
- dass sie weltweit Friede vermitteln und Krieg verhindern kann.
- dass sie hungernde und notleidende Menschen in aller Welt unterstützt und ihre Not lindern hilft.
- dass sie vor Seuchen, Hunger, Krieg und anderem Unheil verschont bleibt.
- dass sie wie jetzt drei sprachig bleibt und ihre Verschiedenartigkeit erhalten bleibt.
- dass eine gerechtere Landwirtschaftspolitik betrieben wird.

Silvia Zimmermann

Jugendliche Träume einer Schweiz von morgen

Es wäre schön wenn man ohne Atomkraftwerke leben könnte. Ich denke immer noch an Tschernobyl wo es so viele Tote und Verletzte gab. Wenn das in der Schweiz oder sonst wo passieren würde? Es wäre nicht auszudenken was das für eine Katastrophe gäbe. Man täte besser daran aus „Naturlichen" Energien, Strom zu gewinnen.

Man könnte ein bisschen logischer denken. Wir geben viel Geld aus, obwohl man mit dem Geld armen Menschen helfen könnte. Z.B. den Kurden die es sehr nötig haben. Aber nein, anstatt zu helfen kaufen wir allen Quatsch.

Jugendliche Träume einer Schweiz von morgen

Eigentlich möchte ich in der Schweiz nicht viel anders haben, denn es gefällt mir fast alles. Bis auf ein paar Kleinigkeiten. Zum Beispiel die neue Art von Notenregelung hier im Kanton Glarus, bei der es nur noch vier Noten gibt. Nämlich: Mensch und Umwelt, musisch handarbeitlicher Bereich, matematischer Bereich und sprachlicher Bereich. Früher gab es noch viel mehr Fächer von denen es jede Woche mindestens eine Lektion gab. Jetzt wird das ganze anders geregelt, zum Beispiel im Fach Mensch und Umwelt gibt es zwei bis drei Wochen lang nur Geschichte, dann ein weilchen Geographie und dann noch ein bisschen Naturkunde. Das finde ich nicht gut, denn man wird öfters mit dem vorgeschriebenen Material nicht fertig. Im Übrigen muss ich ende Jahr den Lehrer fragen, was für eine Note hätte ich im Fach Naturkunde oder Geometrie gehabt, denn aus den jetzigen Noten kann ich nur ungefähr ersehen wie gut ich im letzten Jahr war.

Umweltverschmutzung ist bei uns in der Schweiz ein sehr grosses Problem. Wie können wir es lösen? Zum Beispiel indem wir die Bahn mehr benützen. Doch das ist leichter gesagt als getan, denn mit dem Auto kommen wir viel schneller von einem Punkt zum andern. Man sollte vielleicht den Preis der Autobahnvignetten vor allem für Lastwagen erhöhen und für die Durchfahrt von grossen Tunnels Geld verlangen. So würden sich die Transportfirmen überlegen, ob es nicht doch gescheiter und billiger wäre ihre Fracht auf den Zug zu verladen und so zum Ziel zu gelangen. Ein Teil des Geldes könnte man in Forschung für Alternativenergie (z.B. Sonnen- und Windenergie, Wasser- und Gezeitenkraftwerke) einsetzen.

Wie man für die Autos Katalysatoren verlangt, sollte man strengere Vorschriften für Fabrikemissionsreinigungsanlagen machen.

Eine zukünftige Schweiz würde ich gerne ohne Drogen sehen. Wenn man Drogen frei verkaufen ~~und~~ den Konsum entkriminalisieren würde, so wurde der Schwarzmarkt zusammen brechen.

Ausser diesen drei Sachen bin ich mit unserem Land sehr zufrieden.

Jugendliche Träumen eine Schweiz von Morgen

Ich träume von einer Schweiz in der es allen gleich gut geht. Kinder für die es Spiel= plätze und Wiesen gibt für Naturfreunde Inta= kte Landschaften. Für Reisende ausgebaute Strassen und viele Zugs. Schiffs, Autobus Lienien Und für jeden Arbät die im Spassmacht. Aber ich träume auch von einer Schweiz in der die Luft sauber das Wasser frisch und der Boden nich verschmutzt ist.

Ein Traum von mir von der Schweiz wäre auch möglichst unabhängig von andern Ländern sein. Neutral bleiben und keine Waffengesch= äfte mit andern Ländern treibt

Jugendliche Träume einer Schweiz von morgen

Wird es die Schweiz morgen überhaupt noch geben? Wenn ja sollte sie in meinen Augen so aussehen:„Wenn ich velofahren oder Spazieren gehe, rege ich mich oft darüber auf dass "jeder" Flecken Erde bebaut wird. anstatt Spielplätze für Kinder werden Häuser, Blöcke usw. gebaut, dann müssen die Kinder an Orten spielen wo sie verjagt werden oder auf der Strasse. Die Schweiz von morgen sollte auch ein paar Radwege für Mountain-Bikes haben, die einwenig durchs Gelände gehen, aber so dass die Tierwelt nicht zerstört oder gar vernichtet wird, wie die Menschen immer mehr dazu beitragen mit ihren Fabriken, Autos, Kriegen, Öltankern usw. Jeder Mensch sollte gleich-gestellt werden sei dass in der Armee, die Frauen, die Kinder, die Behinderten usw. Bei der Schweiz von morgen sollte vermehrt die Umwelt und die Tiere beachtet werden zum Beispiel:„

Weniger Skilifte bauen, dafür mehr Naturwege oder man kann ja auf Skitouren gehen da gibt es Pulverschnee und es ist auch viel schöner weil nicht so ein Menschenrummel ist. Auch sollten die Atomkraftwerke abgeschafft werden, dass es nicht so weit kommt wie in Tschernobyl das jetzt noch verseucht ist.

Man kann nur hoffen dass einige Sachen erhalten bleiben wie zum Beispiel:„die schönen hohen Berge, das freie Stimmrecht, die schönen Wälder, die schönen Täler. Das jeder Schweizer sagen kann was er will ohne das man gleich verhaftet wird, das die Todesstrafe abgeschafft bleibt, dass man die Armee nicht für den Ernstfall braucht oder das die Kuhweiden erhalten bleiben.

Einige Träume wären da noch, die man wahrscheinlich nur träumen kann, und das wäre dass es keine Verbrechen mehr gibt, keine Unfälle, keine Drogensüchtige und keine Elternlose Kinder, aber schon gesagt sind das wahrscheinlich nur Träume.

Köbi Stüssi ISc

Jugendliche Träume einer Schweiz von morgen

So stelle ich mir die Schweiz von morgen in meinen Träumen vor:

Dass es keine Kriege mehr gibt. Es soll immer noch so viele Lebensmittel geben wie heute. Wenn Umweltmassnahmen bestimmt würden und die Förster den Wald weiterhin so gut pflegen, geht das Waldsterben vielleicht zurück. Damit die Umwelt eher etwas besser wird, müsste man mehr mit dem Velo, Zug, Schiff oder Tram fahren und das Auto in der Garag stehen lassen. Ich träume auch von einer Landwirtschaft wie sie heute ist. Damit ich später immer noch Ski-fahren kann, sollte die Rauchwolke, die es im Irak gibt nicht zu uns kommen. Hoffentdlich werden die Oelteppiche nicht nochgrösser, so haben auch andere Familien sauberes Trinkwasser, wie wir. Und einige Tiere hätten immer noch eine Überlebenschance. Später möchte ich einen guten Beruf erlernen. Ich hoffe, dass man später den Fernseher abstellt und Zeit hat für ein Spiel. Hoffentlich hat es später immer noch so viele in der Naturlebende Tiere. Ich wünsche mir, dass ich in einem Holzhaus wohnen kann.

Brigitte Hefti Elm

Jugendliche Träume einer Schweiz von morgen

Was ich nicht gut finde ist dass so viele Schweizer Bürger und Bürgerinnen die Armee abschaffen wollen.
Denn die Armee ist seit der Gründung ein Teil der Schweiz.
Dank dem guten Ruf der Armee sindwir nach meiner Meinung auch vom 2. Weltkieg verschont geblieben.
Auch könnte es uns ohne Armee gleich gehen wie Kuvait.
Wir könnten zum Beispiel von Deutschland angegriffen und ausgeraubt werden.

Stefan Hösli

Die Erwachsenen verschmutzen die Umwelt, in der wir dann leben müssen. Ich finde, wir Kinder sollten auch mitbestimmen dürfen, was auf der Welt alles geschieht. Ich schäme mich für die Schweiz, da man soviel davon hört, dass wir Schweizer, und auch andere Staaten, den Dreck in die Dritte Welt geben oder im Meer versenken. Ich habe Angst vor der Zukunft, weil ich nicht weiss, ob ich nicht eines Tages meine Arbeit verliere und durch irgendeine Maschine ersetzt werde. Man sollte den Maschinen nur die Arbeit geben, die nicht von Menschenhand ausgeführt werden kann. Das Geld sollte nicht für Werbung und solche nutzlose Sachen ausgegeben werden, sondern für Drogenabhängige, Obdachlose, Aids-kranke und andere Kranke und Süchtige. Man könnte es auch für die Dritte Welt brauchen. Diese Leute sollten mindestens ein Dach über dem Kopf und genug zu essen haben.
Das waren meine Meinungen und Vorschläge zur Schweiz von Heute und Morgen.

Christian Leisinger

Jugendliche Träume einer Schweiz von morgen

Die Schweiz von morgen etwa in 50 Jahren sollte etwa gleich oder besser erhalten sein, von der Umwelt her. Es wäre schon schön, wenn man das Waldsterben und die Umweltverschmutzung irgendwie stoppen könnte, nicht nur in der Schweiz sondern auf der ganzen Welt. Damit sollte aber jeder schon im eigenen Haushalt beginnen. Auch die Gewässerverschmutzung sollte nicht weiterhin so massiv zunehmen. Vor allem in den Meeren, es ist ja schon traurig wieviele Tiere jedesmal sterben müssen, wenn wieder 'mal so ein Öltanker ausläuft, durch die Verschuldung des Menschen. Auch die Politiker sollten 'mal wieder etwas für die Schweiz machen. Da verbrauchen sie Millionen von Franken für den Strassenbau und solches Zeug, müssen dann aber beim Fernsehen und Radio sparen. Aber auch für die Umwelt könnten sie etwas tun z. Bsp. einen Autofreien Sonntag etwa einmal im Monat.

Martina Schutz

Jugendliche Träume einer Schweiz von morgen

Ich träume von einer gesunden Schweiz in der es weniger Strassen und Autos gäbe. Das Eisenbahnnetz sollte besser ausgebaut und benützt werden. Damit die Eisenbahn fahren kann, muss ja Strom erzeugt werden. Dazu muss man die Sonnen- und Wasserkraft nützen. Um kürzere Strecken zurücklegen, sollten die Fahrräder und die Pferde zum Zuge kommen.
Grün könnte die Welt aussehen und nicht alles schon zubetoniert. Menschen, Tiere und Pflanzen würden wieder gesund und kräftig werden. In den Bergen und Wäldem hätte es wieder viele Tiere. Wie schön wäre es, wenn man z. B. einem Braunbären mit Jungen beim Spiel zusehen könnte – das wär's! Im Dorf, in der Stadt, in der Schweiz, auf der Welt sollte es keinen Streit und keinen Krieg mehr geben. Die Menschen müssen ehrlich zueinandern sein. Musik, Fröhlichkeit und Herzlichkeit sollten unsere Zeit bestimmen. Das wäre eine Schweiz, in der die Menschen wieder einmal gesund und fröhlich lachen könnten.

"Jugendliche Träume einer Schweiz von morgen"

Ich finde es gut, dass die Schweiz neutral ist. Dadurch ist die Sicherheit weitgehend gewährleistet. Schöner wäre es zudem, wenn kein Militär notwendig wäre.
Wichtig ist auch für mich, dass wir so gute Spitäler, Ärzte und genügend Medikamente haben.
Die Natur der Schweiz ist sehr schön, da es noch schöne Berge, Wiesen, Bäume, Bäche, Flüsse und Seen hat. So sollte es auch bleiben!
Was aber auch sehr wichtig ist, ist die gute Strom- und Wasserversorgung.
Dass die Schweiz andern Ländern so weit voraus ist, liegt aber auch an den guten Schulen und Universitäten.
Das Entscheidende in der Schweiz ist aber der Wohlstand, deswegen haben alle Menschen in der Schweiz genug zu essen und fühlen sich meist glücklich.

Was ich an der Schweiz nicht so gut finde:

Dass die Politiker vor den Wahlen immer Versprechungen machen, die sie später doch nicht einhalten. (z.B. Umweltschutz)
Die Schweiz sollte sich auch mehr für den Umweltschutz einsetzen. Dass z.B. keine Abwässer mehr in die Seen fliessen.
Das Stimmrecht sollte man unbedingt bei 18 lassen, denn es ist auch wichtig, wie die jungen Leute denken, weil sie es später einmal sind, die in dieser Welt leben müssen. Das heisst konkret, dass man auch auf junge Leute der Schweiz eingehen sollte und sie versucht zu verstehen.
Vorallem sollte man das Ausländerproblem endlich einmal angehen.
Was ich aber sehr schlimm finde, ist der Waffenhandel. Es sollte unbedingt ein Verbot aufgestellt werden. Da denken die Schweizer nur an das Geldverdienen.
Ein sehr grosses Problem der Schweiz ist aber das Drogenproblem.
Es sollte endlich eine Lösung gefunden werden.

Corinne Stucki

Träume einer Schweiz von morgen

Als erstes träume ich von einem grossen Vergnügungspark, der einen angenehmen Eintrittspreis hat. Er sollte viele gute Bahnen haben, woran gross und klein sich daran freuen könnten. Ein nächster Traum wäre, dass alles wieder billiger wird. Heut zu tage ist nichts mehr für wenig Geld erhältlich. Will man sich ein schönes Kleid kaufen, muss man schon das ganze Ersparte hinblättern. Auch mit der Umwelt sollte man sparsamer sein. Mein nächster Traum ist also, weniger Autos, weniger Verkehr. Es soll jeder mehr die öffentlichen Verkehrsmittel benutzen. Arbeiten mehrere Leute am selben Ort, fährt jeder allein mit seinem Auto hin. Wieso können nicht mehrere Leute im selben Auto zur Arbeit fahren? Darum heisst es für mich, wieso nicht mehr Rücksicht auf die Umwelt nehmen? Auch mehr Frieden untereinander wäre toll und zwar nicht nur in der Schweiz, sondern auf der ganzen Welt.

Marianne Rhyner, Riedern

Jugendliche Träume einer Schweiz von morgen

Die Schweiz, das darf man wohl sagen, ist bis heute ein sehr schönes Land geblieben. Nicht wie in anderen Ländern, bei denen überall Büchsen, Papiere und Abfälle herumliegen, desshalb sollten wir auch schauen, dass es so bleibt. Doch weil die meisten Schweizer zu schön sind um den Abfall wegzuräumen, brauchen wir die Ausländer um die Schmutzarbeit zu tun. Viele sind gegen die Ausländer (Flüchtlinge). Doch solange die Schweizer genügend Arbeit haben, können sie von mir aus hier bleiben, wenn sie ihr Brot selber verdienen.

Doch etwas anderes stört mich immer wieder. Es ist der luftverpestende Verkehr. Sollange jemand nur mit dem Auto zur Arbeit fährt ist es ja noch nicht so schlimm, obwohl auch dann viel Abgas in die Luft steigt. Aber man hat wenigstens einen Grund. Jedoch diese, die am Sonntag eine Ausfahrt unternehmen, bei denen wird ein grosser Teil Luft verpestet. Ich begreife ja schon, dass sie aus der Stadt raus wollen, aber sie könnten doch mit dem Zug oder mit dem Velo wegfahren. Leider merken viele Menschen nicht, dass, das Ozonloch immer grösser wird und wir uns selbst zerstören.

Dies wären meine Wünsche und Gedanken über die Schweiz. Auf alle Fälle möchte ich, wenn ich gross bin, dass alles noch so gut geregelt ist wie heute. Dass alle einen Beruf lernen und Arbeiten können in der Schweiz.

Susi Elmer Betschwanden

Jugendliche Träume einer Schweiz von Morgen

Es wäre gut, wenn der Fischotter, der Biber, der Braunbär, die Wildkatze und der Bartgeier wieder eingebürgert würden. Es sollte viel mehr Unterführungen geben, damit nicht mehr so viele Kinder überfahren werden. Es muss mehr Naturschutz-gebiete geben. Einmal im Monat sollte es einen autofreien Sonntag geben. Die Jugendlichen sollten in der Politik mitreden können. In Touristenorten sollte es ein Abfallteam geben, das am Abend die Wanderweg säubert. Es wäre gut, wenn die Schweiz in Sachen Sauberkeit so bleiben würde wie jetzt, oder wenn ~~die Schweiz~~ möglich noch besser. Die SBB sollte ausgeweitet werden und auch in kleinen Orten halten.

D. Heuser Engi

Graubünden

Es gefällt mir hier sehr gut, denn ich fühle mich hier heimisch. Hier ist mir die Umgebung vertraut, den ich lebe schon mein ganzes Leben hier! Anderswo würde ich vor Heimweh krank worden, den meine Freunde und Verwanten sind ja auch in der Schweiz.

Ich würde mich darüber freuen wenn sich die Leute mehr auf die offentlichen Verkersmittel wie z.B. Zug oder in den Städten auf den Bus verlassen würden. Denn ich finde die Landschaft wird viel (zuO) zuviel mit Beton bepflastert.

Ich denke dass es in 20 Jahren keine grünen Wiesen mehr gibt, wenn alles mit Häusern und Strassen verbaut wird. Die Schweiz wird nur noch vor Smog und schlechter Luft stinken.

Nadja 13. Küblis

Mein Traum der Schweiz

Ich bin stolz, dass in unserem Land, jeder eine Schule besuchen kann.
Ich bin froh, dass jeder Schweizer genug zu essen hat

Ich wünsche mir, beim Filmen im Fernsehen mehr Abstand gegenüber trauernden Flüchtlingen.
Dienstverweigerer sollten in Zukunft nicht mehr bestraft werden. Dafür aber einen Zivildienst in einem Spital oder Pflegheim ableisten. Dort würden sie lernen Pflegebedürftige zu betreuen und ihnen etwas Sonne in den Alltag bringen.

Es sollte verboten sein, Ferienhäuser zu bauen die vielleicht einen Monat im Jahr beleuchtet sind, abends.

Rico 13 Celerina

Traum eine Schweiz von Morgen

Mir gefällt die Schweiz so wie sie ist. Keinesfalls werde ich, wenn es nicht sein muss einmal aus- wandern. Da ich ein Bergbauernkind bin und dadurch mit der Natur sehr verbunden, bin ich glücklich.
Was ich mir wünsche für die Zukunft wöre, weniger Chemie und auch die Technik sollte einwenig gestoppt werden. Wir sehen das hauptsächlich in der Bergland- wirtschaft. Die Maschinen können nicht voll eingesetzt werden und die Handarbeiten wären halt doch noch mehr wert. Dazu kommen die Finanzen, die Be- triebe sind überverschuldet. Das bringt dadurch die Unzufriedenheit, die Missgunst und Neid unter die Bevölkerung.

Bettina 12, Castiel

Ich bin sehr glücklich, dass ich in der Schweiz leben kann, aber trotzdem habe ich noch ein paar Wünsche wie es in der Schweiz in 20 Jahren sein soll.
Ich erhoffe mir, dass auf Umwelt und Natur mehr Rücksicht genommen wird. (Nicht mehr so viel Chemie in der Landwirtschaft, denn dadurch müssen auch viele Kleinlebewesen zu Grunde gehen. – Weniger Autos, weniger Autobahnen.) Es wäre schön, wenn die Menschen nicht mehr so viele Tiere aussetzen würden, nur damit sie in die Ferien können.
Ich wünsche mir sehr, dass es in der Schweiz nicht mehr so viele Drogenabhängige Leute gibt.
Es wäre schön, wenn sich die Menschen gegenseitig besser verstehen und aufeinander höhren würden. Dadurch gäbe es weniger Streit und Neid.

Sonja 13, Fanas

Traum einer Schweiz von morgen

Ich bin sehr froh, dass ich in der Schweiz leben kann. Es ist ein schönes Land. Aber auch in der Schweiz gibt es viele Dinge, die der Natur und auch dem Menschen schaden. Wenn ich mir jetzt wünschen könnte, wie die Schweiz in Zuckunft aussehen sollte, würde ich mir wünschen, dass es nicht so viele Autos geben würde. Wenn es so weitergeht, dass Abgase aus Autos, Fabriken u.s.w., die Luft verpesten, wird die Schweiz in 10 bis 20 Jahren fürchterlich aussehen. Tote Bäume, keine Vögel die zwitschern u.s.w. Es sollte auch mehr Beschäftigungen für Jugendliche geben. So würden sie auch nicht alle die ganze Zeit nur Moped fahren. Ich hoffe, dass die Bewohner der Schweiz sich dies bezüglich positiv verändern.

Aurelia 12, Cunter

Ich bin glücklich, dass ich heute und in Zukunft in der Schweiz leben kann oder darf. Für mich ist die Schweiz was besonderes weil man hat genug zu essen und man muss keine Angst haben dass Krieg kommt. Wir müssen ja nicht Angst haben dass jemand uns von unserem Land wegjagt.
Die Schweiz sollte nicht all zu viel Verkehr haben und saubere Luft in den Städten, auf dem Lande ist die Luft noch sauberer. Man sollte schauen dass es weniger Abfall gibt und das man kompostiert was möglich ist auch in den Städten.
Die Schweiz wird in 10 - 20 Jahren mehr Menschen haben. Und die Menschen brauchen mehr Häuser und die Häuser brauchen Wiesen zum bauen. Darum wird das Land knapp für die Landwirtschaft, Strassen etc.

Silvia 12, Duvin

Wie ich mir die Schweiz in Zukunft vorstelle

Ich finde es schön wenn ich die frische Luft atmen kann und die grossen Wälder durchquere.

Doch der Schein trügt. Immer mehr Lungenkrankheiten treten ein, denn die Luft wird immer mehr von Abgasen, Chemikalien der Fabriken und Industriebetrieben, Verbrennungsstoffen und anderen Verschmutzungen bedroht. Auch die Wälder sind in sehr schlechten Zustand. Die Tiere bekommen immer mehr eklige Krankheiten und Viren. Und mit ihnen ist dann auch das Fleisch verseucht.

Aber wir müssten nur etwas dagegen tun um eine schönere Schweiz zu haben. Doch die Aussichten stehen ziemlich gut wenn wir alle eingreifen.

Philipp 12, Flims

Liebe Eidgnossen,
ich bin sehr stolz ein Schweizer zu sein. Hier in der Schweiz ist noch sehr viel Natur. Vor allem bei uns, wo ich wohne. Ich bin auch sehr glücklich, dass wir ein neutrales Land sind. Ich wünsche mir, dass man die Natur erhält, dass keine Atomkraftwerke mehr erbaut werden. In nächster Zeit sollten nicht zu viele Autobahnen gebaut werden. Es sollte nicht eine Betonwüste werden. Ich stelle mir die Schweiz in 20 Jahren ein bisschen anders als heute vor. Es wird zuviele Fremde haben. Mein Traum von der Schweiz ist, im grossen und ganzen so zu bleiben wie sie ist.

Roland 12 Juf

Traum einer Schweiz von morgen

Ich bin glücklich, dass ich in der Schweiz leben darf und nicht im Irak. Zwar stimmt es mich traurig, wenn man hört, dass auch die Schweiz Waffen an Irak geliefert hatte.
Ich wünsche mir, dass zu unserer Umwelt mehr Sorge getragen wird. Es sollten weniger Schnellstrassen gebaut werden, aber dafür den öffentlichen Verkehr finanziell besser unterstüzt.
Ich wünsche mir, dass in der Schweiz endlich einmal ein einheitliches Schulsystem geschaffen wird.
Die Erwachsenen sollten mehr Rücksicht für uns Kinder aufbringen, besonders im Strassenverkehr. Die Menschen sollten mehr Verständnis für uns Kinder haben.

Debora 11, Ilanz

Ladir 24 April 1991

Ich bin glücklich dass ich in der Schweiz lebe. Weil die Schweiz ein friedliches, ordentliches Land ist. Und weil es viele schöne Berge hat. Weil es ein behielfliches Land ist das anderen Ländern hielft. Ja und es hat natürlich auch viele schöne Seeen und Städte. Und sie ist am sichersten weil die U.S.A und Italien beim Krieg helfen würden! Sie ist auch reich und sehr viel Nahrung hat sie auch. Sie ist einfach schön.

Ich wünsche mir dass es in den nächsten Jahren weniger Abgase gibt. Und man muss am Samstag ab 1992 Schulfrei haben. Dann kann ich schon am Samstag den ganzen Tag skiefaren. Man müste andere verpackungen erfinden. Aber man solle mehrere Solarenergie schaffen

Stephan 12 Ladir

TRAUM EINER SCHWEIZ VON MORGEN

Mein Traum wäre dass die Schweiz so bleibt wie sie ist. Ich glaube das sich die Politik der Schweiz gut bewährt hat, und ich denke dass die Politik in dieser form sich noch bessern könnte. Das Gefühl eine Schweizerin zu sein macht mich Stolz und zufrieden. Gerade in der heutigen Zeit wo überal unruhen oder sogar Krieg herrschen, fühle ich mich in der Schweiz gut aufgehoben. Ich wünsche mir das man zur Natur sorge trägt, das sie auch noch in Zwanzig Jahren genau so schöne Plätze aufzuweisen hat. Beim Umweltschutz sollte man auch die grossen z.B. Flugzeuge und Fabriken mehr prüfen und nicht nur immer die kleinen. Es wäre auch mein Wunsch das der Staadt die Sonnenenergie mehr fördern und unterstützen sollten. Somit könnte man auch die Atomkraftwerke auf eine Minimum reduzieren und die Atommüllbeseitigung wäre damit auch gelöst. Das wärenmeine Wünsche zu einer Schweiz von morgen.

Tina 12, Maladers

TRAUM EINER SCHWEIZ VON MORGEN

Ich bin stolz darauf, eine Schweizerbürgerin zu sein. Die vielseitige Landschaft der Schweiz gefällt mir sehr. Dass es bei uns keine allzu grossen Städte oder gar Wolkenkratzer gibt, finde ich gut.

Mich enttäuscht es, wenn Politiker Problemen ausweichen. Z.B. stört mich der Entschluss, die Drogensüchtigen vor dem Bundeshaus wegzujagen, damit sie irgendwo anders weiter Drogen nehmen. Löst dies etwa das Problem?

Es wäre schön, wenn es in der Schweiz von Morgen weniger Strassen gäbe. Pro Kilometer den man mit dem Auto fährt soll man Steuern bezahlen. Dieses Geld soll für Bus- und Bahnbetriebe eingesetzt werden. Es soll billiger werden, wenn man die öffentlichen Verkehrsmittel benützt. Alle Sonntage sollen für den normalen Verkehr gesperrt werden.

Martina 12½, Masein

La Svizra – vissa cun mieus ögls

Eau sun cuntaint ch'eau viv in Svizra ed eau vuless eir seu creschieu viver in quist pajais. A me para cha la Svizra saja auncha magari intacta. Eau sun da l'ideja cha's stopcha fer eir in Svizra tuot il pussibel per la protecziun da l'ambiaint. Per l'avegnir d'heja temma cha gnieu fabricho memma bger (impustüt abitaziuns da vacanzas) e cha'l turissem pudess piglier suramaun, güst in Engiadina. Eau craj cha'l Svizzer hegia l'incletta pels problems illa natüra ma ch'el nu sapcha inua ch'el dess cumanzer a güder. Eau sper cha's possa recycler temp dapü immundizchas e cha's chatta eir alternativas per las essenzas benzin, diesel eui. (cul sulagl, öli da reva sulvedgia, ...) per tuot ils mezs da trafic. Il computer ans schligiarescha nossa lavur, ma eau sper cha l'umaun possa e stopcha eir in vainchans auncha penser svess e ch'el nu saja memma dependent dad el.

Mieu giavüsch pel avegnir es, ch'eir mieus iffaunts possan crescher sü in üna Svizra libra cun bgera plazza per giuver.

Enrico 12, Bever

„Traum einer Schweiz von morgen"

Ich möchte, dass die Schweiz umweltfreundlicher wird. z.B. weniger Abgase mehr Rysaicling.
Die Schweiz sollte auch mehr für Asylanten tun.
Wenn ich an die fremden Länder w.z.B Irak, Türkei u.s.w denke, sage ich mir immer, wie haben wir es schön in dieser Schweiz. In anderen Länder wird gehungert und wir schwimmen in Essen und Vorrat.
Eigentlich bin ich froh, dass ich in der Schweiz wohne man fühlt sich einfach sicherer als in anderen Ländern. Wenn ich am Mittag von der Schule nach Hause komme und ich die Zeitung lese, trifft mich meist der Schlag, wenn ich sehe unter welchen Umständen die Kurden leben. In dieser Hinsicht sollte die Schweiz mehr unternehmen.
Zu allem was ich schon aufgezählt habe kommt noch das Problem der 40 tonner-Brummer hinzu.
Ich hoffe, dass man dieses Gewicht nie auf Schweizer Strassen erlaubt.
Ich hoffe auch, dass man die Natur nicht mehr verschandelt (verbaut). Ich liebe unsere schöne Natur.

Andreas 13, Mastrils

Traum einer Schweiz von morgen

Ehrlich gesagt bin ich schon traurig über die ~~Schw~~ Schweiz. Früher konnten die Menschen ohne grosse Probleme mit der Umwelt leben. Und Heute? Waldsterben, Krankheiten und was alles noch? Doch stolz bin ich auf uns auch. Wir versuchen es mit Kathalisatoren bei den Autos und die Wiederverwertung von Büchsen und Flaschen.

Wenn ich wünschen könnte, wie die Schweiz in Zukunft aussehen soll, wähne das erste die Autos. Man muss nur an einer Autoabfahr vorbeifahren und an die Umwelt denken. Das müsste sich eigentlich schon zünftig ändern.

Wie die Schweiz in 10-20 Jahren aussehen könnte so wie wir jetzt weitermachen würden eher verdreckt. In der anderen Hiensicht Leute die fröhlich, freundlich und glücklich sind.

Natalia 13

Strada 24.4.91.

Chara Svizzra

– Da quai ch'eu n'ha vis fin hoz, sun eu cuntainta da meis pajais, quai chi nu voul dir però chi nu fess dabsögn da müdar alch. Sch'eu pens a las lavinas da Tola, tuot ils problems da las immundizchas, sco eir il turissem, chi'd es per part exagerà, less eu pissers per il pajais..

– Meis giavüsch pel avegnir es da schogliar meglder il problem da transport, sco eir il paquettar plü simpel prodots da tuot gener. Eu nu crai chi fetscha dabsögn, da paquettar las robas in 2-3 palperis, folias da plastic o aluminium e perfin amo in üna trocla da chartun. Il turissem das-chess garanti eir gnir organisà meglder.

– Scha'l turissem, las lavinas da Tola, e las immundizchas piglian prò ils prossems 20 ons co quai chi han tut prò ils 20 ons passats, vez eu plütost schür per las valladas quietas da muntogna.

Antonetta 13, Strada

Die Schweiz in zwanzig Jahren

Die Schweiz in zwanzig Jahren wünsche ich mir so:
Meine Kinder gehen in eine Schule wie heute 2.4.1991. Allerdings gibt es keine Diktate mehr. Doch es werden sehr spannende Bücher geschrieben, von denen die Kinder jeden Tag eines lesen. Ich bin sehr froh, dass meine Kinder nicht mit einer Gasmaske herum laufen müssen! In den letzten Jahren wurden sehr grosse Fortschritte in Sachen Umweltschutz gemacht. Die Touristen kommen nur in langen Extrazügen in die Ferien nach Graubünden. Man findet auch keine treibstoffhaltige Sprays mehr, das Ozonloch wird immer kleiner. Ich und meine Familie und meine Freunde, fahren alle mit Velos, Solarmofas und Solarautos herum. Die Umweltverschmutzenden Autos sind strengstens verboten!!! Autobahnen gibt es fast keine mehr, dafür viele Naturstrassen. Unser Haus ist ein Walserhaus, wie meine Eltern eines besitzen. Es hat viele Räume, es hat fast in jedem Zimmer drei Blumen. Wir sind eine vierköpfige Familie. Die Kinder haben ein eigenes Zimmer. Und ich wüsche mir noch, dass sie in ihrem Zimmer nicht so ein Durcheinander haben, wie ich es hatte. Die Berge sind einfach wunderbar, und die Schokolade erst: Einfach super! Man kann es kaum erklähren, so gut ist sie!

Kathrin 12, Valzeina

"Traum einer Schweiz von morgen"

Ich stelle mir vor, dass die Schweiz der EG beitritt. Das finde ich schade, weil dann die Lehrer einen neuen Stoff einführen müssen. Die Bauern haben den gleichen Fleisch- und Milchpreis usw. wie die Deutschen.
Schön wäre es, wenn die Luft rein bleiben würde. Darum sollen mehr Leute Solarautos besitzen und mit dem Zug zur Arbeit fahren.
Es werden weniger Hochhäuser gebaut dafür mehr Häuser aus Holz. Es wird wärmer sein, weil das Azohnloch immer grösser wird. Wenn es immer wärmer wird, wachsen in Chur Palmen und Südfrüchte.
Mein Wunsch wäre: Dass das Wasser sauber bleibt, dass man fröhlich baden kan. Der Wald soll gesund bleiben, dass die Tiere mehr Schutz haben.

Martin 12, Tenna

Traum einer Schweiz von morgen!

Ich habe ein gutes Gefühl in der Schweiz leben zu dürfen. Gegenüber der Schweiz bin ich aber auch misstrauisch, weil es immer Erdbeben und andere Sachen gibt.
Besser aufgebaut muss sicher das Umweltschutzgebiet werden. Mein Wunsch von der Schweiz in zwanzig Jahren lautet so: keine Sorgen mehr, dass es keine Tierquäler und keine Entführer gibt, dass man nicht mehr so aufpassen muss gegenüber der Umwelt und dass es vielleicht wieder so wird wie vor fünfzig Jahren.
Die Schweiz ist sicher ein schönes Land, aber es gibt auch andere Länder die ebenso schön oder gar hübscher sind als die Schweiz

Claudia 12, Schiers

Traum einer Schweiz von morgen

Die Schweiz von heute gefällt mir recht gut. Ich bin sehr froh darüber, dass man sich meistens friedlich einigt. Ich hoffe, dass jeder glücklich ist in einem solchen Superland zu leben. Mein Wunsch wäre, wenn weniger gebaut würde. Man könnte doch alte Häuser renovieren. Das kostet zwar ein bisschen mehr, aber was nützt es, wenn man die alten Häuser vernachlässigt. Mein Wunsch wäre auch, dass man sich das Thema Umweltverschmutzung ein bisschen mehr zu Herzen nimmt. Muss man denn wirklich soviel Auto fahren, muss man denn wirklich immer mehr Strassen bauen. In ein paar Jahren hat es vielleicht keine Bäume mehr. Alles ist nur noch aus Beton. Wäre das nicht schade? Die Natur ist doch so schön! Trotzdem herzlichen Dank, dass die Schweiz so super ist.

Daniela 12, Rothenbrunnen

Traum einer Schweiz von morgen

Eigentlich bin ich mit der heutigen Schweiz und ihrer Politik sehr zufrieden. Doch auch an unserem Staat könnte man einiges ändern. So zum Beispiel das Problem der Umweltverschmutzung in der Schweiz.
Natürlich weiss ich, dass dieses Problem nicht von heute auf morgen gelöst werden kann. Auch ist dieses Problem nicht auf einen Schlag gelöst.
Aber ich freue mich jedesmal, wenn ich in einer Stadt ein Solarmobil herumkurven sehe.
Auch auf die Neutralität und die in unserem Land gemachten technischen Fortschritte bin ich stolz.
Nicht zufrieden bin ich hingegen mit der Stromerzeugung durch Kernkraftwerke. Ich bin mir aber bewusst, dass es sehr schwierig ist, auf Alternativenergien umzusteigen. Trotzdem wäre es möglich, die ganze Schweiz mit Sonnenenergie zu versorgen.
Dies wäre für die Umwelt sicher das beste.
Nach all' diesen Beschwerden muss ich aber auch erwähnen, dass auch die Schweiz bereits sehr in Richtung Umweltschutz weitermacht.
In Zukunft möchte ich nicht auf unsere Armee verzichten. Gerade jetzt im Golfkrieg gab sie mir irgendwie etwas Sicherheit, obwohl es in unserem Land nicht zu Terroranschlägen kam.

Weiter hoffe ich nur, dass es im Jubiläumsjahr "800 Jahre Eidgenossenschaft", also in 100 Jahren, wieder dasselbe Projekt „Schweizer Jugend auf dem Rütli" für meine Urenkel geben wird.

Lukas 12, Pratval

Mutten, den 24. 4. 91

TRAUM EINER SCHWEIZ VON MORGEN

Mir gefällt an der Schweiz nicht, dass es so viele Menschen gibt, die einfach alles liegen lassen. Man sollte auch keine Fabriken mehr bauen, weil sonst die Umweltverschmutzung grösser wird.

Ich wünsche mir, dass es weniger Autos, Fabriken und Atomkraftwerke gibt.

Ich stelle mir die Schweiz in 10-20 Jahren so vor, dass es dann etwa doppelt soviele Autos gibt. Das möchte ich zwar nicht, aber wenn es so weiter geht wie bis jetzt, dann kommt es noch soweit . Es wird wohl noch mehr Fabriken geben, und das Ozonloch wird noch viel grösser werden.

Sarah 12, Mutten

Semi dalla Svizra

Ia am giavischess tgi la nateira s'angrondaness puspe. Tg'igls urs, loufs, loufs tschorver ed anc bler oters animals turnessan puspe cò tar nous. Tg'igls autos vessan da far plaz agls trens electrics. Tgi dess daple plaz per far tarmagls. Ia am giavischess tgi la glioud vess daple taimp l'egn per l'oter. Tgi chels ainten igls sgratta-tschiels sa cunaschessan migler. Tgi tot chels tgi peglian drogas e feman cigarettas nissan libers da chel vezi e tgi dess mianc ple da chella roba. Ia am giavischess tgi dess betg ple povers ainten la Svizra. Tg'igls catsche-ders sagiadessan angal gist chegl tgi duvressan per surveiver. Uscheia am mel'ia avant la Svizra da dumang.

Thabo 12, Savognin

Sömmi d'üna Svizra da daman

Chi nu sta gugent in Svizra? Pel mumaint
ün pajaiset da bellezza, cun bellas muntognas
e planüras frütttaivlas. Eu sun ün pa trista
a pensar il svilup dals ultims ons, p. ex.
quantas chasas e sgrattatschêls chi vegnan
fabrichats be sün speculaziun.
A pensar, scha nus füssan üna vouta cun-
taints cun quai cha nus vain, vessna blers
pissers damain. Cha la tecnica fa ün grond
svilup vegn eu fich dapertüna, forsa cha in
10 o 20 ons num esa plü da lavurar.
Meis giavüsch füss, cha la Svizra resta neutrala,
cha nus ans possan chattar in 50 ons darcheu
sül Rütli

Cornelia 13, Scuol

Lieni d'ina svizra da damaun

Jeu sesentel bein en svizra, perquei ch'ei dat buc uara cheu. Nus havein adina avunda da magliar, buc sco la glieud el tierz mund. Cheu hai jeu era dretgs e pus-seivladads da viver mia veta sco jeu vi. Tenter miu meini, duess ins scumandar da baghegiar dapli vias en nossa patria, enstagl duessan ils Svizzers far dapli diever dils mieds publics. Ozildi duess mintgin sez ver quitau digl uaul. Per mei vegn l'aria en svizra en 20 onns ad esser tschuf-fergnada ualti fetg. Igl uaul vegn era a pitir gudlunder.

Martin, 12 Levgein

Siemi dad ina Svizra da damaun

Jeu hai la caschun da defender nossa vischnaunca sil Rütli e perquei lessel descriver mes siemis, sentiments e mes giavischs dad ina Svizra da damaun.

Jeu sun ventireivels dad esser in svizzer, e sperel che nus havein quella libertad sco ils confederai han engirau igl onn 1291 sil Rütli.
Miu giavisch fuss dentont da mantener la Svizra cun glieud indigena e buca dar memia bia libertad als asilants, schiglioc meinan quels in di la Svizra e nus havein dad dir nuot pli.

Valentin 13, Surrein Sumvitg

Eu sun fich cuntaint ch'eu poss star
in Svizra. Ils motivs ils plü importants
sun: Cha'l pövel po vuschar sur da roubas
importantas e quai schon cun 18 ons. Ed es
eir bê chi's ha tantas possibiltats per ir
a scoula. Cha la Svizra es neutrala am
plascha grond bain. Eir chi nun es stat
dalönch inan plü ingüna guerra es fich bel.
Cha la Svizra ha üna crusch cotschna
chatt'eu eir bun. Quist füss quai chi'm
plascha vi da la Svizra. Ma ingüna chi'd
es alch bê es eir alch plü trid. Alch chi
nu'm plascha es cha blers piglian drogas
ed eir il grond trafic chi'd es in Svizra.
Per il avegnir füssi bê chi gniss meglder
cul trafic edeir cha'l problem da las
drogas pudess gnir scholt. Ma i's sto
savair chi dà adüna problems in tuot
ils pajais.

Gian Andrea 12, Tschierv

"Miu siemi d'ina Svizra da damaun"

Jeu sesentel oz fetg leda e cuntenta en Svizra. En 10-20 giavischass jeu ch'ei dess buca ton traffic, pli bia praus da far fein, pli bia affons e pli bia scolas cun pli bia affons. Mo era che tut la glieud fuss cuntenta, che tuts fadigiassen lur paun da mintga di, ch'ei dess buca tons accidents, malsauns e glieud che sescogna, e che bia vaccas mondien saunas a d'alp e turnien saunas a casa. Mo buca la tiara dalla cuccagna, lezza less jeu mai ch'ella vegness en Svizra, perquei che la glieud fagess lu nuot e daventass cheutras malcuntenta e nauscha. La Svizra festivescha il giubileum da 700 onns, perquei ei tut la

Miu siemi per la Svizra

Miu pli grond giavisch fuss menar anavos la roda dil temps per 40 onns e la Svizra fuss sco ils onns 50. Lu savess ins far bia auter e prevegnir stagls capitai. Mei disturba fetg la tschuffergnada e l'explotaziun dalla natira. L'aria ei tschuffa, l'aua ei buca sco ins giavischass ed igl ozon ei disturbaus. Il svilup rasant dalla tecnica plai insumma buc a mi. Denton cun la tecnica moderna anfla ins forsa in agid per segidar cun la natira.
Jeu sun burgheisa ina burgheisa svizra. Mia patria ha ina oreifra ed interessanta cuntrada cun nundumbreivlas creatiras. Sche la Svizra fuss empau pli intacta lu fuss tut en uorden. Na, tuttina buc! Enzatgei stuessen ins aunc far. Ils autos ein cumadeivels, mo els tschuffrognan bravamein la natira.
Miu siemi e giavisch pil giubileum dalla Svizra fuss, da fabricar sulettamein autos cun energia solara. En gliez cass massen ils autos buca schi spert ed ei dess era buc schi biars accidents ed ins havess pli bia peda d'admirar la natira.

Romana Tina 12, Sedrun

Mieu sömmi da la Svizra

Que as stuvess der chüra da l'ambiaint e
tuot il muond dess fer qualchosa cunter
l'inascramaint da l'ambiaint.
Druver que cha's ho e nu fer otras maschina.
A füss bel cha tuots grissans our bain cun l'ot
Ma scha nu's ho gugent ad üna persuna, nun
inscunter cun schleppas e puogns.
La Svizra dess güder a s-chaffir pêsch sün
tuot la terra.
Üngüngs guerras pü.
Chella pissereschha per ils povers e nu der ora
francs per cóstruir chesas.
Üngünas centrelas atomicas, forsa pruver
cun l'energia da sulagl
e cun energio dal vent.

Marcello 12, Samedan

La Svizra hoz e daman

Chi chi viva in Svizra, po esser furtünà. Pro nus regna la pasch daspö blers ons. Uossa chi's doda da guerras, as predscha tant plü la libertà.
Congualà cun oters pajais vivan ils Svizzers in abundanza.
Sa pizza, muntogna, lais, plantas e bleras bes-chas ans fascineschan.
Tschertas chosas am dan listess da pensar. Adüna plü blers giuvens sun dependents da las drogas. Nu portan eir ils conumans culpa? Nus Svizzers stessan acceptar plü bain ils asilants. Eir els sun umans sco nus. Id es puchà cha nos pajais vain surfabrichà in ün tal möd.
Eu spersch cha la spüzza d'autos, da fabricas e s-chodamaints nu ruinan a nus ed a la natüra.
Giavüschs: Eu am giavüsch cha nus svizzers eschan buns da viver eir cun damain perscripziuns e scumonds. Flot füss eir scha nus da las valladas muntagnardas vessan daplü pussibiltats per scolaziuns. Forsa cullian las lingias dal tren bainbod eir vals lateralas. Sco la blera glieud n'ha eir eu bain millis da giavüschs, ma eu sun cuntainta cun quai ch'eu n'ha!

Marcella, 13 Müstair

Eau sun cuntainta dad esser üna Svizra ed eir da viver in Grischun. Eau sun fich cuntainta da viver in Engiadina. Que as ho uschè bgeras pussibilteds; p. ex: ir culs skis, ir in muntagna, ir culs patins.

Eau vuless cha'l turissem nu creschiss uschè ferm, perche cha a me pera ch'el saja be dret. I vain fabricho bger memma e las abitaziuns sun vödas. Uschè vegnan s-chudedas eir quellas abitaziuns, i'l chod nu vain druvo dad üngün. E tuot insembel cuosta bger raps.

Eau met avaunt cha la Svizra guarda our in 20 ans uschè. Dapertuot saregian autos svelts e bgers trens fich moderns. Ma la natüra saregia forsa ün pô megilder landervi, perche ch'eau craj cha in 20 ans giaregian bgers culs autos solars u forsa eletrics.
Miea grand giavüsch es cha nu detta guerra e neir ungüna famina u greivas malatias. Eau speresch ch'eau resta sauna e ch'eau hegia adüna lavur.

Heidi 12, Madulain

Mia Patria, la Svizra.

I mi plai ei da viver en Svizra, ella ei pintga, biala e schubra. Sche jeu mirel ella televisiun sco ei va tier en autras tiaras, croda ei si a mi, che nus savein dir il meini liber. Jeu sun fetg cuntenza dad esser ina Grischuna, perquei che giu ella bassa eis ei aunc ditg buca schi lev da viver sco el Grischun. Jeu sun loscha che jeu sun ina Svizra e sperel che ei va vinavon aschia ils proxims onns. Ins stues mirar pli bia silla natira e sils animals, buca mo silla industria. Perqueica schins mira buca ussa sin quei eis ei gleiti memia tard. Ils politichers tschontschan ella televisiun bia surda quei, mo far fan ei suenter miu meini in tec memia pauc. Miu giavisch fus, che ils affons (astgas) astgasan era prender part vid ina discussiun, buca mo adina ils carschi. Ins saves forsa inaga (arans) aranschar in discuors per e cun affons ella televisiun romontscha. Pliprobabel (a) crescha la Svizra aunc empau, mo jeu sperel buca da memia. Sch'il pievel patratga suenter in tec sche lu stat la Svizra aunc ditg aschi biala. La Svizra dues star aschia, perquei che jeu giavischel inaga a mes affons ch'ei hagien las medemas relaziuns sco jeu.

Siemi d'ena Svizra da dumang

Gl'amprem lessa remartger, tg'ia sung cuntainta cun mia patria, e loscha d'esser ena Svizra. An spezial plaia a me tgi veivan 4 pievels ansemen, ple u manc sainza dispetta.
Mia visiung d'ena Svizra da dumang, so strousch neir realisada. Ja preferis tgi chella Svizra vess nigns autos, scu er oters motors da muvimaints, cun exepziuns. Per exaimpel: transports da malsangs scu er divers transports per distribueir tgerta roba. Las maschinas agricolas stuessan er neir limitadas. Uscheia stuessan igls Svizers far ple adiever da manadeiras (tgavals, bovs, etc.). Cotras fiss franc er lavour avonda per tots. Schi la bagnstanza cun sia cumadevladad gess enpo a perder, fiss er betg donn. Persiva fiss igl ambiaint en bung po pi sang, chegl tgi valla per tots, surtot per la gliout pi debla (vigls ed unfants).
Schi mies siemi niss realiso, alloura fissel svania igl sgarschevel problem dallas drogas.
Durant igl taimp da scola dessigl dar nigns persums a tgesa.
An mia patria savessan er igls rumantschs eir adegna an scola rumantscha e pitard er gudagner igl pang da mintga de an sies lungatg mamma.
Uscheia ma figurescha ena Svizra ideala pigl futur!

Ursina 13, 7450 Casti

Mes patratgs sur dalla Svizra

Uonn sa nossa patria festivar siu 700 avel
anniversari. Perquei eis ei segir cunvegnent
da far entgins patratgs sur dalla Svizra.
Jeu stun fetg bugen en Svizra. En special plai
la biala cuntrada cun imposants cuolms a mi.
La Svizra porscha era adina grond agid nua
ch'ei fa da basegns. Jeu patratgel cheu agl agid
dalla crusch cotschna en cass d'uiara, allas
almosnas dil pievel svizzer als fugitivs Curds euv.
Nus havein detg ch'en Svizra ha ei mai aunc
dau uiara. Perquei plai era a mi che nossa
patria pren adina si fugitivs e luvrers jasters.
Grond plascher fa ei era a mi che miu lungatg
mumma vegn adina acceptaus dapi sco 4.
lungatg naziunal. Aschia sesentel da casa
en l'entira Svizra, pertgei ussa haiel plaunsiu
il sentiment che tuts burgheis dalla Svizra
sappien ch'ei detti in lungatg romontsch.
Mia gronda speronza per la Svizra da damaun
ei, ch'il pievel entscheivi a dar meglier adatg
digl ambient. Nus stuein plaunsiu entscheiver
a calar da producir tons rumians, calar da
vuler mo las pli bialas vias ed il pli grond
comfort en nossa veta. Mo aschia vesel jeu
che nus savein mantener nossa biala patria
schubra e nos uauls sauns. Era da noss aua
stuein nus haver meglier quitau. Jeu giavischel
ch'ei vegni priu serius tut quels aspects,
pertgei mo aschia sa nossa patria aunc far
plascher a nus en 10 ni 20 onns.

Anja 12, Curaglia

24. 4. 91

La Svizzera di domani.

La Svizzera di domani può essere bella e brutta. La Svizzera di oggi si vive bene. Ma domani tutti vorranno un po' di più di quello che hanno già. E così quelli che hanno già poco avranno ancora di meno di prima. E allora secondo me bisogna avere un po' di rispetto verso il prossimo.

Arin Vetsch, 11
Promontogno.

Sogno di una Svizzera di domani

Io sono contento di vivere in Svizzera perché regna il benessere e si sta bene. In questi tempi ci sono molte crisi in tanti stati del mondo: in Unione Sovietica non c'è da mangiare, in Germania vengono licenziate molte persone, i Curdi muoiono a centinaia ogni giorno e in America del Sud la gente si ammala di colera per mancanza di medicinali.
Io mi auguro che in Svizzera, specialmente nella mia bella Valle di Poschiavo si possa andare avanti così.
A mio parere però la Svizzera dovrebbe aprirsi un po' di più alle altre nazioni, ma mantenere la sua neutralità. I giovani non dovrebbero essere sottovalutati e si potrebbe concedere loro qualcosa in più.
Spero che in futuro ci sia meno inquinamento. Se si potesse avere un mondo più pulito starebbero bene anche gli animali, che al momento sono proprio in pericolo e molte specie sono in via di estinzione.
Io sogno una Svizzera più disponibile in campo internazionale, però sono fiero di essere svizzero e non sarei disposto a cambiare nazionalità per nessuna ragione al mondo.

Lino, 13, Poschiavo

Jura

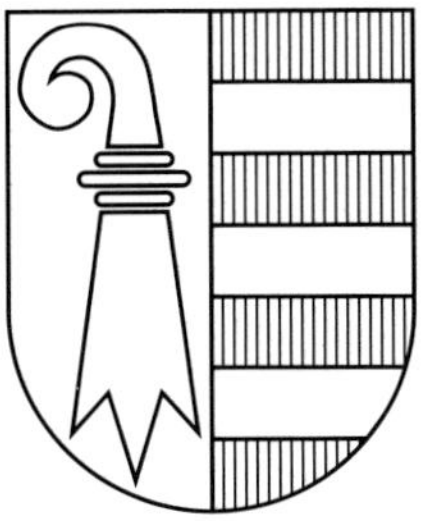

ra

Soyhières le 21.5.91

J'aimerais que pour ses prochaines années, et ses prochains, siècles, que la **SUISSE** rèstera toujours neutre, pour que la guerre ne détruise pas notre beau pays.

Christianne

Chèvre
11 ans
Soyhières

La Suisse

1291 - 3 cantons - Uri - Schwyz - Unterwald

forment la Suisse primitive. Par la suite, d'autres cantons renforce le Pacte de 1291 de la plaine du Grütli.
La Suisse est un pays démocratique, terre priviligiée et d'accueil, la Suisse est un pays neutre.
Le dernier canton entrant dans la Confédération helvétique est le canton du Jura accueilli par le peuple Suisse en 1978 suite à son autodétermination et le plibiscite du 23 juin 74 qui vit naître la République et Canton du Jura.

Séverine Billieux
élève de 6e année
2943 Vendlincourt

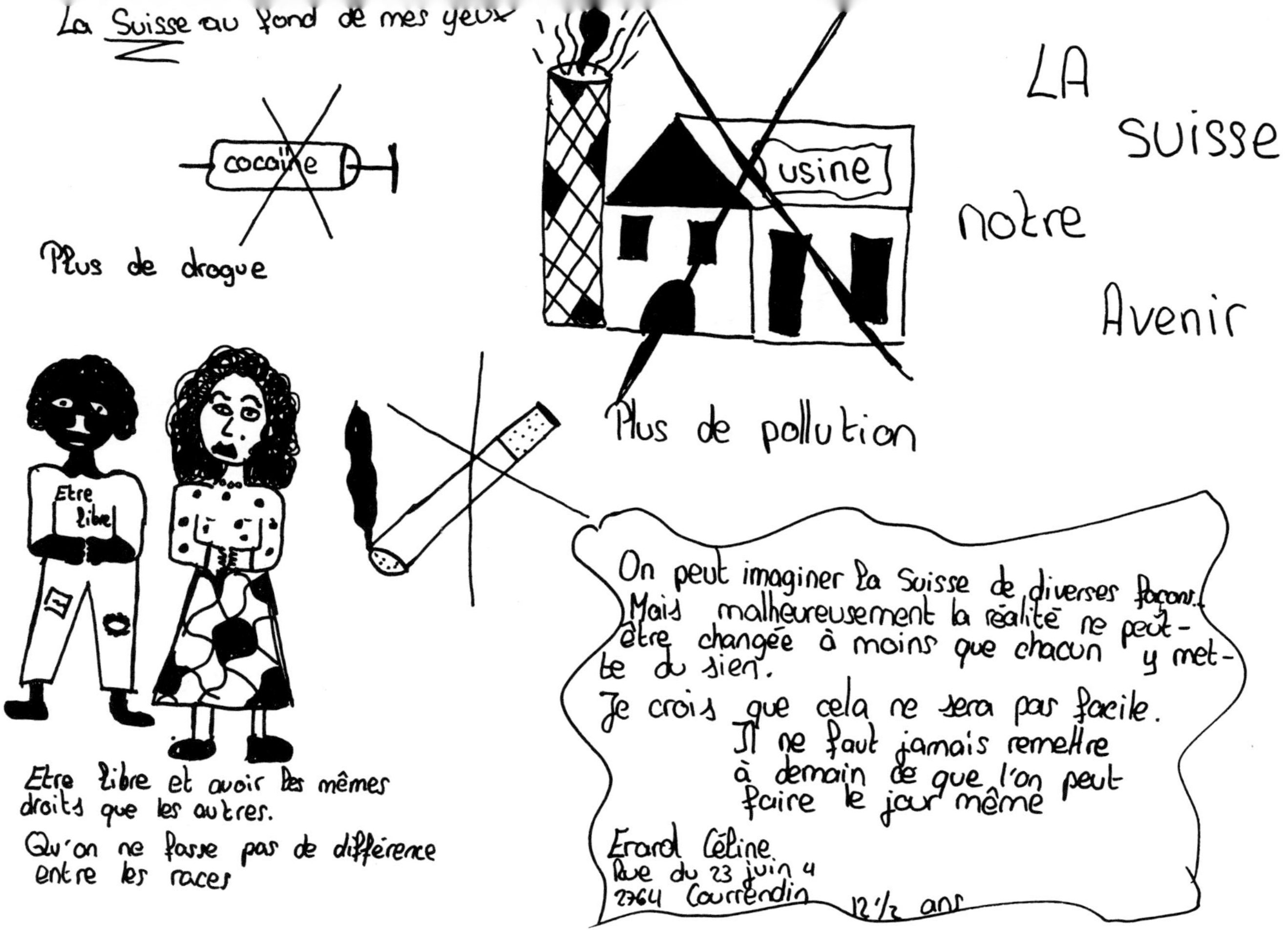
La Suisse au fond de mes yeux
cocaïne
Plus de drogue
usine
Plus de pollution
LA Suisse notre Avenir
Etre libre
Etre libre et avoir les mêmes droits que les autres.
Qu'on ne fasse pas de différence entre les races
On peut imaginer la Suisse de diverses façons. Mais malheureusement la réalité ne peut-être changée à moins que chacun y mette du sien.
Je crois que cela ne sera pas facile.
Il ne faut jamais remettre à demain ce que l'on peut faire le jour même
Erard Céline
Rue du 23 juin 4
2764 Courrendlin
12½ ans

Frédéric Spycher

Les Breuleux

Concerne: Pour le 700ème anniversaire de la confédération au Grütli, 30-31 juillet 91.
Message des jeunes

Chers confédérers.

- Pour que notre pays soit un exemple, il faut qu'il reste neutre, et diminue son armement.
- Le droit de vote pour tous les habitants de la Suisse.
- Que les réfugiers vivants de plus d'une année dans notre pays ne soient plus renvoyés. Et les démarches simplifiées.
- Une meilleure colaboration entre la protection de la nature (WWF) et le dévelopement industriel.
- L'arêt de la construction des centrales nucléaires.
- Coût de la vie moins cher.
- Envoyer plus de medicaments et autres besoins dans les pays en détresse.
- Plus de soutien financier en vers les personnes agées.
- Une solidarité entre riche et pauvre.
- Que chaqu'un puisse gagner sa vie dignement.
- Trop de métiers manuels mal payés
- Offrir aux marginaux la possibilité de se réintégrer dans la vie actuelle
- Des loyers moins chers

Frédéric Spycher

L'occasion m'étant donnée de m'exprimer, voici ce que j'ai à dire de la Suisse.
Je suis né en Suisse de parents Suisses. Je suis fier de faire partie de ce beau pays.
La neutralité de notre patrie en fait une terre où il fait bon vivre. Naturellement, comme partout, il y a des problèmes pas toujours faciles à résoudre.
L'acceil des populations étrangères est un signe de bonne volonté de la suisse; mais ce que je n'admets pas, c'est le refoulement pur et simple de ces pauvres gens qui avaient tant espéré pouvoir vivre dans la tranquilité et la paix. On les renvoie comme un troupeau de brebis galeuses.
Le problème de l'armée se pose aussi à nos autorités. Faut-il abolir l'armée de notre pays? Non! Mais je trouve que l'on pourrait depenser un peu moins d'argent dans ce domaine et s'occuper davantage des personnes dans le besoin. Il y en a toujours.
L'agriculture aussi a le droit d'être soutenue et aidée. C'est quand même en grande partie à elle que l'on doit l'approvisionnement de notre pays.
Mis a part ces quelques soucis, je suis heureux d'habiter dans un pays aussi calme et serein.
J'éspère qu'il en sera toujours ainsi

Buchwalder Alain
2827 Mervelier

Mesdames, Messieurs,

J'aimerais que la Suisse répartisse mieux l'argent. Prenons des exemples: les chômeurs devraient toucher le salaire complet, car ils ne demandent pas d'être sans travail.

Il y a des milliers de gens en Suisse qui meurent de faim, que faisons-nous pour les aider?

De plus les caisses maladie ne cessent d'augmenter, une loi qui viendrait votée, et qui serait la même que pour les assurances voitures, éliminerait beaucoup les profiteurs et les gens malhonnêtes qui vivent sur le dos des gens qui travaillent et qui savent se contenter.

Si nous parlions de la nature, la Suisse la détruit. Elle exporte plus de 33'000 tonnes de bois tropicaux à l'Amazonie. Comme nous le savons l'Amazonie est le poumon de la terre. Si le monde continu d'abattre des arbres à ce rythme là, la forêt tropicale humide sera détruite dans quelques années, alors arrêtons ce désastre pendant qu'il est temps!

Nom: Bron
Prénom: Sandra
Age: 13 ans
Domicile: Montsevelier

Environnement

- Voiture non polluantes.
- Les produits dangereux doivent être systématiquement récupérés et non dispersés dans la nature.
- Usines "propres".

Loisirs.

- Plus de places de jeux et autres parcs d'attractions: rampes de skate, pistes pour patins à roulettes.
- Discothèques pour les jeunes en-dessous de 16 ans.
- Autorisation de vivre avec n'importe quel animal dans son appartement.

Circulation routière

- Davantage de respect des automobilistes pour les piétons et les cyclistes.
- Permis de conduire pour les automobiles dès 16 ans avec la possibilité d'apprendre à conduire* sur des circuits.
- Permis de vélomoteur à 12 ans.
- Beaucoup plus de pistes cyclables.
- Davantage de routes sans circulation automobile.

* vite

Vie civique

- Droit de vote à 12 ans au niveau communal.
- Conseil des jeunes.

Winkler Viviane
12 ans
2892 Courgenay

La Suisse.

La Suisse c'est ma patrie et je l'aime pour ce qu'elle est. C'est un beau pays où je voudrais qu'il n'y ait jamais de violence et où il ferait bon vivre.
Je voudrais qu'elle garde sa réputation de pays d'acceuil et de pays neutre. La Suisse c'est pour moi un mot magique qui me fait penser à nos bellesmontagnes, à nos lacs et aussi pourquoi pas à notre fameuse chocolat!
Que mon pays reste ce qu'il est maintenant mais peut-être avec moins d'interdictions ou d'obligations. J'aime mon pays et je l'aimerai toujours.

Vive la Suisse!

Alain Schaller

2822 Courroux

Grandfontaine

Messieurs,

Nous sommes quatre élèves de la même classe, qui Habitons la Haute-Ajoie dans le canton du Jura.
Nous souhaitons que dans l'avenir il y est moins de pollutions, que tout les gens aient du travails.
Nous voudrions, que notre pays entre dans L'Europe.
Nous espèrons que tout le monde mangera à sa faim. Qu'on détruise moins la nature, et que tout le monde soit heureux.

Nous nous rèjouissont de participer a ces deux journées.

Recevez Messieurs Nos meilleurs salutations.

Commune de Damvan: Stéphanie Cuneat
Commune de Roche d'Or: Nicole Chappuis
Commune de Grandfontaine: Jessica Plumey
Commune de Chevenez: Lory Racordon.

Le pays de mes rêves

Dans la Suisse de mes rêves:
j'aimerais que le parc naturel soit plus grand, qu'il n'y ait que des voitures solaires qu'il y ait plus de temps pour le sport que la marchandise vendue dans les magasin soit moin chère que l'éléctricité soit moin chère, beaucoup plus d'animaux que toute les bêtes des zoo de Suisse soit libéreé et relâcher dans un immense parc, qu'on laisse tranquille toutes les espèce en voie de disparition.
qu'il n'y plus de braconnier plus de chomage, plus de bandit plus d'usine chimique plus de HLM plus de pauvre, plus de racisme plus de drogue plus de maladies plus de violence plus de racisme

Ackerman Régis 12 ans 2807 Pleigne

ra

la Suisse de demain

usqu'à aujourd'hui, nous vivions dans un pays démocratique. Je pense qu'on devrait sortir de et isolement, surtout pour des échanges commerciaux, ans frontières. Ne plus se battre pour un Jura libre, mais pour un grand Canton Romand. Ceci nous donnerait une force pour entrer dans l'Europe. Pour conclure ces quelques lignes on voudrait voir une Suisse libre.

Dubail Jean-Paul
20.04.1979
2727 les Pommerats

La Suisse de demain

La Suisse est un beau pays avec de mgnifiques paysages, dans lequel je suis content et fier d'habiter. Les habitants, avec leurs langue leur culture, leurs traditions différentes, forment une patrie diverse, mais unie

Mon désir est que la Suisse reste fidèle à cette unité, tout en reconnaissant aux diverses régions leur spécificité.

J'ai appris à l'école que Gessler avait été chassé de la Suisse. En cette année du 700e anniversaire, mon souhait à moi est de ne pas rencontrer un nouveau Gesler. Mon pays n'en a pas besoin. Vive la Suisse avec ses libertés, sa fraternité, son ouverture, son espit d'entraide et de justice.

Thomas Gerber

12 ans

2724 les Breuleux

'a

6. Message des jeunes

La Suisse idéale.

Un jour, à l'école, nous avons parlé du pétrole et j'ai remarqué qu'il y avait beaucoup de pollution en Suisse. J'ai pensé que la nature mourrait à cause des gaz d'échappement des voitures et des camions. Les déchets jetés dans la nature, les bonbonnes de spray et le chauffage sont aussi des causes du dépérissement des forêts.

Il faudrait moins rouler avec les voitures, marcher davantage et aller à vélo, et en train.

La violence ne sert à rien, on se dispute pour tout. Il faudrait dialoguer davantage et s'exprimer verbalement à la place d'employer la force et se battre.

C'est injuste que des enfants soient maltraités par leurs parents. J'aimerais qu'on apprenne aux parents à éduquer leurs enfants.

Il faudrait donner à manger, un logement et de l'argent aux plus pauvres (quart monde). Quand ils sont malades, on pourrait les soigner.

Il faudrait aussi que la Suisse cesse de blanchir l'argent sale. Des centaines de gens meurent chaque année à cause de la drogue. J'aimerais qu'elle n'existe plus.

par Biancon Mateo (12 ans)

2725 Le Noirmont

Bonjour!

Je m'appelle Christine j'ai treize ans et je voudrais que la Suisse ne soit pas aussi démoli que maintenant. Par exemple les arbre[s] Ou je vis il ont construit des tunnels alors ils ont dû tous coupër la forêt qu'il y avait a b[...] j'aimerais que cela cesse.

Bonnes Salutations

Christine Willemin 13 ans

2882 St-Ursanne

Mes attentes de la Suisse de demain:

- J'aimerais que vous aidiez les plus pauvres.
- Qu'il y ait au moins 2 ou 3 dimanches sans voitures.
- Qu'il y ait plus de moto cross.
- Plus de championnats par équipe d'atlétisme.

Yeuret Alain

12 ans

Châtillon Ju

a

La Suisse de demain

Je voudrais que la Suisse aie plus de voitures solaire que de voiture à essence, qu'il y aie moins d'usines qui poluent et qui font mourrir les forêts. J'aimerais aussi qu'il y aie moins de drogués et moins d'étrangers en Suisse. Je voudrais aussi que les forêts soit mieuse entretenues et qu'il y aie plus de homes pour les veillards et les andicapés. J'aimerais qu'il y aie plus de terrains de sports et de halles de gymnastiques et de patinnoires. Il devrait y avoir plus de chemins forestiers et plus de pistes pour les vélos. Il faudrait aussi mettre plus de radars pour les gens qui roulent trop vite, ça ferait beaucoup moins de mort sur les routes.

Patrick Chèvre
12 ans
2806 Mettembert

Pour une Suisse meilleure

Dans notre beau pays, beaucoup d'usines, d'industries et certains vehicules polluent la nature. La végétation est ainsi mise en danger et des animause peuvent mourir.

A l'avenir, pour sauvegarder la nature, il faut que chaque personne fasse un grand effort. Chacun doit séparer les déchets: verre, aluminium, plastique, [redacted] huile... Il s'efforce aussi d'utiliser les transports, publics bien améliorés jusqu'à la fin du siècle. Ainsi on construit moins de routes, de ponts qui défigurent le paysage.

Il faut que les savants continuent à chercher pour protéger la couche d'ozone, pour améliorer toutes les machines, moteurs, usines qui polluent et inventer le moteur à eau. De même, il faudrait trouver un système pour capter l'energie lors d'un orage et pour savoir mieuse utiliser l'energie solaire.

La paise entre les hommes, entre les pays supprimerait la guerre. Ceci serait bénefique pour l'environnement car inévitablement, la guerre pollue.

Si tout ceci pouvait se réaliser, tout le monde pourrait vivre heureuse dans un pays, un monde meilleur avec de l'air pur de la végétation en abondance, de nombreuse animeause peuplant nos régions et une meilleure entente entre tous les humains.

Sébastien Chèvre
2803 Bourrignon
Jura

Luzern

Träume einer Schweiz von Morgen

Wenn ich zwei Wünsche offen hätte, würde ich mir Wünschen, dass es Auto gebe ohne Abgase aber nicht Elektromobile sondern Autos mit Batterien. Als zweiten Wunsch würde es mir gefallen wenn es in der Schweiz grössere Fussballstadions geben würde und, dass die Fifa die WM 1998 doch in der Schweiz durchführen würde.

Was mir gar nicht gefällt ist das ewige Bauen von Häusern. Die Natur geht dadürch total zu Grunde und auf schonen Feldern stehen plötzlich 3-5 Einfamilienhauser. Man könnte es dadurch andern, dass man nicht Einfamilienhäuser sondern Hochhäuser Baut, wei dann mehr Leute darin wohnen können.

TRÄUME EINER SCHWEIZ VON MORGEN

Ich habe viele Träume. Ein Traum ist, dass man nicht mehr soviel baut. Es ist ein grosser Wunsch aber man sieht nicht mehr viele Wiesen die nicht verbaut sind. Ich weiss, dass es immer mehr Leute gibt, aber wenn man sieht wieviele Villen es gibt, die einen riesen Park mit allem drum und dran haben, tun mir z.B. die vielen Flüchtlinge leid, die in kleine Zelten leben müssen. Reiche Leute aus der ganzen Welt sollten den Flüchtlingen helfen, dass sie zurück in ihr Land gehen könnten, und dort ein schönes Leben verbringen könnten. Dann würden alle ein eigenes zu Hause haben. Noch ein Traum wäre, dass es irgendwo hier in der Schweiz ein grosser Wald mit vielen Pflanzen* geben würden, in dem Tiere leben könnten ohne Abgas und Fabriken. Dort dürfte niemand abholzen und jagen. Das wäre toll.

* und Seen

Träume einer Schweiz von [redacted] morgen [redacted]

Am besten wäre es, dass alle Atomkraftwerke durch Wasser - Wind - und Sonnenenergie ersetzt wird. Einen Fortschritt könnte man machen, wenn Strom durch die Luft befördert werden könnte, wie zb. Radio oder Fernseh Strahlung. Denn es brauchte keine Hochspanungsleitungen mehr, und dadurch würde es nur noch geringe Unfälle geben! Und Stahl oder Kupferseile wären überflüssig, und auch die SBB oder andere Eisenbahnen brauchten keinen Fahrdraht mehr!!!

Träume einer Schweiz von Morgen

Mein Traum ist, dass alles wieder wie im Mittelalter wird. Alle Wohnblöcke werden abgerissen, stattdessen werden Burgen, Schlösser und altmodische Häuser gebaut. Autos gibt es keine mehr, denn nur noch Kutschen und Fahrräder sind die neuen Transportmittel. Frauen und Mädchen ziehen lange wallende Kleider an, und die Herren altmodische Anzüge. Aber die Elektrizität müsste man nicht abschaffen. Pop und Rockmusik darf man natürlich hören. Jeder 23. Schweizer könnte einen Baron werden, oder einen Graf.

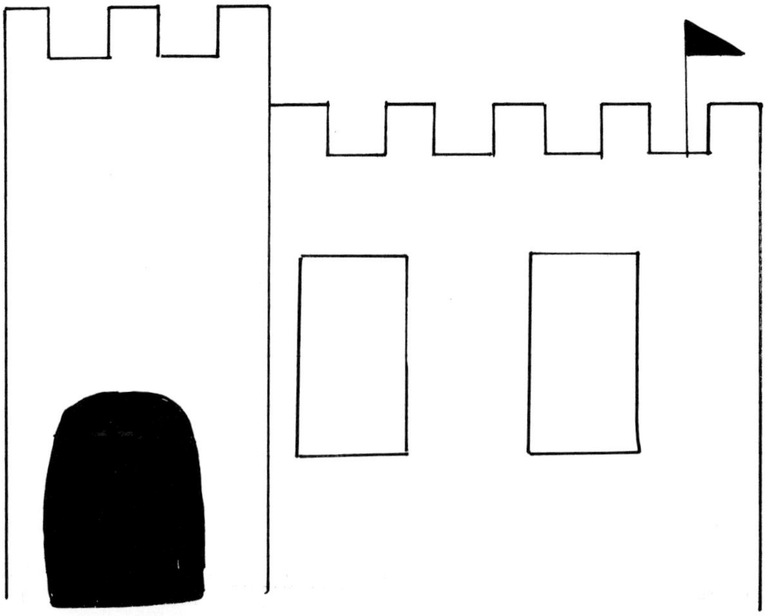

Gedanken und Bitten zur morgigen Schweiz

Ich stelle mir die Schweiz von morgen sehr schön vor. Grüne Wiesen, saubere und gesunde Wälder, nicht eine all zu grosse Luftverschmutzung, genug zu essen und zu trinken, saubere Seen, Flüsse und Bäche. Kinder die vergnügt vor dem Haus spielen können, ohne das nebenan Autos auf einer Strasse oder Autobahn vorbeiflitzen. Ich weiss, dass Autobahnen sehr nützlich sein können, wenn man es eilig hat. Aber dennoch muss man doch nicht mehr allzuviele bauen. Wir könnten uns genügend Zeit nehmen, um an den bestimmten Ort zu gelangen. Oder wir könnten auch zur Abwechslung mal ein öffentliches Verkehrsmittel benutzen.
So soll die Schweiz von morgen aussehen. Aber wenn wir noch mehr unnötigen Gebäude bauen, und noch mehr Luft verschmutzen, zerstören wir die ganze, einst schöne Schweiz.
Wenn jeder Mensch, der in der Schweiz lebt, etwas dazu beitragen würde, sehe unsere Schweiz auch noch in paar Jahren so schön, wie heute, aus.
Nur noch schnell zur Politik. Sorgt bitte dafür, dass die Schweiz neutral bleibt, so wird sie auch noch weitere Kriege, unbeschädigt überstehen.

TRÄUME EINER SCHWEIZ VON MORGEN!!!

Manchmal bin ich mit der Schweiz ganz zufrieden, doch dann gibt es Tage, an denen ich mit der Regierung in unseren Land ganz und gar nicht einverstanden bin. Klar ist das ein nicht ganz so einfaches Amt und ich möchte auch nicht unbedingt Bundesrat oder sonst ein Politiker werden. Doch etwas, und ich hoffe, dass das zu Ihnen durchdringt!, muss ich auf dieses Blatt schreiben.
Ich finde, dass man zuviel verspricht (in Sache Umwelt) und die ganze Zeit sich darüber lautstark äussert, man müsse unbedingt etwas gegen die so stark verschmutzte Umwelt unternehmen!!!! Sie machen ja alle zusammen doch nichts!!! Sie reden nur gross aber etwas unternommen haben sie noch nie so richtig (oder zuwenig!)!!! Alles nur geplapper. Sie sollten einmal Verbote aufstellen und dann müssten sich die Schweizerbürger auch daran halten! Sonst werden wir eines Tages in unserem Müll und in der verstinkten Luft ersticken!

TRÄUME EINER SCHWEIZ VON MORGEN

Für mich ist die Schweiz mein Heimatland, wo ich mich wohlfühle und eine gute Zukunft voraussehe. Ich darf ohne zu übertreiben sagen, wir wohnen hier im Paradies.
Wir sind mitten in Europa ein kleines Land und so heute in jeder Hinsicht abhängig von unseren Nachbarstaaten.
Ich denke dabei an den Umweltschutz. Was nützt uns eine saubere Schweiz, wenn rund um unser Land zuwenig für den Umweltschutz getan wird. Darum sollten wir weiterhin mit gutem Beispiel vorangehen und unser Beitrag an den Umweltschutz weiterverfolgen.
Doch bei unserem politischen System gibt es auch gewisse Nachkile. So besitzen wir z. B. 26 verschiedene Lese- oder Rechenbücher.
Auch haben alle Kantone ein eigenes Gesetzbuch.
Ich wünsche mir, dass wir im Jahr 2000 die selben Freiheiten und unseren Wohlstand beibehalten können.

Wunsch, Vorstellung oder ?

Die Schweiz von morgen stelle ich mir umweltbewusster vor, so dass nicht jeder grünen Flecken Schweiz überbaut werden muss. Die Wälder könnte man ruhig stehen lassen. Sie wissen bestimmt was ich damit meine. Übrigens könnte man auch mehr Herz zeigen für Asylbewerber, meine ich. Was können die Leute dafür, wenn sie sich im eigenen Land nicht mehr wohl fühlen? Wie wäre ich froh, wenn ich einmal in der Schweiz nicht mehr wohlfühlen würde, in einem anderen Land Asyl bekäme. Denken Sie doch einmal darüber nach! Für die Kinder und Jugendliche könnte die Schweiz ruhig mehr Gesamtschweizerische oder kantonale Anlässe veranstalten, aber wo die Kinder untereinander sprechen müssen, z. B.: Pfadilager der Gesamtschweiz, Plausch-Sport-Nachmittage u.a. Ihnen fällt bestimmt etwas ein. So ich muss Schluss machen, bevor mein Wunsch, Vorstellung oder wie Sie es nennen wollen, zu lange wird.

Meine Gedanken über die Schweiz

Für mich ist die Schweiz ein Paradies. Ich finde es schön in der Schweiz geboren zu sein und leben zu dürfen. Hier habe ich einfach alles, was ich in meinem Leben brauche. Ich könnte mir kein besseres Heimatland vorstellen.

Was mich trotzdem ein wenig stört, ist, dass in der Schweiz so wahnsinnig viel gebaut oder verbaut wird. Mein Traum wäre, dass sich die Schweiz noch mehr um die Umwelt kümmern würde. Es sollte doch langsam selbstverständlich sein, ein Auto mit Katalisator zu fahren oder es sollte selbstverständlich sein, zu Hause getrennte Abfälle zu haben usw. Für mich ist das ein grosses Problem, denn wenn wir so weiter machen wie bisher, besteht die Schweiz von morgen nur noch aus Abgasen, Hochhäusern aus Beton, verschmutzten Seen und kranken Menschen.

Aber ich möchte dann etwas unternehmen, wenn es noch nicht zu spät ist, und ich möchte leben, und ich möchte, dass auch meine Kinder und Kindeskinder noch leben können.

Meine Schweiz - Deine Schweiz

Meine Schweiz. Kann ich das überhaupt sagen? Wenn sie mir wäre, sähe es anders in der Schweiz aus, grüner. Immer wird irgendwo etwas gebaut. Ist man fertig, fängt man anderswo wieder an. Immer mehr Menschen brauchen eine Wohnung. Woher kommen sie? Sie ziehen von abgelegenen Orten weg, um in den Städten oder wenigstens in der Nähe zu wohnen. Wo bleibt da die Natur? Alle sind sehr für den Umweltschutz! Sie wollen aber möglichst bequem leben. Wie stelle ich mir die Schweiz vor? Wenn es meine Schweiz wäre, müste sie grüner sein. Wälder, Wiesen, ... Schöne Orte zum Träumen, Zufriedensein, Glücklich sein. Die Schweiz von Morgen. Wie sieht sie aus? Viele werden immer verrücktere, grössere Maschinen erfinden. Für die Bequemlichkeit, Technik, wo man möglichst wenig machen muss. Zeiteinsparung, grössere schnellere Produktion. Ich glaube die Schweiz sähe anders aus, wenn sich die Menschen, die sich stark für die Technik einsetzen, das für die Natur täten, wäre die Schweiz sicher ein Paradies. Deine Schweiz, wie sieht sie aus?

Träume einer Schweiz von morgen

Ich wäre froh, wenn es weniger Umweltschmutz gäbe und das die Menschen noch mehr freundlicher wären. Und weniger Hausaufgaben wäre och schöner. Die Schweiz ist schön, aber wenn weniger Leute mit dem Auto fahren könnten. Wenn weniger Einbrecher und Mörder herumlaufen würden wäre es noch schöner. Es wäre schön wenn am Golf die Tiere geschützt werden und das Öl nicht mehr ins Meer fliesst. Noch mehr Sport und orgfältiges Leben zubringen.

Mit freundlichen Grüsse

Ebru Koçyigit.

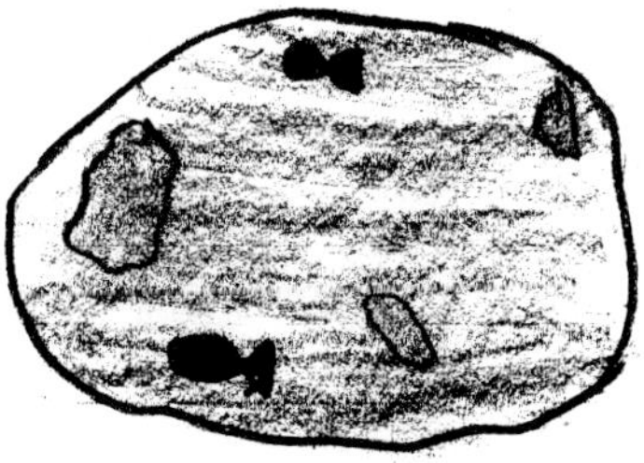

Buchrain, den 25. April

Träume einer Schweiz von morgen

Ich wünsche mir, dass die Welt in 10-20 Jahren so aussieht: Es sollten keine Autos mehr fahren! Wegen dem Abgas wird die Umweltverschmutzung immer grösser, und bald kann man sie nicht mehr retten, wenn man jetzt nicht handelt! In dem Urwald sollten keine Bäume umgeholz werden, denn sie helfen auch, dass die Luft wieder reiner wird!

Lösung:

Man sollte zum Einkaufen oder an den Arbeitsplatz keine Autos mehr benutzen, sondern wie früher wieder mit den Kutschen und Velos fahren!

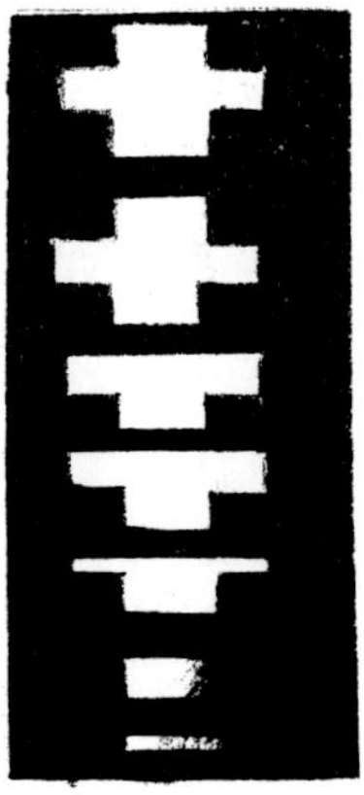

Raphaella Arnold

Träume einer Schweiz von morgen.

Eine schöne Gemeinde, Buchrain.
Wälder, Flüsse, Hügel – ein Paradies für
Kinder. Ein schöner Freizeitaufenthaltsort.
Doch etwas fehlt: die Freizeit!
Die Hausaufgaben sollten in Zukunft an
sonnigen Tagen oder bei Schlittelwetter verkürzt
und eventuell an Regentagen nachgeholt
werden.
Auch zur Natur sollte man schauen, denn
von ihr sehen viele Leute nur das schöne.
Dabei wird vergessen, dass die Natur
langsam aber sicher zu Grunde geht!

Michael Zeder

Träume einer Schweiz von morgen

Ich stelle mir die Schweiz von morgen so vor:

1. Ich würde es gerne sehen wenn die Bauern für die arbeit, die leisten, auch den entsprechenden Lohn bekämen. Das bedeutet:
Der Landwirt sollte für die Milch statt 1.03 Fr vieleicht 1.10 Fr bekommen

2. Aussteigen aus der Atom Energie!

3. Abgase eindämmen den wir haben das Land nicht von unsern Vätern geerbt sondern von unseren Söhnen ausgeliehen!

Träume einer Schweiz von morgen

Die alten Häuser sollten wieder renoviert werden. Deswegen müssten viel weniger Häuser gebaut werden. Es sollte auch auf die Verschandlung der Landschaft geachtet werden. Nicht dass vor einem altertümlichen Haus ein riesengrosser Block steht. Es dürfte auch nicht auf einem historischen Fleck Land, wo vor 1000 Jahren eine Burg stand, eine neue Wohnsiedlung gebaut werden.

André
Ochsenbein
5. Klasse

Träume einer Schweiz von morgen

Ich äussere meinen Traum ganz öffentlich: Ich möchte, dass die ganze Schweiz und auch die ganze Schweiz und auch die ganze Welt noch einmal von vorne beginnen könnte, ohne Autos, ohne Chemie, ohne Urwald-abholzung, ohne Atom und auch ohne die ganze Umweltverschmutzung. Ich möchte auch das die gesammten Nahrungsmittel gerechter verteilt werden. Nicht so wie jetzt, wo ein grosser Teil der Menschheit am verhungern ist.

Träume einer Schweiz von morgen

Vieles gefällt mir nicht in der heutigen Schweiz.
Ich möchte, dass es sehr viel weniger Autos und Fabriken gäbe. Ich will nicht, dass wir in 10, 20, 30 Jahren mit Gasmasken herumlaufen müssen. Da es sehr viel öffentliche Verkehrsmittel und gute Velos gibt, kann man das Auto manchmal wirklich zu Hause lassen.
Ich wäre auch froh, wenn man etwas für die wildlebenden Tiere tun würde. Man darf sie nicht nur ansiedeln, damit sie in einigen Jahren wieder verschwunden sind! Wir müssen die Luft verbessern und den Tieren einen Platz geben wo sie sich wohlfühlen. Ich hoffe, dass es in der Schweiz sehr bald besser wird.

Irene Püntener

Neuchâtel

La Suisse en l'an 2000

J'espère que la Suisse deviendra un pays sans drogués, sans la guerre et une nation qui se tient les coudes.
Et j'espère surtout qu'il y aura moins de chômage, que tout le monde aura du travail pour pouvoir vivre avec sa famille et j'espère aussi que la famine ne s'installera jamais chez nous.
Il faut que tous les habitants s'unissent pour accepter les étrangers dans notre domaine et pour les aider à vivre dans notre pays.

Donc, il faut qu'on vive dans un meilleur environnement.

THIERRY COLOMB, VALANGIN

La Suisse Comme Je La REVE

En ce qui me concerne, je voudrais voire une Suisse belle, accueillante où les gens se sentent bien. Qu'il n'y aie plus de gens pauvre, que chacun respecte l'autre, que nous aidions les pays pauvres afin que les peuple ne soient plus déplacer où cherchent à quitter leur pays, attirer par la démocratie de notre peuple et la soi-disante richesse, car hélas pour eux quand ils sont chez nous c'est la désilusion. Donc aidont les a vivre libre et heureux dans leur pays. Dans une Suisse accueillante je voudrais qu'il y a beaucoup moin de polution car il a beaucoup de plantes et d'arbres malades ainsi que les enfants. Ce que je souhaite encore c'est que les lacs, les rivières et les forêts restent propres. Celà est mon rêve et j'espère qu'il se réalisera un jour.

Myriam Nussbaum

Maison des Vignerons

2028 Vaumarcus

le 19 mai 1991

La Suisse de mes rêves

J'éspère que la Suisse devienne généreuse, qu'elle aide
les pays pauvres, qu'elle ne renvoie pas les étrangers
mais qu'ils soient bien accueillis.
J'éspère que la Suisse ne fasse pas de guerres, ne livre pas
d'armes ni de véihcules de guerre.
J'aimerais que la Suisse soit un pays ami de tout le mondes
que la Suisse donne aux pays qui en ont besoin.
J'éspère aussi que les étrangers soient mieux traités, mieux aimés,
mieux aidés.
J'éspère qu'il n'y aura plus de violence en Suisse et dans
les autres pays.
J'aimerais qu'il y ai la paix partout dans le monde.
Mais je trouve bien qu'il n'y ai pas de guerre en Suisse.

Simone Müller

LA SUISSE COMME NOUS LA REVONS

Nous rêvons qu'il n'y ait plus de viols, de meurtres et de bagarres. Nous rêvons que les parents aiment leurs enfants et que les enfants ne se fassent plus battre. Qu'il n'y ait plus de personnes qui se droguent, qui sont alcooliques et qui se suicident. Nous rêvons qu'il n'y ait plus de pollution dans la nature. Nous rêvons qu'il n'y ait plus de pauvreté . Nous rêvons qu'il y ait de gentilles familles pour accueillir les orphelins. Nous rêvons que les handicapés puissent se trouver des camarades et qu'il puissent faire une opération pour pouvoir marcher. Nous rêvons que les enfants malheureux soient heureux. Nous rêvons que les gens s'aiment les uns les autres. Nous rêvons qu'il n'y ait plus jamais la guerre en suisse et aussi dans dautr pays. Nous rêvons que chacun puissent avoir une maison et qu'il puissent aussi se sentir bien chez lui.

De Nicole et Antonella domiciliées à Fresens.

LA SUISSE COMME JE LA RÊVE

La SUISSE est belle et je ne voudrais pas que le béton la remplace.
Ne tuez pas cette nature, si belle en chaque saison.

N'aimez-vous pas les jolies fleurs printanières ?
N'entendez-vous pas les oiseaux chanter ?
Ne voyez-vous pas les bourgeons éclater ?
Et l'herbe, qui était courte et presque grise tout l'hiver, ne la voyez-vous pas redevenir d'un superbe vert ?

Ne voyez-vous pas ces lacs où se baigner ?
Voyez-vous les grandes vallées s'étendre devant vous, les collines et les montagnes ou aimez-vous plutôt les viaducs de béton armé et les tunnels creusés dans le roc ?

La vigne et ses petits murets ne sont peut-être, pour vous, que des jouets ?

J'aime les pentes d'herbe douce où se rouler en été et où luger quand le froid revient.
Pourquoi ces jolies pentes deviendraient des routes s'entrelaçant et des ponts l'un par dessus l'autre ?
Voyez-vous les feuillus perdant leurs feuilles multicolores ?

Et les sapins et leurs copains se couvrir d'une légère couche blanche pleine de petits cristaux de toutes les formes ?

"La Suisse comme je la rêve" le 16.5.91

1) J'aimerais une Suisse...
2) sans pollution, avec plus de faune
3) et de végétale: plus de forêts, plus de
4) lacs, plus de rivières, plus de plaines.
5) J'aimerais une Suisse...
6) Une Suisse plus simple. On l'on se
7) déplacerait à pieds ou à cheval.
8) Et, en hiver, en traîneau.
9) J'aimerais une Suisse...
10) avec moins de problèmes; sans
11) drogue, sans tabac, sans
12) maladie. Sans suicide.
13) J'aimerais une Suisse...
14) où l'on vivrait plus longtemps,
15) où il n'y aurait plus de divorce,
16) plus d'avortements.
17) J'aimerais une Suisse...
18) sans problèmes d'argent,
19) d'habitations, de méchanceté entre
20) nous: une Suisse sans racisme.

Catherine Bigler/Boveresse

LA SUISSE COMME JE LA RÊVE

La Suisse devrait d'abord faire partie de la CEE. Ensuite, elle devrait trouver des solutions aux problèmes de drogue, de SIDA et de pollution. Je sais que ce n'est pas si simple, mais il faut trouver rapidement une solution valable à tous ces problèmes d'actualité. Après cela, la Suisse devrait s'orienter un peu plus vers les arts. Je trouve – et je ne suis pas le seul – que la Suisse est magnifiquement en retard dans le cinéma ou la B.D., par exemple. La musique moderne est, elle aussi très peu connue. Mais la Suisse devrait aussi s'orienter vers l'extérieur... J'éspère que le 700e aidera à faire tout cela...

FIN

Nicolas Soguel
Charet 36
2014 BÔLE

La Suisse de demain
xxxxxxxxxxxxxxxxx

Moi je vois la Suisse avec des voitures plus modern
Beaucoups plus de pollution, des problèmes considérables pour trouver un travaille.
Il y aura de la nouriture artificielle car il ni aura plus de champs pour les agriculteurs.
Les villes seront entierment Robotiser, les appartements se feront de plus en plus rare et seront de plus en plus cher.
Oùe alors,
l'évolution des hommes serra meilleur, moins de polution, plus de végètation.
Des maison commes maintenant, et aussi les hommes seront moins exigeant, et ne feront plus de guerre.
Mon rêve! que la suisse reste propre et belle, les gents correctent, sympatiques et généreux.

Alors je vous dit
à demain !!
Serge

LA SUISSE COMME JE LA RÊVE

La vie est belle mais pourquoi toujours le stress
lorsque nous avons toute une vie devant nous ?

Moi, j'aimerais pouvoir prendre le temps de rêver, de
regarder, d'écouter.

Les gens courent de leur travail au restaurant, les élèves
rentrent, dînent, font leurs devoirs et ensuite retour à l'
école etc...
Le stress, le stress, pourquoi toujours le stress ?
Ou l'argent est trop intéressant ?

Quel dommage de courir de droite à gauche !
Etes-vous content de courir toujours et ainsi ?

N'êtes-vous donc pas curieux comme les petits enfants,
qui, eux prennent le temps de vivre ?

Même pendant les vacances, c'est la course.

Semaine de Pâques, tout le monde part.
Pentecôte, plus personne.
Ascension, plus un chat.
Vacances d'été, bouchons sur la côte.

Cessez de courir et nous pourrons fêter, dans la plus
grande joie de tous :

LA SUISSE
COMME JE LA RÊVE

Je voudrais que chacun prenne garde à la pollution.

Les arbres secs ne semblent-ils pas nous dire :

– Arrêtez-vous !
Ne savez-vous point que je fais vous vivre ?
Ne nous empoisonnez-pas !

Pensez donc à vos enfants, quand ils seronts grands,
laissez leur de quoi survivre.

J'aimerais que les hommes s'entendent entre eux.

La Suisse comme je la rêve,
Demain, j'aurai vingt ans.

Oui il ferait bon courir en entendant gazouiller les oiseaux entre les vignes du canton de Vaud. Faire des promenades sans fin au Valais en voyant des troupeaux de chamois et de bouquetins en pure liberté. Découvrir avec merveille les petits villages du Jura et du canton de Neuchâtel. Arriver à Zurich, traverser le parc de la Platzspitz en *sachant* que les dirigeants de mon pays ont su trouver des moyens humanitaires, pour aider les jeunes drogués qui chaque jour finissaient par y mourir. Qu'ils ont su pourchasser "sans pitié" les fournisseurs de drogue et ceux qui en tiraient profit. Qu'ils ont su donner à notre jeunesse actuelle une nouvelle envie de vivre, en s'intéressant davantage à nous, en nous apprenant à aimer plus la nature.

Oui je rêve d'une Suisse qui permettrait aux jeunes de poursuivre leurs études en leur offrant des bourses afin qu'ils puissent faire de bons métiers. Qui bannirait le chômage à tout jamais et faire en sorte que les ouvriers puissent vivre correctement dans leur pays. Que les riches et les pauvres soient sur le même pied d'égalité. Que les *pauvres* émigrés a qui on a donné une "lueur d'espoir" ne soient plus expulsés

comme des pestiférés hors de notre pays. Et que leurs enfants qui ont appris notre langue et qui sont devenus nos "camarades" puissent rester dans nos écoles. Que tous les pays de bonne volonté et puissants de ce monde se donnent la main, pour châtier et bannir les tyrans de ce monde et forcer les gouvernements à traiter leurs citoyens en êtres humains afin qu'ils puissent vivre en paisc dans leur pays.
Et reprenant ainsi l'escemple de :
- Walter Fürst, Werner Stauffacher, Arnold von Melchtal qui ont scellé l'alliance éternelle des confédérés, il y a 700 ans, nous pourrons être fiers, Nous, enfants de la Suisse de savoir que le monde aura les yeusc tournés vers nous et nous vers eusc, afin d'ouvrir nos coeurs et nos frontières, afin de former un monde meilleur avec nos proches voisins, avec sagesse et prudence.

Ainsi s'annoncera pour l'histoire de la Confédération helvétique une ère nouvelle.

Marilyne, 12 ans, Le Locle.

La Suisse comme je la rêve

On peut tout améliorer, c'est la raison pour laquelle ma vision de la Suisse de demain propose quelques améliorations. Toutefois, avant de commencer un cahier de "revendications", j'aimerais dire que la Suisse d'aujourd'hui a déjà apporté beaucoup à ma génération et je tiens pour cela à lui dire un grand merci. Même si toutes les propositions d'amélioration n'étaient pas suivies de réalisations, et que la Suisse de demain soit à l'image de celle d'aujourd'hui, on n'aurait peut-être pas encore de réelles raisons de se plaindre.

Ce qui m'inquiète en priorité pour l'avenir, c'est le problème de la pollution de l'environnement et de la gestion des déchets. Le bien-être pour moi c'est davantage la forêt, le lac, un paysage rural varié etc qu'une voiture plus puissante ou une piscine chauffée. Cela signifie moins de trafic privé mais de meilleures transports publics, moins de gaspillage dans les chauffages, les emballages et le luxe, mais une attention et des moyens plus importants pour la protection de la nature.

Le système scolaire est aujourd'hui trop disparate et devrait être uniformisé, de sorte que les enfants puissent passer sans difficultés d'un canton à l'autre, et même d'un pays à l'autre. Dans 20 ans les frontières seront peut-être abolies, et les échanges seront plus importants; il faudrait s'y préparer mieux dans les écoles. La Suisse de demain sera alors plus technique, et il faudra que l'enseignement soit adapté.
Je souhaite cependant qu'on n'oublie pas la sensibilisation à d'autres visions du monde: je pourrais plus facilement me passer de technique que de nature.

Nicolas Beuret

Obwalden

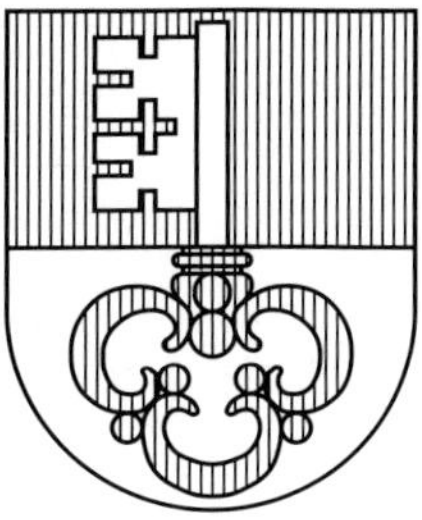

Träume einer Schweiz von morgen

Ich habe das Gefühl, dass man in der Schweiz sehr viel ändern könnte, man muss es nur richtig wollen. Wenn man daran glaubt, dass man besser Leben kann, geht es viel einfacher, auch wenn man schon im voraus meint, dass es nicht gehe.
Die Vorurteile, die wir manchmal über Menschen machen, die wir gar nicht kennen, sollte man nicht so Voreilig machen. Jeder Mensch wird erst sicher, wenn er weiss, dass andern ihn verstehen. Man sollte Menschen, die von einem anderen Ort hierherkommen, das Gefühl geben, dass sie nützlich sind, und dass wir sie brauchen. Vorurteile sind fast immer falsch. Es wäre gut, wenn das alle Menschen einsehen würden, dann gäbe es sicher nicht mehr soviel Streit.
Jeder Mensch ist anders, man muss ihn akzeptieren so wie er ist, und so behandeln, wie man selbst gerne behandelt werden möchte.
Die Schweiz ist nicht ein Land für sich, sondern gehört zu der ganzen Welt!

Cäcilia Zumstein 13 Jahre Alpnach Dorf

DIE SCHWEIZ

Wenn ich das Wort Schweiz höre, fällt mir Macht und Reichtum ein. Wie sie in ihrem Glanz strahlt. Und doch müssen wir uns fragen, ist denn wirklich nur alles schön? Klar, die schönen Berge, Täler, Landschaften, Häuser, ja sogar die Lebensmittel wie Käse, Wasser, Brot, Milch u.s.w sind in der Schweiz etwas Besonderes. Doch die Schweiz hat auch ihren Preis. Vieles ist vielleicht nicht so überaus schön, wie viele Leute denken. Zum Beispiel haben wir auch in der Schweiz ein sehr grosses Drogenproblem. Auch immer mehr Asylanten siedeln sich bei uns an. Ein anderes Problem ist, dass viel zu viel Selbstmord gemacht wird. Aber haben wir das Recht, unser kostbares Leben einfach so hinzugeben? Geht es uns Schweizern vielleicht nicht ein bisschen zu gut? Ist der Wohlstand nicht zu gross? Etwas was mich auch beschäftigt ist die Umwelt, wie sie immer schmutziger wird. Es gäbe noch vieles, aber jeder sollte probieren, ein bisschen sich selbst an der Nase zu nehmen, und nicht nur immer andere zu kritisieren. Ich träume von einer Schweiz, in der es Liebe, Harmonie, Frieden, Freiheit, Glück, eine schöne Natur, Gesundheit und viele solche Dinge gibt. Und ich hoffe, dass unser schönes Land noch lange erhalten und frei bleibt!

Fränzi, 13 Jahre, Giswil

Träume einer Schweiz
— von morgen —

Schweiz? Ein Binnenland?
Mehr und mehr wird die Schweiz ein Baugelände und die natürlichen Landschaften werden verbaut. Wird die Schweiz ein kleines New York werden? Vielleicht schon im Jahr 2010? Dies müssen wir verhindern. Die Schweiz soll „die Schweiz" bleiben. Landschaften müssen wir pflegen und nicht in Wolkenkratzer- oder Hochhäusersiedlungen verwandeln. Auch die noch gesunden Wälder sollte man nicht für irgendwelche Autostrassen roden.
Unsere Zukunft in der Schweiz soll schön sein. Wir wollen grüne Flecken in der Landschaft sehen können und nicht an graue Betonwände starren müssen.
O.K., unbedingt nötige und sehr wichtige Verbindungsstrassen oder Gebäude sollte man schon bauen. Aber wir sollten unseren Bequemlichkeitsgrad nicht überschreiten.

Anita Limacher, 13 Jahre, Alpnach

Träume einer Schweiz von Morgen
schweiz ein Traumland ???

Das Paradies für viele, für manche die Hölle. – Die Schweiz, ein Land für sich. Im Vordergrund ist alles paletti mit den Uhren, dem Schweizer Käse und einem so anständigen Bundeshaus in Bern. Doch wie sieht es hinter den Kulissen aus? Das grosse Drogenproblem am Platzspitz, EG-Beitritt ja oder nein. Probleme über Probleme. Doch eines vom Schlimmsten ist ja, dass es bald mehr Ausländer und Asylanten in der Schweiz gibt als richtige Schweizer. Wie sieht es wohl erst in der Zukunft aus. Noch mehr Probleme, die einem nichts angehen wie viele glauben. Wir müssen etwas tun!!!
Im Theater muss nach jeder Vorstellung aufgeräumt werden, und alle helfen mit. Mit dem kleinsten Helfen können wir etwas dazu beitragen.
Die Traum-Schweiz müsste für mich ganz bunt und fröhlich aussehen. Mit dem vielen Geld, das die Schweiz hat, könnte man mal Freizeitpärke für uns die Zukunft bauen. Damit wir von dem ewigen Fernsehen nicht noch verblöden. Oder braucht es für ganz arme Menschen auf der Welt!
Eine tolle Erfindung wäre natürlich das Hitzefrei, einfach bei Badewetter 1-2 Tage Arbeit- und Schulfrei. Überhaupt und sowiso müsste man mal die ganze Welt auf den Kopf stellen.

Simone, 13,
Sarnen OW

Träume einer Schweiz von Morgen

Von mir aus gesehen ist die Schweiz ein höchst kompliziertes Land, in dem immer zuerst geredet wird und irgendeinmal später wird gehandelt.
Ich hoffe natürlich, dass sich das bald ändern wird, aber so sicher bin ich mir da nicht.
Ich hoffe, dass es in der Schweiz bald keinen Hass gegen jegliche Randgruppen, wie Ausländer, Drogenabhängige, und Behinderte, mehr gibt.
Ich wünsche mir auch, dass bald, möglichst viele Umweltprobleme gelöst werden.

Lukas 13 Sarnen

Träume einer Schweiz von Morgen

Ich finde, dass die Politiker zu viel Geld zur Verfügung haben, und dass sie es falsch anlegen. Das Volk unterschtützt die Politiker jedoch. Sie lassen Strassen bauen, aber für die Umwelt wird nicht viel getan. Gut finde ich, dass die Schweiz ein neutrales Land ist. Geschäftemacher verkaufen aber hinter dem Rücken der Politiker zu viele Waffen.

Für die Natur steht es nicht überall ~~am~~ zum Besten. Es gibt aber noch schöne und ruhige, saubere Plätze.

Die Schweiz wird auch in der Zukunft mit dem Umweltproblem belastet. Ich hoffe auch, dass nicht zu viele Flüchtlinge das Land überschwemmen.

Ich wünsche mir, dass in der Schweiz, auch wenn die Schweiz als sauberes Land gilt, mehr für die Umwelt getan wird.

Sebastian 13 Sarnen

Träume einer Schweiz von morgen

Die Schweiz wird zu viele Flüchtlinge haben, und es wird bald mehr Ausländer als Schweizer in der Schweiz haben. Es wird auch zu wenig Wiesen und zu viele Häuser geben. Auch die Umwelt wird durch Abgase von Fabriken und Fahrzeugen immer mehr verschmutzt.

Überall gibt es Anlagen für Fussball, Tischtennis, Tennis, Golf, Minigolf u.s.w. aber nirgendwo gibt es öffentliche Rampen für Skater.

In der Zukunft wird bestimmt alles voller Hochhäuser ~~und~~ Strassen sein. Es wird auch keine ~~Wiesen~~ Spielplätze und andere Vergnügungsparks mehr geben. Auch die Armee wird es nicht mehr lange geben.

Hans

12

Sarnen

EINE SCHWEIZ VON MORGEN

Die Schweiz ohne Armee

Manche Leute meinen, es sei besser eine Schweiz ohne Armee.
Ein Beispiel ist der Krieg zwischen Irak und Kuwait. Kuwait hat auch keine Armee, darum mussten die Amerikaner und viele mehr ihnen helfen. Etwas ähnliches könnte den Schweizern auch passieren, wenn wir keine Armee hätten, und wir stünden wie die Kuwaiter hilflos und wehrlos da.
Solche Schweizer, die gegen die Armee sind, sollten erleben, was die Kuwaiter mitgemacht haben, dann würden sie, ich hoffe es wenigstens, die Meinung ändern.
Ich finde es gut, dass die meisten Menschen doch noch gegen die Abschaffung der Armee sind.

Belen, 13 Jahre, Giswil

Träume einer Schweiz von morgen

Es gibt viele positive, aber auch negative Seiten der Schweiz. Da wäre Umweltschutz ein ernstes Thema, das alle angeht. Auch ein einzelner Mensch kann dazu beitragen, zur Umwelt Sorge zu tragen; zum Beispiel mit Ausscheidungen von Alu, Glas, Papier, Kompost, Büchsen, Batterien etc. Er kann auch Strom, Wasser, verschiedene Waschmittel für Kleider, Geschirr u.s.w. sparren. Er könnte auch weniger Auto - oder Töfflifahren, stattdessen Velo (Es würde der Gesundheit nicht schaden). Man könnte natürlich Autofreietage einführen aber nicht nur einmal im Jahr! Überhaupt könnte mann so vieles verbessern. Auch die Politiker sollten nicht nur reden und reden, sondern auch einmal etwas davon in, die Tat umsetzen. Denn unsere Kinder möchten auch noch auf dieser Welt so frei und unbeschwert leben (was ja, leider nicht immer stimmt) wie wir es tun. Ich hoffe, dass die kommenden Generationen nicht mit Gassmasken herumlaufen müssen. So weit wird es nicht kommen, wenn jedes zuerst ans andere und dann an sich denkt.

Sonja Reinhart 13 Jahre Kerns

Träume einer Schweiz von morgen

Ich träume von einer Autofreien Schweiz. Es gibt nichts Schöneres, als auf den verschiedensten Strassen zu spielen, velozufahren usw.. Oder denken wir zum Beispiel an die vielen Menschen, die bei einem Autounfall ihr Leben gelassen haben. Oder an die Kätzchen und Igel, die über eine Strasse spazieren wollten. - Wenn man sich das doch mehr überlegen würde, - würde man sicher auf die Idee kommen, dass man ja auch mit dem Zug, Postauto oder Bus fahren könnte. Ist das zu unpraktisch? - Ist es zu unbequem? - Ich weiss es nicht.

Als zweites träume ich von einer asylfreien Schweiz. Ich träume davon, dass es nirgends auf Erden, und vor allem nicht in der Schweiz, einen Menschen gibt, der sich bedroht fühlt, oder der bedroht ist. Es wäre doch schön, wenn jeder in seiner Heimat leben könnte.

Weiter träume ich davon, dass es keine Atomkraftwerke mehr gibt. Dafür haben die Wissenschaftler eine sehr umweltfreundliche Lösung gefunden. Konservenbüchsen und Batterien gibt es keine mehr. Die meisten Verpackungen sind umweltfreundlich, - Recycling. Ich möchte auch, dass alle Menschen zufrieden, froh und glücklich sind.

Sibylle Durrer
12½ Jahre
Kerns

Träume einer Schweiz von morgen

Die Schweiz:
Ein sehr hilfsbereites
Land in Krisensituationen! Wenn es irgend etwas zu Helfen gibt, ist die Schweiz immer bereit. Vorallem in Kriegs- und Hungersituationen. Dabei tauchen die Probleme der Schweiz meist unter. Wenn sich dies in der nächsten Zeit nicht ändert, wird die Schweiz in der Zukunft mit mehreren Inlandproblemen konfrontiert werden.
Ich hoffe, dass sich die Regierung mehr um arme Kantone wie Uri kümmert. Oder dass man eher den jungen Leuten einen finanziellen Zustupf aushändigt als den alten Leuten. Ich hoffe auch auf eine ausländerfreundliche Politik in der nächsten Zeit.

Vorallem erhoffe ich mir, dass die Schweiz in der nächsten Zeit ein wenig unkomplizierter wird.

Martin 13 Sarnen

„Meine Träume einer Schweiz von morgen"

Ich bin seit 1½ Jahren hier. Die Schweiz gefällt mir sehr. Die Berge, der See, die Leute und die Landschaft.
Wenn ich Bundesrätin wäre, würde ich die Drogenszene am Zürichsee mal verbieten. Zuerst frage ich die Drogensüchtigen: „Wer will sich bessern und wer nicht?" Wer sich bessern will, kann probieren, wer nicht, kommt einfach ins Gefängnis! Ich finde, der Platz, den die Drogenabhängigen brauchen, könnte besser genützt werden. Am See könnte man spazieren gehen und für die Touristen, wäre es auch sehr schön. Die Touristen denken fast alle, die Schweiz sei schön.
Zum Essen müssen wir Sorge tragen, jeder Mensch weiss genau, wie gross sein Hunger ist. Viele Nahrungsmittel werden weggeworfen und in Afrika und Asien leiden die Leute an Hunger. Schon die kleinen Kinder müssen lernen, mit dem Essen richtig umzugehen.
Der Verkehr in der Schweiz gefällt mir nicht so. In der kleinen Schweiz hat es ca. 6'000'000 Leute. Und viele davon fahren mit dem Auto. Es ist sehr schade, dass die Leute immer an sich denken, nicht aber an die Landwirtschaft, die Natur und die Tiere. Ich denke, dass die Leute, die verheiratet sind, sollten eigentlich zusammen fahren. Wir müssen an die Zukunft denken. Viele Menschen werden nach uns leben und brauchen eine sauberes Wasser, saubere Luft und gesunde Wälder.
Ich bin sehr froh, dass ich diesen Aufsatz schreiben konnte und meine Wünsche äussern durfte.

วันวิสา เมืองรมย์

Wanvisa Muangrom, 14 J.

6072 Sachseln

« Meine Träume einer Schweiz von morgen »

- Im allgemeinen ist die Schweiz ein schönes Land.
- Ich sehe die Schweiz von morgen folgendermassen:

Vieles ist überbaut mit Häusern und Fabriken. Die moderne Eisenbahn verbindet praktisch jeden Ort im Eiltempo. Die Landschaft ist durch Autobahnruinen verwüstet, denn die Autos wurden durch Solar- und Elektromobile ersetzt. Statt Mofas war ein zweirädriges Elektromofa erfunden worden, Motorräder sind verboten. Die Velos existieren immer noch. Naturpark gibt es noch einen, aber in diesem Park trifft man noch sehr viele Tiere an.

Die Schweiz ist in diesen Jahren der EG beigetreten. In der EG gibt es Vorteile sowohl als auch Nachteile.

Die Armee wurde nicht abgeschafft, sondern nur reduziert und modernisiert d.h. hochmoderne Kampfflugzeuge und Waffen. An Radar-Systemen und ähnlichen Geräten fehlt es nicht.

Es finden Konzerte statt, die ohne Drogen, Schlägerei enden und es gibt praktisch nur noch Sitzplätze. Die Sicherheit ist perfekt

In der 5./6. Klasse wird Englisch gelernt. Warum Englisch? Beim Computer wird mehrheitlich diese Sprache gebraucht. Sie ist auch die wichtigste Weltsprache.

Für Jugendliche stehen Jugendlokale bereit. Schweizerische Jugendtreffs (z.B ein Jahr 6.Kl. einmal 8.Kl.) werden organisiert.

Lorenzo G., 13 Jahre
Sachseln

„Meine Träume einer Schweiz von morgen"

Eigentlich, im Vergleich zu anderen Ländern, gefällt mir die Schweiz, so wie sie heute ist. Aber trotzdem gibt es noch einiges, was es da zu ändern gäbe. Das grösste Problem ist, von mir aus gesehen, die Umweltverschmutzung.

Eine gute Idee wäre, wenn man von nun an, nur noch Kehrichtbehälter mit verschiedenen Fächern verkaufen würde. Fächer für: Altpapier, Aluminium, Kompost, Glas, Plastik usw.

Man müsste viel mehr Velowege machen, damit auch Leute, die bis jetzt mit dem Auto zum Arbeiten gingen, den Drahtesel unter den Hintern nehmen!

In der Schule müsste man das Fach Geschichte abschaffen. Man sollte nicht mehr so alte, vergangene Schlachten und „Heldentaten" durchnehmen, da heutzutage so viel Interessantes aber auch Schreckliches passiert auf der Welt (z.B. im Nahen Osten!)

Jugendlokale zum Zusammensitzen, Räume für Discos fehlen in kleineren Gemeinden wie z.B. in Sachseln (OW). Auch Einrichtungen für Skateboard und Ballspiele wie Fussball, Ping-Pong oder sogar Volleyball.

So, jetzt hoffe ich, dass auch vielleicht einige von meinen Vorstellungen in Erfüllung gehen. Aber das wichtigste ist nämlich: das Zusammenleben und die Nächstenliebe der Menschen!

Andrea Durrer
6072 Sachseln
13 Jahre

Träume einer Schweiz von morgen

Die Kinder in den Städten wohnen nur zwischen Häusermauern und Gassen. In der Zukunft soll man für die Kinder Wiesen und Spielplätze freihalten, dass sie Fussballspielen oder andere Spiele machen können.
Flüsse sollen Natur bleiben und nicht in den Beton fliessen. Sonst sterben viele Tiere in diesem Bach aus, und es kommt dann sehr wenig Wasser.
Es wäre schön, wenn es fast keine Autos mehr gäbe und die Leute sich umstellen würden auf die Eisenbahn und Tram. Sonst ist die Erde in 60 Jahren so verschmutzt, dass man auf ihr nicht mehr leben kann.
Die Seeufer sollen nicht privat sein, sondern für jedermann zugänglich werden.
In der Zukunft soll die Industrie mehr verteilt werden und nicht „fünfzig" Fabriken in ein Dorf bauen.

René Langensand
13 Jahre
Alpnach

Visionen der Schweiz von morgen

Schützt die Umwelt

Gefühle: Ich habe Angst, dass man eines Tages nicht mehr auf unserer Erde leben kann. Dass unsere Kinder keine grünen Wiesen und keine sauberen Seen mehr sehen können. Und dass sie keine saubere Luft mehr zum Atmen haben.
Visionen: Mich würde es freuen, wenn eines Tages alle Menschen die Natur schützen würden. Die Luft wäre wieder ganz sauber, die Seen nicht mehr verschmutzt und es sollte keinen Giftmüll mehr geben.
Wünsche: Ich möchte einmal im Monat einen autofreien Sonntag haben. Die Krankenautos, Feuerwehrautos und die Polizeiautos sind in meinem Wunsch ausgeschlossen, da wir diese ja dringend brauchen. Jeder, der ein Auto braucht, sollte ein solches haben, das die Umwelt nicht belastet.

Ich weiss, dass meine Wünsche nicht so leicht zu erfüllen sind, aber wenn alle mithelfen würden, würde sich ein Versuch lohnen.

Irene, 13 Jahre, Giswil

St. Gallen

Meine Schweiz im Jahre 2010

Ich bin in Wattwil Koch und finde es immer sehr nett, wenn jemand mit dem Velo, zu Fuss oder mit einem Solarauto etwas zu mir essen kommt. In meiner Freizeit fahre ich gerne Velo. Wenn ich Velo fahren gehe, fahre ich immer dem Thurweg entlang, weil dort die Natur noch unberührt ist.
Ich baue zu Hause einen Naturpark. Darum möchte ich kleine Felsteine hinter meine Bäume setzen. Ein Problem ist der Transport dieser Steine. Weil man sie noch nicht mit Solarlastwagen transportieren kann, muss man die Steine mit einem normalen Lastwagen hierher fahren. Ich finde es in diesem Zusammenhang schade, dass man nicht mit 40t Lastwagen in der Schweiz herumfahren darf. Mit 28t Lastwagen muss man für die gleiche Last mehrmals fahren. So ist die Umweltverschmutzung fast doppelt so hoch.
Die Umfahrungstrasse von Wattwil finde ich einerseits gut, da es im Dorf weniger Autos hat. Andererseits ist sie schlecht, weil die Umfahrungstrasse noch mehr Autos anzieht, als es früher schon hatte.
Sehr positiv finde ich, dass die Kehrichtverbrennungsanlage Bazenheid einen Filter und eine Rauchgaswaschanlage eingebaut hat. Das sollte man nun in der ganzen Schweiz einführen. Das finde ich vorbildlich.
Ich bin glücklich, dass ich in der Schweiz lebe, aber ich möchte noch vieles verändern.

Marc Tschudy (12)

Meine Traumschweiz von morgen

Heute ist ein schöner Sommertag. Ich laufe inmitten einer grossen Wiese auf einem kleinen Weg. Ich höre von weitem die Frösche quaken und die Vögel singen. Am Ende des Weges sehe ich einen Bauernhof. Ich bewege mich ganz leicht, als ob ich fliegen könnte.

Doch dann plötzlich ertönt ein fürchterlicher Lärm. Ich höre Motorenlärm und vor mir steigt ein grauer Rauch hoch. Meine Traumschweiz, wo ist sie geblieben? Die Vögel, die Frösche, der Bauernhof, die Wiese. alles ist weg!

Aha, ich stehe vor einem Auto, das gerade wegfährt. Ich wäre lieber in meiner Traumwelt geblieben. Die Welt hier ist verwüstet. Viel zu viele Häuser, Luftverschmutzung, Autos, Stress, Brutalität, Umweltkatastrophen, Hass und Ungerechtigkeit sind Taten der heutigen Schweiz. Ist das die Schweiz von heute?

Adrian Strazza (12)

Bauten: Ferienhäuser, Hotels..

Das nicht plötzlich ein ernährbares Getreidefeld abgebrannt wird und eine gefährliche, also für die Natur, oder sogar für die Menschen eine Fabrik daraus wird!

CH-Ausländer, Jung Alt, gesund behindert

Ich finde, dass die Ausländer mit uns Schweizern Kontakt haben. In der Schule sind manchmal bis zu 3/4 Schüler Ausländer. Aber auch die jungen Leute mit den älteren zusammen sind. Dass auch mal ein Junge oder ein Mädchen einer alten Frau/Herr über die Strasse begleiten.

kein Krieg

In der Welt gibt es viel zu viel Krieg. (z.B. in Irak-Iran) Sadam Hussein wollte einfach ein Stück Land besitzen, das aber anderen gehörte. Franzosen, England, Amerikaner, und noch andere kämpften miteinander gegen Sadam Hussein. Aber er hatte auch Leute. Sie töteten sich gegenseitig. Und das wunsche ich mir, dass nicht einer einfach die Schweiz besitzen will, und dann ein Krieg anfängt, und die Schweiz mitten drin sitzt. Aber auch ein Weltkrieg ist sehr schlimm!

Marie-Christine 12
Rorschach

CH Wünsche:

Öffentlicher Verkehr

7⁴⁵ Uhr, ein Mann steigt in sein Auto und fährt zu seinem Arbeitsplatz. Tausende Männer und Frauen steigen jetzt in ihre Autos. Aber warum steigen sie nicht in den Bus oder in den Zug? Entweder sind sie zu faul um zur Haltestelle zugehen oder das Verkehrsnetz ist zu schlecht. Aber sind das nicht Ausreden? Wie heisst es doch so schön: „Wenn man will geht alles!"

Natur erhalten

Wenn man in den Wald geht, sieht man, dass viel Abfall herumliegt. Wenn aber jeder seinen Abfall wieder mitnehmen würde, wäre der Wald sauber.

Abfallverwertung

Es gibt so viele Möglichkeiten, Abfall zu verwerten. Aber wenige tun es. Zum Beispiel Altpapier sammeln, Glas recyclen oder Batterien zurückgeben. Wenn das jeder tut, dann beginnt sich die Welt zu verbessern.

Cornelia, 12,
Rorschacherberg

Ch - Wünsche

Ich wünsche, dass die Natur so erhalten bleibt. Nicht dassdort, wo jetzt eine Bergwiese ist, später ein Hochhaus steht. Auch auf seltene Pflanzen z.B. Edelweiss sollten wir besser aufpassen. Verschmutzte Gewässer gibt es schon viele. Wir sollten besser damit umgehen und nicht alle Abfälle ins Wasser schmeissen. Die Naturschutzgebiete sind gut besser, es gäbe noch mehr davon. Viele Tiere sind vom Aussterben bedroht, doch nicht für alle gibt es Naturschutzgebiete! Schade!

Ivonne, 13, Rorschach

Drogen

Was mich am meisten beschäftigt, sind Drogen. Wenn ich nur von Drogen höre, dann denke ich, warum es so grausame Menschen geben kann, die Drogen verkaufen. Sie denken nur ans Geld, nicht an die Toten. Die andern geraten wegen ihnen in Schwierigkeiten. Viele sterben. Warum verhaftet man sie denn nicht, sie machen soviel kaputt. Ich weiss ja nie, und davor habe ich Angst, ob ich auch einmal in Drogen reingezogen werde. Das wäre für mich das Schlimmste, wenn ich auch so elend zugrunde gehen müsste. Wir sollten den Drogenabhängigen helfen. Wir sollten ihnen Mut machen und sie wieder auf die Beine bringen. Warum probieren wir das nicht einmal? Wir wollen doch Menschen retten, nicht sterben lassen. Wir müssen nur den Willen haben.

Flavia, 13, Sargans

Die Landschaften von der Schweiz

Die Landschaften finde ich schön. Das Klima ist anders, die Häuser sind anders und es hat auch keinen Lärm. Die Kinder springen herum. Die Hirten passen auf die Schafe auf. Im Winter shlitteln die Kinder und bauen Schneemänner. Man macht Käse und isst ihn dann, oder verkauft ihn. In Zukunft wird man das tun: die Kinder werden spielen, die Hirten werden auf die Schafe aufpassen und vieles mehr. Man ist einfach frei. Ich wünsche, dass es so bleibt.

Hajrudin, 13, Sargans

Jugendträume

Ich wünsche mir keine Drogenhändler, keine Fixer. Die Schweiz soll nichts mit Drogen zu tun haben. Ich wünsche mir, anstatt Französisch sollte man Englisch in der Schule lernen. Die Räuber sollte man abschaffen, einfach in das Gefängnis stecken, nie wieder frei lassen. Ich wünsche mir schöneres Wetter in der ganzen Schweiz. Es wäre schön, wenn die ganze Schweiz ein Paradis wäre, ein Palmenland mit einem Meer. Es wäre schön, wenn es niemals einen Krieg gäbe und keinen Streit.

Ich wünsche mir, dass ich ein Schauspieler oder ein Fussballspieler werde. Ich möchte niemals sterben, das wäre schön.

Marco, 12, Sargans

ZUKUNFTSWÜNSCHE FÜR DIE SCHWEIZ

Schade finde ich an der Schweiz, dass schon der grösste Teil der Schweiz verbaut ist mit Strassen und Fabriken. Man könnte meiner Meinung auch mehr mit dem Zug oder Bus fahren. So würde man auch weniger Autos brauchen, und man müsste nicht mehr so viele Strassen bauen. Solarautos wären eine umweltfreundliche Lösung. Mein Vorschlag wäre es, doppelstöckige Strassen zu bauen, so dass eine Strasse unten und eine oben durchführt.
Mir gefällt auch nicht, dass schöne alte Häuser abgerissen werden und dafür ein Betonklotz hingestellt wird. Die alten Häuser könnte man, wenn es geht, restaurieren.
Schön finde ich an der Schweiz, wenn man aus den Ferien kommt, dass es bei uns nicht so nach Abgasen stinkt.
Es ist auch schön zu sehen, dass wir etwas für die Umwelt machen. Es würde mich freuen, wenn auf der ganzen Welt so viel für die Umwelt getan würde. Manchmal ist mir aber die Schweiz doch zu sauber, zu heikel und zu langweilig.

Corinne (Benz), 12, Wattwil

Wie die Schweiz von morgen aussehen könnte

Ich fände es super, wenn die Schweiz wie früher wäre. Ausser der Feuerwehr, dem Arzt, den Kranken- und Polizeiautos wären alle Personenwagen Pferdekutschen. Natürlich fänden sehr viele Leute die Autos mit dem Motor praktischer als Pferdekutschen. Aber Pferdekutschen würden **den** Motorengestank verhindern.
Die Zukunft wäre auch besser, wenn mehr Solarautos um die Schweiz kurven würden. Meiner Meinung nach könnte man auch den Führerschein schon mit 16 Jahren machen. Danach könnte man in den Kaufhäusern mittelgrosse und kleine Solarautos anschaffen, die verschiedene Gepäckträger hätten. Die mittelgrossen wären für die Erwachsenen und die kleinen für die Jugendlichen.
Ich finde im allgemeinen, dass alle Konsumgüter billiger werden sollten. Auch schnelle, automatische Kassen sollte es geben, bei denen man die Ware nur drauflegen könnte und die billige Rechnung käme aus einem Schlitz heraus. So müsste man nicht lange anstehen.

Aber die 700 Jahrfeier wäre wirklich nicht nötig gewesen. Man hätte das viele Geld den Armen schicken können. Aber den Politikern kann ich ja nichts sagen.

Susanne (Jenny), 12, Wattwil

Schweiz !

Sie ist vielen Flüchtlingen ein Ziel. Sie hoffen, dass die Schweiz sie aufnehmen kann, sie schützen. Doch viele werden enttäuscht ausgewiesen. „Kein Platz!" heisst es. Aber wer will schon einen Ausländer bei sich zu Hause? Die wenigsten! In ihrem Land werden sie verfolgt, und wir schauen zu, wie sie verhungern oder von der Flucht erschöpft zusammenbrechen. Ich hoffe, dass die Schweiz und alle anderen Länder und Staaten sich vereinen, dass sich die Grenzen öffnen und dass man keinen Krieg mehr führt.

Cornelia, 13, Sargans

Was ist morgen?

Ist morgen vielleicht Krieg?
Oder Friede?
Ist morgen vielleicht keine Natur
mehr?
Oder ist sie noch da?
Gibt's morgen eine Umweltkatastrophe?
Oder gibt's keine?
Ist morgen sogar die Schweiz nicht mehr
da?
Hoffentlich nicht!

Eine Vision

Es wäre schön, wenn die Schweiz umweltgerechter sein könnte.
So, dass die Natur nicht elend zugrunde gehen müsste.
Und das nur, weil viel zu viel Abgas, Rauch von Fabriken, überhaupt alles in die Luft rausgelassen wird!
Aber denkt immer daran, wenn die Schweiz so weiter macht, dann wird sie nicht mehr lange existieren können!
Und wenn die Schweiz nicht mehr existieren würde, wäre auch ein wunderschönes Land nicht mehr da.

Sidonia, 13, Sargans

Natur erhalten

Weniger Abfälle mehr Naturprodukte.
Hoffendlich gibt es mehr Solarmobile.
Der Umwelt würde es besser gehen. FCKW freie Spraidosen!
Viele Wiesen und Weiden werden verbaut. Kann man das verhindern?
Ja, man muss in Gruppen zum Bauamt gehen.

Verschiedene Menschen

Verschiedene Menschen müssen miteinander auskommen, wie die Schweiz und Ausländer, die Jungen und Alten, oder die Kranken und Gesunden.

Tonja, 11 Rorschacherberg

Die Schweiz

Mir gefällt die Schweiz sehr gut, nur die Drogen in der Schweiz gefallen mir nicht. Da sollte man etwas dagegen tun. Man könnte ein Heim für Drogenabhängige kostenlos zu Verfügung stellen und in grösseren Ortschaften eine Informationsstelle herrichten. Das wäre mein Wunsch an die Schweiz von morgen.

Tamara, 13, Sargans

Natur erhalten

Der Natur mehr Ordnung halten, das wäre sehr schön und wir könnten auch besser leben.

Gerechtigkeit

Gerechtigkeit heisst für mich das alle Essen haben oder überall kein Krieg. Dann wäre es für alle schön zu leben.

Abfallverwertung

Abfallverwertung. Selber auch helfen bei der Abfallverwertung. Aluminium nicht fortwerfen sondern aufbewahren und fortbringen u. s. w.

Tamara, 11
Rorschacherberg

Berge

Ich bin stolz, dass wir Schweizer so schöne Berge haben. Ich finde es gut, dass ich in den Bergen wohne. Meine Eltern und ich sammeln und essen sehr gerne Pilze. Ich finde es sehr gut, man sieht die Natur und Wälder, Landschaften und findet neue Plätze zum Suchen.

Ein freies Land?

Die Schweiz ist ein freies Land, heisst es. Aber wie es innen aussieht, weiss kein Mensch. Die Schweizer müssen freundlicher werden. Die Schweiz ist ein kleines, reiches Land. Mein Traum wäre es, es gäbe keinen Krieg, keine Waffen, Drogenszenen, Diebstähle, keinen Hass, keinen Neid. Das wäre mein Wunsch.

Was ist morgen?

Ich möchte, dass man nach der 700-Jahrfeier, besser und geschei er denkt und handelt als vorher. Ich möchte, dass die Schweizer sich ruhig und lieb verhalten. Ich möchte auch nicht, dass nachher Streitereien beginnen.

Jeanine, 15, Sargans.

Die Schweiz

Die Schweiz gefällt mir, wenn man viel unternehmen kann. Aber dafür braucht es viele Dinge. Zum Beispiel: Keine Kata_strophen, sauberes Wasser, gutes Klima, keine Umweltverschmutzung und Sonne. Die Schweiz gefällt mir, wenn Kinder viele Möglichkeiten haben zum Spielen oder auch viele Möglichkeiten zum Wandern. Aber um die Natur zu entdecken, braucht es auch dort viele Dinge: Schöne Tage, schöne Wälder, mehr Freiheit, saubere Luft, Sorgfalt zu den Pflanzen und auch zu den Tieren. Wenn es so wäre würde die Schweiz mit ihren vielen Möglichkeiten viel schöner aussehen und würde mir besser gefallen.

Karin, 13, Sargans

Drogen

Als ich in der Sommerferien mit meinen Eltern nach Zürich ging, um Kleider einzukaufen, dachte ich schon im Zug an den Platzspitz und an den Bahnhof. Als ich aus dem Zug ausstieg, hatte ich ein komisches Gefühl im Bauch. Wir gingen durch die Bahnhofunterführung. Dann und wann bekam ich wie einen Stich in den Magen. Ich sah arme, traurige und fertige Leute. Es gab solche, die waren so fertig, dass sie am Boden lagen und weinten. Ich dachte: „Warum ist es so? Warum muss es so sein?" Ich schaute an eine Wand. An der Wand lag eine Spritze. Ich hatte Angst. Ich sagte zu meiner Mutter: „Mami, schau mal dort." Meine Mutter sagte nur: „Ja, auch das gibt es auf der Welt." Ich ging mit meiner Mutter einkaufen. Mein Vater ging alleine. Beim Mittagessen sagte mein Vater: „Als ich in den Buchladen wollte, kam ein Mann auf mich zu, ob ich fünf Franken für ihn hätte." Ich dachte: „Warum gibt es solche Leute? Warum helfen wir ihnen nicht? Warum, warum, warum?"

Bernadette, 13., Sargans

Wer ist zufrieden?

Das sind meine Gedanken an eine Schweiz von heute und morgen. Was ich heute an der Schweiz nicht gut finde, ist, dass es zum Beispiel zu viele Autos, Motorräder und viel zu wenig Velos und Solarautos gibt. Auch nicht gut gefällt mir, dass zu viel verbaut wird. Was ich hingegen toll finde, ist, dass es Fahrwege nur für Velos gibt. Leider gibt es nicht so viele davon, aber wenigstens ist das ein Anfang.
Was ich mir von der Schweiz in der Zukunft wünsche, ist, dass die Menschen endlich zufrieden wären mit dem, was sie haben. Eigentlich sollte man in der reichen Schweiz zufrieden sein. Ich kann es aber ehrlich gesagt auch nicht sein. Bis ich zufrieden wäre, müsste man noch viel verändern. Seht ihr, also auch ich kann noch nicht zufrieden sein. Aber ich setze mich ein, damit ich später einmal zufrieden mit mir und unserer Umwelt sein kann.

Hannes (Forrer), 13, Wallwil

Drogen abschaffen!

Wieso wollt ihr keinen Platzspitz mehr? Irgendwo spüre ich eure Abscheu, eure Angst und ich spüre auch euren Tadel gegenüber den Drogensüchtigen. Aber wenn man ihnen den Platzspitz wegnimmt, dann werden sie tiefer in ihre Tiefe gezogen. Denn wo wollen sie auch hingehen? Nein, so kann man Drogen nicht abschaffen. Das muss man anders machen. Man muss dort anfangen, wo man süchtig wird. Sie nehmen sie aus vielen oder einem einzigen schlimmen Grund. Es ist ein grausames Elend. Man sollte vielleicht Arbeitsplätze schaffen oder Werkstätten. Ein paar freiwillige Seelsorger oder andere freiwillige Menschen, die helfen, das wäre super. Die Hoffnung ist klein. Man sollte den Drogensüchtigen unbedingt zuhören. Dann gelingt es vielleicht.

Eva, 13, Sargans

Meine Empfindungen für die Schweiz

Die Schweiz gefällt mir eigentlich recht gut und ich möchte an keinem anderen Ort zu Hause sein. Doch haben auch wir viele Probleme. Am meisten beschäftigt mich das Umweltproblem. Doch wer sagt der schweizer. Umweltminister rede nur und täte nichts, finde ich, liegt falsch. Denn er muss schon genaue Vorstellungen haben, welches Gesetz man durchführen will oder was man bauen und planen darf. Ich könnte mir vorstellen, dass man die öffentlichen Verkehrsmittel besser ausbauen und verbilligen könnte, damit das Volk sie mehr benützt. Mein heimlicher Wunsch wäre es, die Energie des Blitzes speichern und danach gebrauchen zu können. Dann hätten wir wenigstens genug Strom.

Ich finde es komisch, dass viele Schweizer/innen sagen, die Geschichten von Ausserirdischen und Ufos seien Aberglaube. Die Erde ist ein winziger Planet im Weltall. Warum sollte sie der einzige der Millionen Planeten sein, der durch Lebewesen bewohnt ist?

Wenn ich aus einem fremden Land aus den Ferien zurückkomme, fällt mir immer wieder auf, wie ordentlich, sauber und gut wir Schweizer/innen es haben. Aber warum wollen viele Schweizer/innen <u>noch</u> mehr?

Christof (Huber), 11, Wattwil

Schaffhausen

Eine Schweiz von morgen

Mir tun die Leute leid welche in den Städten wohnen. Sie müssen immer die Abgase der vielen Autos einatmen und haben fast kein Grün in ihrer Umgebung. Darum finde ich, dass man das Auto-, Lastwagen- und Töffahren in den Städten verbieten sollte. Dann müssten ausserhalb der Städte grosse Parkplätze für den motorisierten Verkehr gebaut werden. Aber Trolleybusse, Zug, Tram und Fahräder dürften nicht fehlen, sonst kommt man nicht in die Städte hinein. Es sollte gute Verbindungen zwichen den Parkpläzen und den Städten geben.

Die Leute können sich in der Stadt kaum austoben, darum sollte, man Freizeitspärke erichten und Baseball-, Rubgy- und Fusball mannschaften gründen und Sportplätze zur Verfügung stellen. ~~Land~~ So müssten die Leute in der Stadt und auf dem Land in ihrer Freizeit nicht immer vor ihrem Fernseher sitzen.

Jonas Meier 13, Rüdlingen

Die Schweiz von Morgen

Ich wünsche mir, dass es mehr Velo-
wege gibt!
Dass wir Menschen der Natur mehr Sorge
tragen, und mit Sonnenenergie lernen
umzugehen, und den Wald schonen.
Ich wünsche mir, dass wir beim Einkaufen
mehr Nachfüllpackungen bevorzugen und
weniger Müll produzieren.
Dass in der ganzen Schweiz der Übertritt in
die Sek. gleich ist.
Auch wünsche ich mir, dass wir toleranter mit
den Ausländern umgehen, und mehr Verständnis für
sie aufbringen.

Raphael Schacher, 13, Neunkirch

Für die Schweiz von Morgen

Ich finde, dass Atomkraftwerke katastrophen-
auslöser sind. Wenn jetzt z. B. eine
Katastrophe passieren würde wie
Tschernobil, wäre die ganze Schweiz
verstrahlt.

Ich wünsche mir: dass die Atomkraft-
werke durch Sonnenenergie ersetzen
würden. Dass es weniger Strassen und
Autos gibt. Dass keine Tiere in der
Schweiz aussterben.

Ich stelle mir vor, dass es mehr
Umweltschützer gibt. So dass jeder in
einem Verein für Umweltschutz wäre.
Dass wir der Schweiz mehr Sorge
tragen d. h. weniger Abfall produzieren,
keinen Abfall in Bäche, Seen, auf
Wiesen und in den Wald werfen.
Ich möchte, dass es weniger Streit,
Neid, Eifersucht und Geiz in der
Schweiz gibt.
Ich als Mädchen wünsche mir, dass
Männer und Frauen gleichberechtigt
sind.

Fabia Fenner, 12, Osterfingen SH

Jugendliche Träume einer Schweiz von morgen

Ich finde gut, das die Schweizer den Wald und das Wild schützen, dass die Schweizer den Armen und den Flüchtlingen helfen. In den nächsten Jahrzehnten sollten wir das Autofahren reduzieren, auch sollten wir den Abfall vermindern. Wir Schweizer sollten nicht so viel reklamieren, weil es ja uns gut geht gegenüber dem Ausland. Ich stelle mir vor, dass in 700 Jahren auf den Schweizer Autobahnen wieder Getreide wachsen könnte. Dass die Luft wieder sauber wäre. Dass die Menschheit wieder besser miteinander auskämen ohne Krieg und Streit. Dann wäre die Schweiz wieder besser dran.

Christian Brühlmann, 13
Müliweg 97
8214 Gächlingen

"Jugendliche Träume einer Schweiz von morgen"

Zur Schweiz gehören für mich:

vier Sprachen, von denen ich nur eine verstehe
- eine Geschichte die nicht immer ganz supenrein war
- Demokratie, die manchmal nicht so funktioniert wie sie sollte
- viele Traditonen wie: Fahnenschwingen, Hornussen, Volkstänze, Trachten, Älplerfeste und Alpabzüge
- viele Meinungen, Eigenwilligkeit und Dickköpfigkeit
- eine wunderschöne Landschaft, Berge, Seen und Ebenen.

Was ich mir für die Schweiz von morgen nicht wünsche:

- eine kaputte Umwelt
- die Anpassung an alle und alles
- Krieg, Hunger und Umweltkatastrophen
- noch mehr Leute aus fremden Ländern denen man nicht helfen kann.

Was ich der Schweiz von morgen wünsche:

- ein Land das auf sich stolz sein kann
- das alle Bauernhöfe in der Schweiz erhalten bleiben
- keine Not an Wasser und Nahrung
- das wir mit allen Landern in Frieden leben können
- DAS ICH IMMER STOLZ AUF MEINE HEIMAT SEIN KANN!

Cornelia, 11
Guntmadingen

"Jugendliche Träume einer Schweiz von morgen"

Ich hoffe, dass die frische Luft für die nächsten Hundert Jahre nicht nur ein Traum ist. Gemeinsam Sorge tragen zur Natur, auch sparsam umgehen mit der Energie beginnt bei jedem Einzelnen.

Ich bin ein Bauernkind und hoffe, dass wir nicht nur als Umwelt-verschmutzer betrachtet werden. Ich wünsche mir, dass auch in einer Schweiz von morgen die gesunde Bauernfamilie noch Platz hat. Wir sorgen für Pflanzen, Tier und Mensch und wollen unseren Lohn dafür.

Mein allergrösster Wunsch ist aber: Nie Krieg.

Monika, 11, Wilchingen

Was ich heute für die Schweiz empfinde.

Es gefällt mir dass:
- es die schweiz gibt
- wir keinen Krieg haben
- wir keine Hungersnot haben
- wir auf die Umwelt achten
- überall alles sauber und
ordentlich ist
- und die schöne Landschaft

Es gefällt mir nicht:
- dass man mit Plastic usw
die Umwelt belasdet und
grosse Abfälle hat
- ich habe Angst vor den
Atom, es könnte mal etwas
passieren

Ich wünsche mir eine schweiz:
- die Landschaftlich schön ist
- mit Frieden
- mit ganz vielen kleinen Dörfern
- mit weniger Verkher
- und dass die schweiz ein schönes
Freiland bleibt.

Andrea, 13, Opfertshofen

„Jugendliche Träume einer Schweiz von morgen"

Eigentlich bin ich mit der Schweiz zufrieden und lebe gerne hier. Aber dass der Wald von dem Sterben bedroht ist, macht mir Kummer. Ich gehe gerne ins Gebirge zum Wandern und in die grüne, schöne Natur. Ich mag nicht, dass die Bäume, das Zuhause der Eichhörnchen, Vögel und anderen Tiere, ausgerissen werden, um dort Häuser zu bauen. Jede Stadt, jedes Dorf könnte am Platz eines Waldes stehen. Ich finde es auch gut, dass Bartgeier, Luchse und hoffentlich auch die Bären wieder in ihrer ursprünglichen Heimat angesiedelt werden können. Ob die Abgase von den Autos, Flugzeugen und Fabriken zu einer Katastrophe führen werden? Aber es scheint, dass seit der Montainbikeerfindung viel mehr Leute Velo fahren. Die Solarautos müssten noch vermehrt eingesetzt werden. Solarzellen und Kollektoren sieht man auch schon häufiger. Die Hochhäuser sind das Zuhause vieler Menschen, die Bäume das der Tiere. Wir zerstören ihr Zuhause, um unseres zu erbauen. Was wäre wenn die Tiere dasselbe tun würden?

Beat Aeschlimann, 12
Dorfstr. 10
8239 Dörflingen

JUGENDLICHE TRÄUME EINER SCHWEIZ VON MORGEN

Die Schweiz von heute ist im Moment noch ein sehr schönes Land, und ich hoffe, dass ich das auch noch sagen kann, wenn ich alt bin. Auch die Generationen nach mir sollten sich noch an dieser bezaubernden Schönheit erfreuen können, und das kann nur geschehen, solange wir zu unserer Umwelt Sorge tragen.

Mein Wunsch an die Schweiz von morgen ist, dass die Bevölkerung lernt, dass es noch andere und schönere Dinge im Leben gibt als nur Profit und Geld. Auch sollten wir unserer Freiheit Sorge tragen, die unsere Vorfahren so hart erkämpfen mussten.

Wenn die Leute nicht endlich vernünftiger werden, ist meine Schweiz von morgen mit einer stinkenden Blechlawine von Norden nach Süden, und von Osten nach Westen durchzogen. Das Land sieht öde und leer aus weil der Wald nicht mehr exeistiert. Ich hoffe sehr, dass diese Vorstellung nur eine Vision bleibt.

Corinne, 12, Lohn SH

Unsere Heimat ist in Ordnung.
Wir haben alle von allem genug.
Ich fühle mich daher wie im Schlaraffenland.
Ich hoffe das ich auch weiterhin in Frieden leben kann. Das sich unsere Mitmenschen nicht selbst bekriegen.
Ich wohne auf dem Lande und fühle mich wohl.
Meine Vorstellung zur Schweiz von Morgen sind, dass es auch so bleibt.

Markus, 10, Altdorf SH

„Jugendliche Träume einer Schweiz von morgen"

Meine Eltern und ich fühlen uns sehr gut in der Schweiz, denn es ist schön in der Schweiz zu leben. Es ist zum Glück noch nicht so wie andere Länder verbaut und verbarikatiert wie zum Beispiel Amerika. Wie es morgen sein wird, hoffe ich das die Schweiz so bleibt wie sie ist. Von den Empfindungen der Schweiz gegenüber finde ich das die Schweiz einfach zu Reich ist und ich immer Angst haben muss das sie auf einmal von irgenden Menschen erobert oder vernichtet wird.
Aber wie es morgen aussehen wird weiss ich auch nicht ganz recht aber ich hoffe das sie eben einfach ein bischen ärmer werden muss und man auch nicht so Angst haben muss der Schweiz gegenüber.
Ich hätte viele Wünsche: zum Beispiel das die Schweiz so bleibt wie ist, nicht immer noch mehr Tourismussplätze errichtet werden, dass wird wahrscheinlich nicht in Erfüllung gehen aber ich wünsche mirs eben, das wir der EG nicht beitreten müssen den von mir aus würde dies die Schweiz leicht ruiniern. Anregungen habe ich besonders von den schönen Städten, Bergen, Tälern, Seen und den Schweizerischen Landschaften aber auch den schönen alten Riegelbauten, Bauernhöfen u.s.w.
Für mich sind die Visionen ganz leicht zu beantworten. Die Schweiz müsste zehn Jährchen jünger sein also müsste es jetzt 1981 sein. Warum das ich auf 1981 gekomen bin beantworte ich so. 1981 gab es weniger Technik, die Umweltverschmutzung war noch gering, die Schüler warennoch nicht mit so vielen Fächern beschäftigt und vieles mehr. Was ich für vorstellungen von der Schweiz habe ist eigentlich leicht. Sie ist[redacted] ein[redacted] schöner Staat [redacted] und wird es hoffentlich immer bleiben, sie wird immer noch schöne Städte haben. So meine Vorstellungen gegenüber der Schweiz.

Roger, 13, Bargen

WÜNSCHE AN DIE SCHWEIZ VON MORGEN

Mein grösster Wunsch von morgen ist,
dass man es auch nicht vergisst,
nur eine Kleinigkeit von Morgen,
darüber mache ich mir schon lange
Sorgen!
Dass die Schweiz nicht "untergeht"
das wohl jeder versteht.
Darum: Lieber <u>nicht</u> zuviel Atomkraft-
werke machen,
damit alle Menschen wieder können
lachen!!

Manuela, 12, Stetten

Gefühle:

heute: Ich finde in der Schweiz gibt es viel zu viel Autos. Wenn wir vom Land einmal in die Stadt zum Zahn- oder zum Augenarzt müssen, finden wir nie einen Parkplatz. Die Luft in der Stadt ist von den Abgasen sehr schecht.

morgen: Wenn ich die vielen Reklamen in der Zeitung und im Fernsehen sehe, dann weiss ich jetzt schon, dass es morgen noch viel mehr Autos geben wird.

Wünsche: Für die Zukunft möchte ich, dass wir alle etwas zur besseren Luft beitragen. Die vielen Erkältungen und die kranken Kleinkinder machen mich traurig, aber ich möchte lieber fröhlich sein.

Vorstellungen: Weniger Betonbauten, mehr Holzhäuser, mehr Tiere auf saftigen Wiesen, weniger Leistungszwang in der Schule, dafür mehr singen, lachen und einfach lustig sein.

Priska, 13, Beggingen

Ich bin stolz dass ich ein Schweizer
bin. Die Schweiz bietet mir Geborgenheit.
Ich kann in der Schweiz eine gute
Schulausbildung geniessen. Was in anderen
Ländern nicht so selbstverständlich
ist.
Meine Wünsche an die Schweiz von
morgen: Weniger Gesetze und Vorschriften.
Mehr Solidarität gegenüber den Ausländern.
Mehr Anpasung an das Gesamte-Europa
Weniger ~~vorschr~~ vorgeschriebene
Perfektion.
Der Rüglischwur von 1291 soll am 1 August
1991 in jeder Gemeinde der Schweiz neu
verkündigt werden. „Ein einziges Volk
von Brüdern.

Mehr miteinander als gegeneinander!

Michael Kübler, 13, Siblingen

10.5.91

Meine Meinung über die Schweiz

Ich finde es gut, dass die Schweiz aus verschiedener Kantonen besteht. Und gut ist auch, dass die Schweiz ein eigenes Land ist!

Ich glaube auch, dass es nirgendwo auf der gan zen Erde ein so kleines Land gibt, in dem vier verschied ene Sprachen gesprochen werden! Und trotzdem kommt man in der Regel ganz gut miteinander aus....

Aber ich fände es nicht gut, wenn die Schweiz ein Schla- raffenland wäre! Dann würden alle Leute nur noch faul herumliegen und ständig essen und trinken. Und am Schluss würden sie aus lauter Faulheit nicht mal mehr aufstehen können! Es ist ja sowieso jeder vierte Schweizer schon zu dick! Leider! Arbeiten soll man schon noch, aber nicht mehr so viel!

Und die Leute in der Schweiz, die sollten ein bisschen fröhlicher sein, denn uns geht es ja schliesslich gut! Man sieht leider fast niemanden, der ein fröhliches Gesicht macht!

Ich hoffe sehr, dass es die Schweiz auch dann noch gibt, wenn ich schon lange gestorben bin...

Regula Müller, 12
Grubenstrasse 119 A
8200 Schaffhausen

Solothurn

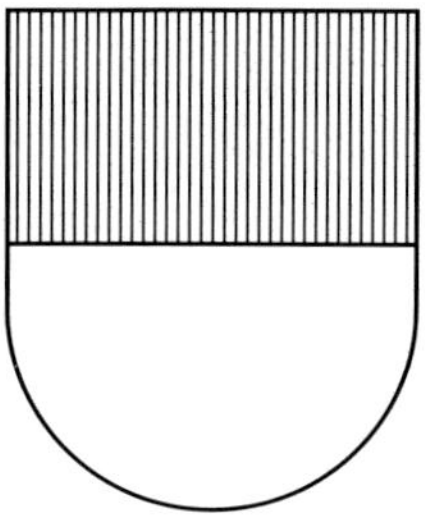

"JUGENDLICHE TRÄUME EINER SCHWEIZ VON MORGEN"

Ich fühle mich in der Schweiz nicht so wohl. Warum, zum Beispiel wenn man mit dem Auto in eine Stadt fährt, dann stinkt es fürchterlich nach Abgasen. Es wäre gut wenn man die Autos oder die Care weniger benötigen könnte. Ich finde es nicht so gut, dass in den Städten und Dörfern immer gebaut und nochmals gebaut wird. Es geht sicher nicht mehr lange und man sieht keine einzige Grünstelle mehr. Ich finde es eine Schande, dass man so viele Ausländer in die Schweiz lässt. Bald sieht man in der Schweiz nur noch Ausländer. Wenn man zum Beispiel in die Stadt Basel geht, wimmelt es nur so von Ausländern. Man muss schauen dass man wenigstens noch Einheimische sieht. Kann man dagegen nichts unternehmen? Wir Schweizer müssen halt nicht immer gerade nachgeben. Für Drogenabhänige könnte man auch eine Unterkunft bieten.
Ich stelle mir vor, dass es mehr Kinos, Pubs, Discos geben könnte. Das wäre Super. Mehr Jugendliche Anlagen. Mehr Konzerte oder Stattreffs organisieren wie in Holywood. Wieso gibt es nicht so ausgefallene Städte wie Holywood? Es könnte mehr Grünanlagen geben.

Eliane, 14, Neuendorf

Jugendliche Träume einer Schweiz von morgen

Ich finde, dass die Schweiz ein schönes Land ist, aber es gibt auch Dinge, die die ganze Welt, aber auch die Schweiz betrifft. Die Autos mit ihren Abgasen, die alles verpessten. Wir Menschen ziviliesieren alles, und zerstören das Leben vieler Tiere, weil wir z.b die Bäche begradigen.
Ich hoffe, dass die Schweiz aber auch die ganze Welt etwas findet, das Benzin ersetzt. Und dass in der Schweiz nicht alles nach unserem Willen geschieht Naturschutzgebiete, nicht nur ein Biotop. Sondern wie in anderen Ländern. Ich möchte, dass es in unsrem Land wenigstens in einen Naturschutzgebiet Bären und Fuchse gibt, die von uns ausgerotet wurden.
Wenn es mir in der Schweiz gefallen sollte, mussten die Autos mit einem anderen Treibstoff fahren, und die Natur sollte geheilt sein. Aber das es auch keine Drogensüchtige mehr gibt und dass Aids heilbar ist. Dass es keine Unfälle gibt, die der Natur schadet, keine einbrüche. Die Tiere, die wir ausgerottet haben, sollten wieder in der Schweiz frei leben, oder wenigstens in einem Naturschutzgebiet.

Klemens, 13, Neuendorf

"Jugendliche Träume einer Schweiz von morgen

Ich fühle mich in der Schweiz wohl. Es ist gut zugänglich und die Natur ist herrlich. Die Schweiz ist ein turbelntes und interessantes Land. Weil man gut für die Kinder sorgt und es eine schöne Natur hat. Leider gibt es viele Autos, die mit ihren Abgasen die Natur zerstören. Ich wünsche, dass in der Schweiz Frieden herrscht Leider gibt es in der Schweiz Verbrecher, die den Leuten Angst einjagen. Darum finde ich, man sollte die Kinder besser erziehen und sie mehr von Herzen lieben, nicht nur materiel. Damit sie keine Drogen nehmen. Der Mensch braucht Liebe. Man sollte die Autos vernichten und es mit dem Zug oder Velo versuchen. Auch die Flugzeuge muss man abschaffen. Damit man die Natur nicht zerstört. Ich finde, man sollte nicht mehr Häuser bauen. Damit es mir wohl ist, sollte es vor allem Frieden geben. Man muss für die Kinder unternehmen. Es braucht auch nicht so viel Luxus, sondern Sachen, die dem Menschen helfen. Man sollte das Geld nicht für neue Flugzeuge ausgeben, sondern den armen Leuten helfen.
Ich hoffe es wird so

Adrian, 13, Neuendorf

Jugendliche Träume einer Schweiz von morgen

Ich finde, man sollte die Droge abschaffen, denn es gibt zuviele Drogensüchtige. Ich bin sehr froh, dass ich in einem Dorf wohne, denn in den Dörfern gibt es nicht so viele Drogensüchtige, wie in den Städten. Ich lese sehr viel in Zeitschriften darüber. Wie soll man die Droge aber abschaffen? Aids ist auch eine sehr schlimme Krankheit und man kann auch noch nichts dagegen tun.
Es ist auch sehr schlimm mit der Umwelt. Alle Tiere sind vom Aussterben bedroht. Auch die Blumen, Pflanzen und Bäume. Was soll man dagegen tun?
Fast jeder, den ich kenne, fährt ein Auto. Es machen viel zu viele die Autoprüfung. Man kann doch mit dem Zug oder mit dem Bus fahren. Aber es ist viel zu teuer. Es werden auch zuviele Häuser oder Firmen gebaut. Es ist sehr schlimm, was wir mit der Welt anstellen.

Andrea, 13, Neuendorf

Jugendliche Träume einer Schweiz von morgen

Ich finde es schlimm, dass es so viele Drogensüchtige gibt, besonders in den Städten. Ich bekomme immer Angst, wenn ich so einen komischen Typ sehe. Ich bin aber froh, dasses in unserer Schule noch keine gibt, denn ich habe schon sehr viel darüber gelesen dass viele Jugendliche Angst haben, süchtig zu werden, weil es in ihrer Schule Süchtige gibt. Kann man das nicht irgendwie abschaffen? Gegen Aids und Krebs kann man leider noch nichts tun. Aber ich hoffe das kommt noch.

Ich mache mir auch Sorgen über die Umwelt, abergegen das kann ich noch nichts tun oder doch?

Im Gegenteil finde ich es schön, dass es noch schöne Wanderorte gibt. Aber wie siehtes in 30 Jahren aus? Kann man da noch einer Blume begegnen? Oder einem Schmetterling? Jeder macht heute die Autoprüfung. Können wir wirklich ohne Autos nicht mehr leben? Man kann doch mehr Busse benutzen. Aber sie sollten es auch ein wenig billiger machen. Denn wenn sie es immer hinauf setzen, steigt bald keiner mehr in ein öffentliches Fahrzeug. Es sind ja Bäume, Pflanzen, Tiere alle sind bedroht die Umwelt und sogar wir. Schluss endlich müssen wir ja darunter leiden und sterben, wenn das so weiter geht. Es hängt ja alles von uns Menschen ab. Ich wünsche mir sehr, dass es mehr Menschen gibt, die etwas gegen die Umwelt tun, und dass man gegen all die schrecklichen Krankheiten eine Heilung findet.

Isabelle, 14, Neuendorf

Jugendliche Träume einer Schweiz von morgen

Ich finde die Schweiz nicht sehr schön. Ich möchte, dass man auch in einem Dorf eine Disco, ein Kino oder ein Pub aufstellt. Dort können sich die Jugendlichen treffen. Es sollten auch nicht mehr Asilbewerber in die Schweiz gelassen werden. Die Schweiz hat selber genug Einwochner. Mir haben sie ein Velo gestohlen. Die Polizei brachte es mir wieder zurück. Grundsätzlich habe ich nichts gegen sie, aber sie rufen einem ~~einem~~ schlimme Wörter zu. Die Schweizer tun das meistens nicht. Ein anderes Problem sind die Drogen. Man sollten den Fixern eine Unterkunft bieten.

Auch müssen wir etwas für die Umwelt tun. Katalysatoren sollten endlich obligatorisch sein. Es sollte mehr Mc Donalds geben. Es gibt in der ganzen Schweiz nur 19 das ist viel zu wenig. Wir mussen nach Basel fahren, um einen besuchen zu können. Das ist viel zu weit. Man sollte auch hier in der Umgebung einen aufstellen.

Karin, 17, Neuendorf

"Jugendliche Träume einer Schweiz von Morgen"

Was mir nicht so gefällt sind die vielen Autos in der Schweiz. Die Autos vergasen all die Bäume und schönen Pflanzen, die auch zum Teil sehr selten sind. Man braucht ja nicht für alles ein Auto. Es gibt auch Leute die besitzen zwei oder drei Autos. Das finde ich gar nicht gut. Was mir gut gefällt sind die Wanderwege, die durch Wälder und Berg gehen. Trotz den Autos gibt es abseits der Strassen viel Schönes zu betrachten. Ich finde auch, dass die Schweiz zu den schönsten Ländern gehört.
Ich wünschte, es hätten nicht so viele Leute ein Auto. Man könnte auch mal der Gesundheit und der Natur etwas zuliebe tun z.b. mit dem Velo einkaufen gehen oder auch mal zu Fuss gehen und nicht immer wegen jeder Kleinigkeit das Auto benützen. Das wäre mein Wunsch an die Scheiz.

Damit es mir in der Schweiz wohl ist, sollte es ruhiger sein. Und möglichst viele Naturwege geben nicht so viel Lärm wie jetzt. Sie bauen neben uns ein neues Sch ul haus. Und es sollte auch noch freilebende Tiere geben, wenn ich erwachsen bin.

Sascha, 13½, Neuendorf

Jugendliche Träume von morgen

Die Schweiz ist das langweiligste Land das ich kene. Obwohl wir noch viele Berge und Seen haben. Am meisten stören mich die Drogenabhängigen und Ausländer, denn das sind die, die am meisten Zoff anfangen. Unser Dorf ist am langweiligsten. Der einzige Aufhentalt für Jugendliche in Neuendorf ist die Minigolf. Also ich bleibe nicht sehr lange in der Schweiz und schon gar nicht in Neuendorf.

Die Schweiz von morgen sollte weniger Ausländer haben. Die Drogenabhängigen haben sich zu stark verbreitet. Für die sollte man ein Gebäude bauen. Es sollten mehr Konzerte und Feste geben.
Meine Vorstellungen von der Schweiz von morgen ist: Es sollte eine Stadt geben wie in Holywood, eine Anlage wie Disneyworld. Es sollten auch öfters Märkte veranstalltet werden. So in etwa sollte es in der Schweiz von morgen zu und her gehen.

Jaqueline, 13, Neuendorf

Jugentliche Träume einer Schweiz von morgen

Mir gefallen die Schweizer Alpen. Ich bin nämlich ein grosser Wanderer. Vorallem liebe ich es, die frischen Luft einzuatmen, die die Alpen ausstrahlen. Schlecht finde ich die vielen Arbeitslosen, die Drogensüchtigen auf dem Plattspitz, die vielen Industrieen und die Abgase die die Luft verpesten.

Ich würde alles ändern wenn ich könnte. Der aller grösste Wunsch währe noch mals von vorne an-zufangen.

Es dürfte keine Abgase mehr geben nicht so viele Überbauungen, keine Arbeitslosen, nur noch Fahrräder. Es gäbe keine Autos, sondern man würde nur mit dem Zug oder dem Bus oder sogar mit dem Fahrrad fahren Es müsste viel mehr Tiere geben, auch mehr Wälder. Ich hoffe, dass die Schweiz immer bestehen bleibt.

Matthias, 13, Neuendorf

"Jugendliche Träume einer Schweiz von Morgen"

Ich fühle mich in der Schweiz wohl, weil es ein Gebiet mit viel Natur ist und weil es noch viele Tiere gibt. Aber wenn sie die Tiere immer schiesen gibt es bald keine mehr. Und die Abgase der Autos und Flugzeugem muss man abschaffen. Lieber ein Velo um die Natur nicht zu zerstören.

Es sollte nur noch Fahrzeuge ohne Abgase haben und ses sollte auch kein Krieg mehr geben und die Welt wird noch ganz zerstört. Wir sollten alle Frieden haben und das Geld nicht für den Krieg ausgeben und es den Armen geben. Die Schweiz sollte kein Abgas mehr machen, kein Geld für den Krieg mehr ausgeben und es lieber den Armen geben. Ich hoffe, dass es nur noch Frieden auf der Weld geben wird.

Daniel, 13, Neuendorf

Jugendliche Träume einer Schweiz von morgen

Ich finde es gut, dass die Schweiz ein kleines Land ist, dass wir eine kleine Klasse sind, dass es so viele Berge gibt und dass es viel Wald gibt.

Ich finde es nicht gut, dass es immer mehr Ausländer gibt. In den grossen Städten, zum Beischpiel in Basel, gibt es bald mehr Asylanten als Schweizer.

Ich wünsche mir, dass man keine Asylanten mehr herein lässt. Wir haben schliesslich schon genug aufgenommen. Die ganz Armen, die die man im Fernseher sieht, die können sowieso nicht zu uns reisen, weil ihnen das Geld fehlt zu so einer grossen Reise. Aber dassist nicht das einzige Problem. Eine normale Familä vermag es fast nicht mehr, ein Haus zu bauen.

Ich wünsche, dass die Schweiz von morgen etwas billiger wird und dass uns die Auslander nicht überrumpeln.

Hannes, 13, Neuendorf

Träume einer Schweiz von morgen

Wir wünschen uns:

- dass das Autobenzin teurer, dafür das Zugbillet billiger wird, damit mehr Leute den Zug benutzen.
- dass keine Atomkraftwerke mehr gebaut werden, sondern nur noch Flusskraftwerke.
- dass wieder mehr Tiere in der Natur ausgesetzt werden, z.B. Raubvögel, Waldtiere.
- dass nicht zuviel Gemüse aus dem Ausland importiert wird.
- dass die Verpackung einer Ware dem Inhalt angepasst wird. Es gibt z.B. Pralinen, die statt 1 Papierchen 3 Papierchen haben.
- dass Alu, Batterien, Plastik, Alubüchsen in getrennten Abfallkübeln gesammelt werden.

Tobias, Angelo, David, Roland 13 Niedergösgen

Träume einer Schweiz von morgen

Wir stellen uns die Schweiz von morgen folgendermassen vor:
In der Schweiz sollte man mehrere Tierschutzgebiete erstellen, und hier in der Schweiz ausgestorbene Tierarten sollte man wieder einführen, aber nur, wenn sie eine Überlebenschance haben. Die Flüsse müsste man sauberer halten, da sonst verschiedene Tierarten aussterben werden.
Obwohl man meint, es habe genug Wälder, sieht es doch so aus, dass sie immer weniger werden. Dagegen sollte man etwas unternehmen, denn mit dem Wald verschwindet auch der Lebensraum vieler Lebewesen.

Rosetta 13 J. Niedergösgen
Eva 13 J. Niedergösgen
Carola 13 J. Niedergösgen

Träume einer Schweiz von morgen

Wir leben gerne in der Schweiz und sind froh, dass wir keinen Diktator haben wie Saddam Hussein.
Wir sind froh, dass wir genügend Nahrung haben und nicht hungern und frieren müssen.
Aber auch in der reichen Schweiz gibt es Armut.
Wir sind froh, dass wir in die Schule gehen dürfen, obwohl wir manchmal keine Lust dazu haben.
Die Schweiz sollte mehr Naturpärke besitzen.
In den Städten Luzern, Zürich, Basel und Bern u.a. sollte ein geteiltes Krankenhaus für Obdachlose und Drogenabhängige gebaut werden.
Es sollten autofreie Sonntage wieder eingeführt werden.
Die Preise der Grundnahrungsmittel dürfen nicht mehr erhöht werden.
Verschiedene Fabriken, besonders die, die die Luft verpesten, sollten stillgelegt werden. Die nun Arbeitslosen, könnten nun die vielerbauten Sonnenblumenfelder bewirtschaften. Das gesamte Papier sollte durch Umweltschutzpapier ersetzt werden.

Stefania, Therese, Nataya 12 Niedergösgen

Träume einer Schweiz von morgen

Uns ist es wohl in der Schweiz. Jedoch was uns sehr aufregt, ist das Schweizer Fernsehen. Es kommen nie schöne Filme wie zum Beispiel: „Hurra, die Schule brennt!" Es sollten eben ein bisschen mehr Heimatfilme wie: Ferien auf dem Immenhof gesendet werden. Das wäre unsere grösste Bitte an die Macher des Fernsehens DRS.
Uns stört es, dass es so viele Ausländer gibt. Wenn die Ausländer jedoch hierher kommen und mit grosser Mühe nach Arbeit suchen, ist es ja recht, dass sie sich ein kleines Taschengeld verdienen möchten. Wir kennen eine Ausländerfamilie die sehr gut verdient. Aber die müssen die Schweiz verlassen, während solche, die nichts arbeiten und nur auf der Strasse herumlungern, stehlen und teure Autos fahren, dableiben dürfen. Das ist ein bisschen ungerecht.

Anita 13 Niedergösgen
Andrea 13 Niedergösgen

Träume und Ideen zu einer Schweiz von morgen.

Die Schweiz von morgen sehe ich so: Im Gegensatz zu heute und gestern sollte es weniger Türken, Tamilen und andere Asylsuchende geben. Die Luft sollte verbessert und gereinigt werden, die Tierversuche sollten abgeschafft und die Häuser modernisiert werden. Ich finde, dass die Schweiz ein schönes, kleines, interessantes und überernährtes Land sei. Ich finde, die Schweiz solle mehr Naturschutzgebiete haben. Ich finde die Schweiz bis auf einige Ausnahmen ein gutes, schönes und wohnliches Land. Auch sollten weltweit die Atomwaffen abgeschafft werden. Wir hoffen, dass in der Schweiz nie ein Krieg ausbricht. Man sollte nicht unnötig Bäume fällen.

Sven 13 Nd. Gösgen
Giuseppe 13 Nd. Gösgen
Manfred 13 Nd. Gösgen

Jugendliche Träume einer Schweiz von morgen

Ich finde die Schweiz ein schönes Land, obwohl es so klein ist. Die schönen Berggebiete und auch gewisse Städte. Ich fühle mich eigentlich wohl, aber trotzdem möchte ich später nicht in der Schweiz leben. Vorallem in unserem Dorf finde ich es doof. Es ist total langweilig und nicht geeignet für Jugendliche.
Ich habe ja nichts gegen Ausländer, aber ich traue keinem von ihnen. Denn meistens sind es Ausländer, die nicht erlaubt in die Schweiz gekommen sind. Ich finde auch die Drogenabhängigen und Alkoholiker nicht besonders gut, denn meistens sind es sie und die Ausländer, die Einbrüche, Diebstähle und andere Verbrechen begehen.
Vielleicht wär es besser, wenn wir die meisten Ausländer zurück schicken. Es sollte

mehr Pop-Konzerte geben z.B. wie das New Kids-Konzert in Zürich. Ich möchte gerne meine Lieblingsstars in der Schweiz treffen, wenn ich schon nicht nach Amerika kann. Bei uns im Kanton Solothurn gibt es nie solche Sachen, man sollte doch endlich mal Konzerte und Startreffs organisieren. Wieso gibt es bei uns nicht so ausgefallene Städte wie Hollywood oder New York? Natürlich, wir haben keinen Platz mehr, aber Geld haben wir in Hülle und Fülle. Vor allem in Neuendorf sollte man etwas ändern. Zurzeit bauen sie ja ein neues Schulhaus, aber Partyräume oder etwas wie Mc Donald's gibt es nicht. Von mir aus könnte sich alles ändern. Werden Träume wirklich wahr?

Melanie, 13, Neuendorf

Jugendliche Träume einer Schweiz von morgen

Man sollte sich mehr um die Drogensüchtigen kümmern. Zum Beispiel in Olten in der Schützenmatte. Dort sterben täglich 1 bis 4 Personen. Wäre es nicht doch besser wenn man endlich ihnen hielft und nicht immer an neue Strassen bauen denkt. Ich habe schon 2 bis 3 Filme über Drogensüchtige gesehen. Es hat mir immer leid getan, als ich sie sah. Man setzt sich für sie zuwenig ein.
Was mir in der Schweiz gefällt sind die Berge, wo man die frische Natur in sich spüren kann. Aber auch dort gibt es ein Problem, denn jeder möchte sein eigenes Haus und Garten.
Um Landzugewinnen, holzt manns viele Bäume ab, um dann ein Haus bauen zu können. Ich finde dies sehr doof. Warum können sie

nicht alte Häuser und diese renovieren?
Na wie wird es nur aussehen in 20 Jahren? Vielleicht wird es besser oder viel viel schlechter sein als es jetzt schon ist. Schade?
Damit ich mich wohl fühlen könnte, müsste man die Rassentrenung abschaffen und mehr grünanlagen anbauen, aber solche die jeder betreten darf. Den Verkehr sollte man stoppen, aber dies wird sehr schwer sein, denke ich.

Heidi, 13 ½, Neuendorf

Schwyz

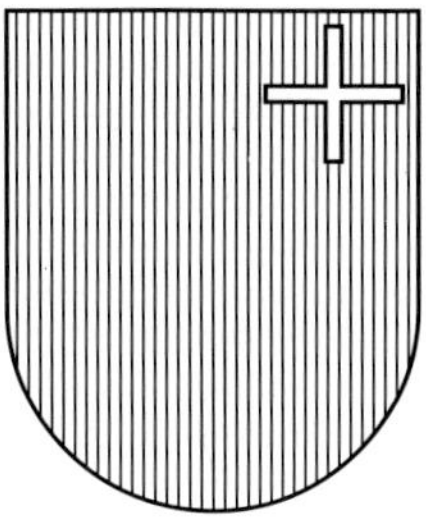

Schweiz – heute und morgen

Die Schweiz ist ein kleines und ein reiches Land. So denken viele Leute, und in diese Gruppe gehört auch mein Vater, welcher aus diesem Grund in die Schweiz gekommen ist. Auf seinem Weg kamen noch viele andere Menschen. Und heute sind es nicht mehr soviele, weil Mangel an Arbeitsplätzen besteht und der Schweizer selbst Arbeit suchen muss. Und das ist ein Problem, weil hier viele Ausländer leben. Es gibt noch eine Sache, die ich beschreiben will. Einige Ausländer verhalten sich wie in ihrer Heimat und machen grosse Probleme, die sie bis vor das Gericht führen. Das Gesicht der Schweiz wird beschmutzt, und das ist schade für dieses Land. Als junger Jugoslawe denke ich gleich wie viele Schweizer. Vielleicht werde ich später in mein Heimatland zurückkehren. Jetzt möchte ich noch hier bleiben.

Siniša, 16, Küssnacht a/R

Das Mittelland ist eine einzige Stadt. Zürich, Bern, Basel, ... alles nur noch Stadtteile. Weil es in flächeren Gebieten kein Bauland mehr gibt, zieht es vor allem die Industrie immer mehr ins Gebirge. Dort, wo früher Kühe grasten und Wanderer die Aussicht genossen, errichtet die Ciba Geigy ein Chemielager. Direkt daneben steht eine Kläranlage und zwischendurch schlängelt sich noch eine Skipiste...

Nein, so weit darf es nicht kommen. In der Schweiz der Zukunft wird zum Boden Sorge getragen. Wohn- Arbeits- und Landwirtschaftsgebiete wechseln sich ab. Dazwischen findet man auch Platz für eine Sportanlage, einen Spielplatz für die Kleinen und einen Jugendtreff. Das Ganze wird natürlich durch viele verschiedene Bäume aufgelockert. Wenn man dann auf den Strassen sogar noch genügend Platz für die Fussgänger und für einen Radweg findet, wenn auch die Obdachlosen und die Drogenabhängigen Unterkunft und Betreuung erhalten, dann fehlt eigentlich nur noch etwas für eine bessere Zukunft: offene, frohe und zufriedene Schweizer(innen), die auch Probleme wie die Umweltzerstörung, die Asylpolitik und die Armut der Dritten-Welt offen angehen und zu lösen versuchen.

Stefan, 15
Schwyz

Schweiz heute und morgen

Ich lebe gerne in der Schweiz. Es kommen jedoch sehr viele Probleme auf uns zu. Da ist zum Beispiel das Wohnungsproblem, oder die Luftverschmutzung, oder die Sache mit der Geheimpolizei u.s.w.
Die Kinder und Jugendlichen haben keinen Spielraum mehr.
Ich bin aber trotz dieser Probleme gerne Schweizer. Ich habe hier gute Ausbildungsmöglichkeiten für einen Beruf. Die Schweiz steht auch wirtschaftlich gut da.
Auch landschaftlich ist die Schweiz sehr schön. Es gibt hier keine Dürren und Hungersnöte. Besonders schön finde ich die vielen Feste und Bräuche auf welche die Schweizer besonders stolz sind. Ich denke hier ans Küssnachter Klausjagen, an die Fasnacht, ans Sechseläuten u.s.w.
Wir sollten dafür sorgen, dass wir diese positiven Punkte erhalten und wenn möglich ein paar negative Dinge verbessern können.

Roger, 16, Merlischachen SZ

Schweiz heute und morgen für den "Jugo-Bürger"

Die heutige Schweiz zu beschreiben, das ist sehr schwer. Es wird noch schwieriger für einen jungen jugoslawischen Bürger, wie ich einer bin. In der Schweiz ist, so viel ich weiss, das grosse Ausländerproblem vorhanden. Jeder Schweizer hat doch mindestens etwas zum Essen, sein Zuhause und den Frieden. Seine Religion kann er ausüben, ohne von andern bedroht zu werden. Noch braucht man keine Angst zu haben dass jemand mit voller Waffe hinter einem Busch hockt und uns bedroht. Jeder Mensch weiss, dass die Schweiz ein ruhiges, schönes, reiches Land in dieser Welt ist. Was mir an der Schweiz gefällt, ist, der Stolz auf einem guten Job und seinen Arbeitsfleiss. Die Schweiz von morgen kann ich mir nicht so recht vorstellen. Ich wünsche aber, dass sie einen gangbaren Weg in die Zukunft findet. Auf diesem Weg sollten wir Ausländer auch mitgehen können.

Zeid, 16. Küssnacht a/R

Träume einer Schweiz von morgen

1994 Neutralität im Eimer

Letzten Sonntag gingen über 90% der Stimmberechtigten an die Urne. Rund 60% waren für den Beitritt in die EG. Bald ist es aus mit der Neutralität der Schweiz denn die Aufnahme in die EG soll so schnell wie nur möglich erfolgen.

1995 Alte Häuser ade, Jugend- und Sportzentren olé

Die Renovation der letzten alten, verfallenen und nicht mehr bewohnbaren Häuser hat begonnen. Neue Jugend- und Sportzentren entstehen. Die Jugendlichen sollen ihre knappe Freizeit endlich sinnvoller gestalten können. Sie sollen ihre schöpferischen, kreativen und phantasievollen Intuitionen in Musik Handwerk und gestalterischer Form darstellen. Auch die körperliche Aktivität sollte nicht zu kurz kommen. Darum gibt es in den neu renovierten Häuser verschiedene Sportattraktionen. Die Eröffnung der ersten Zentren ist auf Ende 1995 geplant.

1996 Atmen wieder gesünder

Die Umweltverschmutzung kann in Grenzen gehalten werden. Das zeigt die Statistik die erstmals seit Jahrzehnten eine Verbesserung der Luft aufzeigt. Jenes ist unter anderem der Verdienst der mehrfach zu verwendenden Verpackungen. Auch der Gebrauch von Pflanzenöl statt Benzin hat sehr viel dazu beigetragen, dass wir nun wieder freier und gesünder atmen können.

1997 Alle sind sich eins

Bald gibt es keine Kriege mehr, alle Armeen werden abgebaut und alle (Atom-)Waffen werden vernichtet. Dies natürlich unter Aufsicht vieler Politiker aller Staaten. Konflikte werden künftig anders gelöst werden müssen.

2001 Es leben die Naturgewalten

In Zukunft wird der Strom aus der Natur gewonnen. Solarzellen, Windmühlen und Wasserwerke werden soviel Strom liefern, wie gerade benötigt wird. Alle Atomkraftwerke sind ab sofort ausser Betrieb. Sie machen der Natur platz.

2009 Eine Welt ohne Grenzen

Keine Asylanten, dafür mehr Fremde werden nun in der Schweiz leben, oder sie durchstreifen. Die Grenzen sind geöffnet, die Schweiz und alle anderen Länder existieren nur noch auf alten Landkarten.

Beat, 15
Schwyz

Träume einer Schweiz von morgen

Ich lebe jetzt im neuen Jahr 2000. Es hat sich vieles verändert. Dort, wo früher stinkende Atomkraftwerke standen, hat man wieder Land. Es sind neue Parks und Jugendtreffzentren gebaut worden. Neue Wälder werden aufgeforstet. Es gibt weniger Autos, die benzinbetrieben sind, dafür fahren mehr Solarmobile und Elektroautos. Der Strom wird nur noch von Sonnenkollektoren genommen. Es ist alles viel umweltfreundlic[h]. Die Bundesräte haben eine Lösung zum Asylantenproblem gefunden. Endlich dürfen nur noch richtige Flüchtlinge in der Schweiz bleiben. So erübrigen sich auch die Asylantenheime. Mit diesen Leuten leben wir gerne in Frieden zusammen.

Die Autolawinen wurden rigoros gestoppt. Nur noch barbezahlte Autos dürfen auf die Strasse. So wurde auch das Waldsterben gelöst. Überall wachsen die Wälder wieder in sattem Grün. In einer Traumschweiz gibt es keine ärmeren oder armen Leute mehr. Die Rentner können mit ihren Einkünften gut leben, da die Mieten geringer wur[den].

Es gibt bereits ein Mittel, das schon tausende von Aidskranken vor dem Tod retten konnte.

Keine 40-Tonnen-Lastwagen durchqueren die Schweiz. Bundesrat Ogi konnte sich mit dem Ausland einigen und den Transitverkehr mit den öffentlichen Verkehrsmitteln vorantreiben.

In meinen Träumen gibt es eine Schweiz ohne Arbeitslose. Alle Einwohner der Schweiz geben sich mehr Mühe und entsorgen ihren Müll getrennt. In keinem Wald findet man noch einen stinkenden Müllhaufen.

Eine Schweiz in Frieden und Gerechtigkeit – mein Traum!

Marco, Schwyz, 15 J.

Jugendliche Träume einer Schweiz von morgen

Wir schreiben das Jahr 2050. Für uns Jugendliche gibt es einen Sportplatz und einen Jugendtreff. Auch Übungsräume für Musikgruppen sind genügend vorhanden. Wir gehen 4 ½ Tage zur Schule und haben keine Hausaufgaben. Die Volksschulzeit dauert 10 Jahre.
Die weichen Drogen wurden vor 5 Jahren legalisiert. Der Erfolg ist überwältigend. Der ganze Schwarzmarkt ist zusammengebrochen. Selbst die Dealer von harten Drogen finden keine Käufer mehr.
Die Armee existiert zwar noch, wir hatten aber seit über 100 Jahren keinen Krieg mehr. Die Militärdienstverweigerer werden in sozialen Dienst eingesetzt.
Das letzte Atomkraftwerk wurde vor 10 Jahren abgerissen. In den letzten Jahren wurde die Solartechnik stark perfektioniert. Den ganzen Strom produzieren heute die mächtigen Solartürme. Auch auf den Strassen fahren nur noch Solarmobile, die weit mehr Leistung bringen als veraltete Benzinautos.
Die Schweiz ist ein sehr reiches Land. Die Haupteinnahmequelle ist ein Gestein, das beim Bau des vierten Gotthard-Schienengleiter-Tunnels entdeckt wurde. Es ist sehr hart und kommt nur hier vor.
Ja, so ist unsere Welt jetzt. Und mir gefällt's hier!

Marc, 15 Jahre
Schwyz

TRÄUME EINER SCHWEIZ VON MORGEN

Wir schreiben das Jahr 2000.
Reichtum, Waffen, Asylanten ... Umwelt. Das sind Dinge, die heute wohl nicht mehr so aktuell sind wie früher.
Man verabscheut die armen und kranken Menschen nicht, sondern man probiert, ihnen mit allen Mittel zu helfen. Auch hat man Medikamente gefunden, die Aidskranke heilen. Die Leute haben eingesehen, dass nicht Geld allein glücklich macht.
Waffen werden fast keine mehr produziert.
Es gibt natürlich schon noch Streit/Krieg um Öl und Land, aber heute regelt man es mit Verstand, nicht mehr mit Waffen.
Die Asylanten sind Menschen wie wir. Sie arbeiten auf den Baustellen, in Fabriken und Geschäften.
Doch die meisten sind wieder in ihre Heimatländer zurückgekehrt, da sich dort die Verhältnisse gebessert haben.
Die Umweltprobleme sind kleiner geworden.
Man hat alle unnötigen Plastikverpackungen in Einkaufscentren abgeschafft.
Die Menschen (im Jahr 2000) sind vernünftiger geworden.

Janine, 15
Schwyz

Die Schweiz von morgen

Die Drogen sind das grösste Problem vor dem wir stehen. Man sollte schärfere Kontrollen machen, sie würden das Drogenproblem mehr eindämmen. Die Verstecke sind ja, immer schlauer ausgedacht. Wir zwei wissen, dass es schwierig ist, doch mit der heutigen Technick ist es doch möglich, oder?
Auch das Ozonloch ist ein Problem. Man sollte keine Autos mehr herstellen und die, die noch übrig bleiben, sollte man einsammeln und verschrotten. Aus dem Schrott könnte man Lokomotiven und Bahnwagen herstellen.
Die Schweiz gehört den Schweizern. Wir sollen Sorge dazu tragen, denn die Schweiz gibt es nur einmal.

Alexander und René, 13
Brunnen SZ

Mein Traum einer Schweiz von morgen

Im gesamten gesehen ist die Schweiz ein sehr schönes Land.
Man wird in Zukunft mehr für die Umwelt tun, indem man viel weniger baut. So sehen auch die Kinder von morgen noch grüne Matten. Alle Leute gehen nicht mit dem Auto, sondern zu Fuss, mit dem Velo oder mit den öffentlichen Verkehrsmitteln zur Arbeit.
Ich, als Bauernmädchen träume davon, dass die Bahn 2000 nicht realisiert wird, ansonsten die Gefahr besteht, dass unser Heimwesen zerstört werden könnte.
Es wird auch mehr Vereine geben, in denen Jung und Alt zusammen etwas unternehmen.
Die Schweiz wird der EG nicht beitreten, denn das wäre der Untergang vieler Kleinbauern.

Ich hoffe, das Land der Eidgenossen bleibt noch lange bestehen.

Astrid, 12, Ingenbohl

Siebnen den 23.4.91

Sehr geehrter Herr Cotti

Die sechste Klasse hat den Auftrag bekommen, unsere Traumzukunft zu beschreiben. Darüber habe ich nachgedacht und bin zum Gedanken gekommen, dass ich mir die Traumzukunft so vorstellen würde: Ich habe an die Natur und Umwelt gedacht. Das Otzonloch wird immer grösser. Ein paar Menschen denken zum Beispiel, das man mit Solarmobilen der Umwelt nicht so schaden würde. Nicht das man alle Autos abschaffen muss und dafür Solarmobile anschaffen, nein, aber das eine Familie höchstens ein Auto hat und nicht mehrere. Wegen der Staus könnte man auch eine Lösung suchen zum Beispiel, dass man nicht so lange an Ampeln warten muss, oder man könnte das Auto während dem warten abstellen. Aber die Staus sind nicht das schlimmste. Hauptsächlich geht es mir um die Natur, weil die Abgase dem Ozonloch und der Umwelt schaden. Den Rekruten könnte man die RS auch ein bisschen verkürzen, sie sind kaum noch zuhause.

Das schreibt Ihnen mit
freundlichen Grüssen

Sonja Bruhin

Sonja Bruhin, 6. Klasse, Siebnen

Siebnen 23.4.91

Sehr geehrter Herr Cotti

Meine persönlichenAnliegen an Sie sind, dass die Leute mehr für die Umwelt sorgen, zum Beispiel, dass die Leute weniger Auto fahren. Wenn es geht sich nur noch mit den Bussen und Zügen fortbewegen. Das es langsam alle verstehen das, dass Otzonloch immer mehr kaputt geht. Die Rekrutenschule könnte man um einige Wochen kürzen, denn die vielen jungen Männer halten es doch kaum aus 4 Monate Militär.

mit freundlichen Grüssen

Fabiana Mattli

Fabiana Mattli, 6. Klasse, Siebnen

"Jugendliche Träume
von einer Schweiz von morgen"

Wir, mein Vater, Mutter, Bruder und ich
sind zuhause Bauern. Wir haben 16 - 20
Kühe. Ich habe grosse angst, das wir
dass Bauern aufgeben müssen.
Wenn ich älter bin möchte ich, gerne unseren
Hof über nehmen.
Ich will in diesem Brief sagen, das auch
Bauern normale Schweizer sind, und ich
hoffe das etwas geschehen wird.
Ich möchte das die mittel ~~grossen~~ bauern auch
eine schanze haben zu über Leben.
Ich hoffe das die gute Milch, in zukunft
ein paar Rappen mehr kostet. Sonst
müssen in den nächsten Jahren
noch mehr kleine und mittel bauern
ihren Beruf aufgeben.
Ich will nicht miterleben das wir unsere
Tiere alle verkaufen müssen, ich glaube
sie können sich das vorstellen.

Urs, 6. Kl., Wangen SZ

Jugendliche Träume von einer Schweiz von morgen

Mir machen viele Themen, über die heute gesprochen werden, grosse Sorgen, denn ich denke oft daran, wie es in zwanzig Jahren einmal sein wird, wenn diese Probleme nicht gelöst werden. Am meisten Angst machen mir die Atomkraftwerke und der "vierzig Tonnen Korridor", den die EG wünscht. Ich würde es gerne sehen, wenn die Bahn 2000 bald fertiggestellt wird und man dann endlich den Schwerverkehr auf die Bahn verlegen kann. Ich glaube, die Schweizer Politiker schlagen alles in allem den richtigen Weg ein. Leider dauert es sehr lange, bis ein wichtiges Gesetz vom Bundes, Stände und Nationalrat verabschiedet wird, wie zum Beispiel die Gleichberechtigung von Mann und Frau oder das Stimmrechtalter 18. Wir haben ja dieses Privileg im Kanton Schwyz schon seit über hundert Jahren. Ich hoffe, dass wenn ich einmal erwachsen bin, alle Probleme, welche die Schweiz heute bedrohen, gelöst sind. Hoffentlich leben dann alle Menschen auf dieser Welt in Frieden. Ich würde dann auch ein geeintes Europa befürworten, in dem es keine Grenzen mehr gäbe. Aber bis dahin ist noch ein weiter Weg zu gehen. Ich finde, die Schweiz sollte nicht mehr so isoliert, wie bis jetzt, dastehen. Sie sollte ein wenig mehr ihre Zukunft selbst in die Hand nehmen.

Stefan, 6. Kl., Wangen SZ

„Jugendliche Träume von einer Schweiz von morgen"

Einer meiner grössten Träume wäre, wenn die Schweiz nie in die EG-Sackgasse reinfährt. Es wäre schön, wenn sie sich mit allen Mitteln gegen den EG-Beitritt wehren würden. Wenn dazu noch die Armee abgeschafft oder zu stark reduziert wird, würden wir unser erkämpftes Vaterland mit Haut und Haaren an ein Fremdes verschenken. Wenn ich ein Haus voll Gold hätte, würde ich es abschliessen, denn sonst käme schon in der nächsten Nacht ein Dieb und ich hätte nichts mehr. So ist es mit der Schweiz. Eine Schweiz ohne Armee würde von einer anderen gestohlen wie nichts. Ich hoffe, dass dass die Armeeabschaffung nie mehr vor die Abstimmung kommt, denn es wäre eine grosse Schande für das Schweizerhaus. Wie viele Länder um Russland und in der ganzen Welt wären froh, sie hätten eine Armee und waren Eigenständig wie wir "jetzt" noch. Wie ~~sollten~~ wir so unsere Armee abschaffen? Viele Unterdr~~ü~~ückungen giebt es, nur weil viele Länder keine eigene Armee besitzen. Denken sie mal: Jedes Land hat eine Armee, ob "fremd" oder "eigen"! Und wir, wir blöden Schweizer wollen unser freies Land mit Haut und Haaren an die EG verkaufen? Unsere Vorfahrer hätten nie in den Krieg ziehen müssen, wenn sie keine Liebe zu den Nachfolgern gehabt hätten. So müssen auch die heutigen Bundesräte für die Nachfolgern und Kinder der Schweizern vorsorgen, und nie in die EG beitreten!

Pirmin, 6. Kl., Wangen SZ

Jugendliche Träume von einer Schweiz von morgen

Wie ich jetzt so da sitze und überlege, fallen mir viele Themen ein. So widme ich mich dem Proplem, das für mich als wichtig erscheint, dem Drogenproplem. Meine Meinung besagt, dass die armen Kerle die von gemeingefährlichen Dealern in die Sache hineingezogen werden, die Drogen vom Arzt verabreicht bekommen sollten. Das alle Dealer wirksamer verfolgt werden sollten, als dies jetzt der Fall ist. Das was ich hier schreibe, ist sicher kein schönes Thema und daher beende ich dieses jetzt. Ich möchte auch ein anderes Thema oder Proplem ansprechen, nämlich jenes, mit der Schweiz und der EG. Die Schweiz sollte hier den Anschluss nicht verpassen. Sollte aber hingegen, wenn es ein Abkommen mit der EG gibt, ihre Grossbauern nicht vergessen. Ich, der ich kein Bauer bin, habe von meinen Schulkameraden, die Bauern sind, hievon schon einiges gehört. Auch, dass die Schweiz Bauern nicht mehr unterstützt würden wenn die Schweiz ein Mitglied der EG wird. Hiermit beende ich den Brief an Sie, Herr Bundesrat Flavio Cotti.

Hannes, 6. Kl., Wangen SZ

Ticino

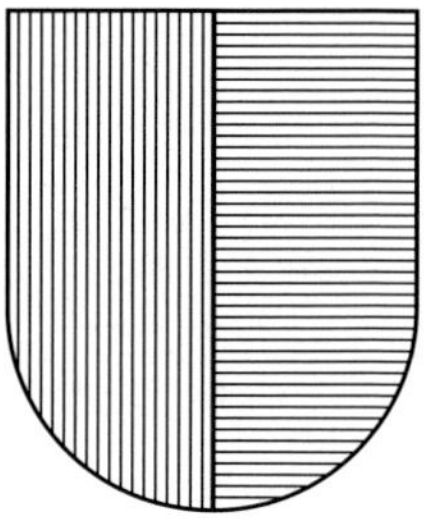

LA SVIZZERA OGGI

La svizzera di oggi, é frutto della sua storia con i suoi pregi e difetti ereditati e generati dal passato, che come tale è giudicabile, ma non passibile di modifiche.
Oggi, abbiamo un benessere ad alto livello, ma sul suo altare dobbiamo sacrificare molto, la vita è sempre più frenetica, l'ambiente sempre più compromesso, la libertà assoggettata a troppi interessi, e la nostra atavica democrazia dimenticata fra una miriade di leggi e ordinanze.
Sono questi, fenomeni che toccano tutte le società umane, problemi di non facile soluzione, che meritano una seria riflessione, se vogliamo progredire nel futuro evitando gli errori del passato.
Ritengo che nel futuro ci si debba evolvere in senso più consono alle esigenze profonde dell' umanità, nella ricerca di una qualità di vita con meno consumismo e materialismo, con rispetto per la natura e per l'identità e libertà dell'uomo.
Leggendo nella storia dobbiamo ammettere che quanto ha fatto progredire le società umane non è il pragmatismo ma il coraggio di lavorare con fantasia.

Jonas Brentini

6760 Campello 17.05.1991

Simon Häne Arosio 1991

UN PAESE DI 700 ANNI: LA SVIZZERA

La Svizzera: un piccolo paesino nel mondo: come una goccia d'acqua nel mare.
Un paese che nasconde la povertà con la ricchezza e il benessere.
Una Confederazione che quest'anno festeggia il suo 700° anniversario non badando a spese e costo.
Un paese che a me, un ragazzo di 12 anni, pare un paradiso, rispetto ad altri paesi: pieno di montagne, colline, alberi, fiori, animali che di nuovo nascondono l'industria, l'inquinamento, le centrali atomiche e tante altre cose.
Ma, dagli altri paesi, com'è visto il nostro paese? Spero che la risposta alla mia domanda sia positiva e che il nostro paese sia in armonia con gli altri
Spero pure che in futuro la Svizzera diventi uno stato rispettoso dell'ambiente, che avremo anche in futuro piante e animali non contaminati dall'uomo.

Fabiana Frapolli

Osogna, 11 maggio 1991

"Sogni giovanili per la Svizzera del futuro"

Passato e presente per il futuro della Svizzera

Per una ragazza di 14 anni é difficile guardare al futuro del proprio paese, perché, ogni progresso é comunque legato a radici del passato e purtroppo nelle scuole si impara la storia di altri paesi ma poco quella Svizzera.
Da quel poco imparato e dalle letture di vecchi libri di scuola dei miei genitori, ho potuto capire che la Svizzera si é formata combattendo e vincendo gli oppressori.
Anche il mondo del 2000 ripropone guerre continue per la conquista della libertá. La Svizzera ha saputo in questi 700 anni di storia, mantenere la libertá e l'indipendenza e ha raggiunto un buon risultato economico. Per questo posso dire che essere Svizzeri é un onore.
Presto la Svizzera sará chiamata a far parte dell'Europa, ma non dobbiamo peró lasciarci influenzare dagli altri paesi, ma portare a loro il nostro esempio.
Sarebbe inoltre mio desiderio far approfittare delle nostre ricchezze anche i paesi meno fortunati.
Quindi penso che si dovrebbe mettere assieme un po' di passato e un po' di presente della nostra storia per costruire il futuro della Svizzera.

I miei sogni

Vorrei che la Svizzera sia una nazione che ospita le persone del terzo mondo che muoiono di fame.
Vorrei che la Svizzera in futuro abbia delle automobili che non inquinano.
Vorrei che la Svizzera abbia il mare perchè il mare è bello.
Vorrei che la Svizzera non sia così tanto inquinata.
Vorrei che la Svizzera abbia più natura.
Vorrei che la Svizzera sia una nazione senza la droga e i drogati.
Vorrei che la Svizzera abbia più ospedali.

Daniele Bonardi 11 anni 6951 Bogno
TEL. 97.15.62

Vittorio Del Percio TAVERNE, 15.5.1991

AMPLIAMENTI NEI PAESI SVIZZERI

La Svizzera è un paese ricco di stazioni sciistiche, club sportivi, ma non tutti i paesi possiedono un centro per ragazzi.
Io vorrei che in ogni paese, compreso il mio, venga costruito un centro sportivo, o almeno una piscina pubblica, con discoteche e bar.
Dico questo perchè, specialmente a Taverne, il mio paese, a parte il campo sportivo, non c'è un campo da tennis, una piscina o qualcos'altro.
Con questo ho concluso, cordiali saluti

Vittorio Del Percio

Come vorrei la Svizzera del FUTURO

Per me la Svizzera va bene così come è, ma se dovessi cambiare qualche cosa, farei di tutto per fare sparire la città di Zurigo, e al suo posto ci metterei un grandissimo bosco.
Una cosa che non mi piace della Svizzera, è che ci siano 4 lingue differenti: non se ne potrebbe avere una uguale per tutti? (Almeno a scuola se ne imparo solo 1!!)
Se qualcuno mi dicesse che io posso esprimere 3 desideri per migliorare la Svizzera e questi venissero esauditi, io sceglierei come 1° che la scuola ridiventi come una volta, come quando non c'era né il livello 1 né il livello 2; come 2° desiderio (questo é più un desiderio personale) vorrei che la Svizzera avesse un parco dei divertimenti come GARDALAND, ma siccome per poterlo costruire ci vuole spazio, allora come 3° desiderio "aggiungerei un pezzo di Svizzera", cioè voglio dire che bisognerebbe fare in modo di avere un pezzo di CH per i ragazzi!!
Posso sperare una cosa? Se per caso i nostri postari dovessero festeggiare il 200esimo della confederazione, spero con tutto il cuore che non costruiscano una "casa degli specchi", al posto di quello che avete fatto voi con la tenda! Se fossi stata al vostro posto, avrei adoperato i soldi per qualche cosa d'altro.
Io vorrei che la Svizzera del futuro sia più pulita e più aperta agli altri.
Questi sono i miei pensieri, forse un po' confusi!!

St' Antonio 14.5.91

Cornelia Gallacchi

Stefano - Mangili 6831 Cabbio 16-5-91

La Svizzera Del 2000

Secondo me sarà una Svizzera sempre più meccanizzata e moderna adagio - adagio spariranno alberi, prati, viti, campi. Le macchine sostituiranno l'uomo che si troverà in un lavoro sempre più facile. Mente per i contadini sarà un disastro e rimmaranno disoccupati dovranno trovarsi un lavoro nuovo il quale non sarà facile.

GIORGIO BENZONI CADENAZZO 13.5.'91

"La Svizzera del futuro"

Nella Svizzera del futuro vorrei che tutti avessero un posto di lavoro, un livello di vita decente, che gli anziani non vengano abbandonati a se stessi dopo aver tanto lavorato per la prosperità del nostro paese.

Importante per me è anche la salvaguardia dell'ambiente.

Tutti noi giovani dovremmo adoperarci per un' Europa unita dove però l' indipendenza e la neutralità della Svizzera vengano salvaguardate

Insieme dovremo lavorare affinchè nel nostro pianeta non ci siano più guerre.

La Svizzera
Come vorrei che fosse.

Essere Svizzeri, vuol dire essere un po' speciali, te ne accorgi quando ti trovi all'estero perché godiamo di una certa stima; le nostre usanze, il modo di fare politica, il modo di vivere sono di buon esempio e vivere in un paese neutrale ti fa sentire un po' più sicuro.
Però tutto ciò invoglia molti forestieri a venire qui pensando che sia tutto facile e comodo, creando così un miscuglio di razze e situazioni sgradevoli specie per chi arriva clandestinamente. Tutto sommato questa Svizzera mi piace, spero però che per questo tipo di problema si troverà una soluzione al più presto per poter vivere in pace e tranquilli con tutti.

Silva

Nadine

Una prospettiva per la Svizzera

La Svizzera d'oggi non dà tanta brillantezza ai suoi lati più belli. La gioventù a poco a poco si sta distruggendo con la droga e con la troppa velocità delle auto, tutto questo non risolve niente e tantomeno dà sodisfazione al nostro paese, ma ciò darà tanto dispiacere. Secondo me la Svizzera di adesso non è bella, nel senso che in seguito dovrà essere più pulita. I giovani non devono rovinarsi la vita, anzi, devono divertirsi facendo dello sport per non rovinarsela. Si dovrebbero costruire meno auto veloci, così non si arrischia di sentire, per radio, ogni giorno gravi incidenti e a volte molti morti. Forse non si dovrebbe neanche andare in auto, per inquinare meno, così facilita l'ambiente a migliorare. Invece bisogna usare i mezzi pubblici e magari le biciclette.

Le sigarette, che vengono vendute molte al giorno, le si devono eliminare anche perché fanno male alla salute e costano un sacco di soldi.

Importantissimo è la eliminazione della droga che uccide molti giovani nella Svizzera. Io vorrei che la futura Svizzera sia abitata da giovani, naturalmente anche da persone adulte, che praticheranno dello sport, vita sana, ma non cose di cui un giorno all'altro dovranno amaramente pentirsene.

Monica Canonica. Corticiasca. 15.05.91.

Clarissa Crotta 14.5.91

"Sogni giovanili per la Svizzera del futuro"
"La Svizzera verso il 2000"

É difficile esprimere sentimenti e impressioni sulla Svizzera poiché le mie idee non sono ancora bene in chiaro su un argomento del genere.
Io sono contenta e mi ritengo fortunata di essere Svizzera.
Infatti le altre nazioni hanno guerre, proble-mi politici e povertá;
io credo, anche se qualche problema c'é anche da noi, che il mio paese in confronto ad altri sia un piccolo paradiso.
L'unica cosa che non trovo giusta, visto che la Svizzera ē una nazione neutra, ē che ci sia il servizio militare.

In futuro spero che l'inquinamento e la crescita del traffico stradale non minaccino l'equilibrio dell'ambiente della Svizzera
Mi auguro anche che in futuro la Svizzera sia sempre una nazione di pace.

Karine

Campo Blenio 15.5.91.

"SOGNI GIOVANILI PER LA SVIZZERA DEL FUTURO"

"La generazione perdente."

Questo titolo invita noi giovani alla riflessione.
Una riflessione che, ovviamente deve tener conto delle varie opinioni: c'è chi dice che la nostra società è quella del benessere è quella vincente; e c'è chi afferma che l'attuale società dello spreco, non può risultare altro che perdente.
E se fosse vero di chi la colpa?
E noi giovani? Ci rassegneremo semmoi ad essere le "ultimme indifese" di questo degrado umano e ambientale, che non conoscere tregua.
Sapremo introdurci in un campo operativo dove poter lavorare o costruire un futuro migliore un futuro vincente!
Sarebbe bello se noi della Svizzera ci [redacted] impegnassimo maggiormente a costruire un modello mondiale di nuova economia, costruito con il lavorare fisico e mentale, vivendo in modo armonioso.
A ciò ci si potrà arrivare solo con la ricostruzione di quale civiltà?
Adesso il sogno giovanile diventa un pò più complicato e per poterlo continuare dovrei chiederlo sicuramente alle "generazioni vissute"!

Jasmine Monaco 6653 Verscio 16.5.'91

SOGNI GIOVANILI PER LA SVIZZERA DEL FUTURO

Compleanno felice per una PATRIA vecchia 700 anni, ma sempre ancora giovane come al primo compleanno. Nata da un grande desiderio di libertà e di democrazia, desiderio e volontà che ancora oggi regge questa nostra Svizzera.
Oggi la Svizzera è ancor più bella d'allora, la popolazione felice e serena perchè si sente molto bene vivendo in un paese libero e pacifico.
Naturalmente si potrebbe ancora far di meglio, si dovrebbe contribuire di più per proteggere la natura.
Vi sono, per esempio, varie specie di animali in via di estinsione, la natura un po' ammalata, probabilmente il tutto causato dall'inquinamento prodotto dal benessere in cui viviamo.
Per un futuro ancora migliore vorrei un maggiore impegno nella protezione di questi beni, che la pace possa durare ancora a lungo, che la gente possa vivere dignosatamente (anche i poveri) e che ci sia molta più comprensione verso quella gente e quei popoli che stanno peggio di noi.
In fine desidererei che da noi non venissero usate e prodotte armi, spendendo male e inutilmente soldi.

Tanti auguri di felice complanno

Io e la Svizzera

Athos Realini 6825 Capolago

Quest'anno la Svizzera festeggia i suoi 700 anni di esistenza.
Nata ai primi di Agosto del 1291 per volere dei rappresentanti dei 3 cantoni primitivi Uri, Svitto e Unterwalden, a poco a poco si è ingrandita. Altri cantoni nel corso dei decenni e dei secoli si sono aggiunti fino all'ultimo, canton Giura nel 1974.
Ora i fratellini sono 26.
La Svizzera si trova al centro dell'Europa e per forza di cose é diventata un paese industriale e di grande traffico. Tutte le principali arterie del traffico internazionale passano dalla Svizzera, portando certo un benessere visibile ma anche un grande malcontento per chi subisce questi eventi. Io che abito a Capolago, fra la cantonale, la ferrovia e l'autostrada mi accorgo che quasi non posso uscire di casa senza correre pericolo. I rumori poi si fanno proprio sentire. Per fortuna il Monte Generoso mi offre una prospettiva di evasione non indifferente e il lago, (vado a pescare in barca) mi offre in ogni stagione tranquillità, svago e evasione. Bisognerebbe che tutti, e non solo gli Svizzeri, si impegnassero a offrirsi una qualità di vita, magari più semplice ma più sana; rinunciando a tanti viaggi e vacanze per imparare a conoscere, ed apprezzare i posti più nascosti del proprio villaggio e le immediate vicinanze
Per fare questo non occorre l'auto e neanche i mezzi pubblici. Una salutare passeggiata a piedi anche di un giorno intero ci lascerà stanchi ma molto soddisfati
Bisognerebbe curare di più le relazioni personali tra tutti i ceti della popolazione e non pensare solo alla cerchia di poche persone. Per fortuna la Svizzera possiede tante montagne, dove non si puó andare ad abitare ma neanche a costr strade e autostrade. Almeno in questi posti si potrà avere una relativa tranquillità
Dovremmo tutti in sieme, e nello stesso momento di correre e fermarci a osservare quello che ci siamo lasciati dietro. Forse non ne saremo contenti. Magari cercheremo di non più calpestare questa nostra vecchia Svizzera che tanto ci ha dato e ancora ci offre a piene mani.

Tema dei ragazzi che andranno al Grütli:

In futuro, Svizzera sempre più sola?

Il 15-16 maggio, a Bruxelles, i rappresentanti dei 18 stati europei hanno firmato l'accordo per la creazione dello Spazio Economico Europeo (SEE). L'unico paese che è in dubbio e pone condizioni è, purtroppo, la nostra Svizzera. La delegazione elvetica, ha rifiutato infatti di aderire a tutte le leggi che la SEE stabilirà e non è stata d'accordo che, per interpretare il trattato SEE, si formasse una corte di 5 rappresentanti CEE, e di 2 AELS. La seconda condizione è esaudibile: in futuro, nell'Europa Unita, vi sarà una corte indipendente.

La Svizzera, non se l'è così sentita di firmare il famoso accordo e rischia di essere l'unico stato europeo non della SEE.

Spero di cuore che la Svizzera ci ripensi e firmi senza indugi (in giugno avrà un'altra "chanse").

Noi svizzeri non vogliamo rimanere esclusi dal nostro continente poichè rischieremo di fallire economicamente e politicamente.

Andrea Sartori

"Sogno di una Svizzera di domani".

Sonó abbastanza felice della Svizzera com'è ades= só, vorrei che non cambiasse mai.
Purtroppó è una cosa quasi impossibile, se si pensa ai pericoli d'inquinamentó e di sovrap= popolazione che minacciano le nostre città.
Fortunatamente sono nato in una piccola val= le del Grigione italianó, non ancora così inquinata e il trafficó non così intensó!
Peró d'estate ci sonó abbastanza turisti, che ap= prezzanó ancora l'aria pulita delle nostre montagne. A me piacerebbe che la popolazio= ne elvetica fosse un pó' menó spendacciona e si accontentasse di quello che ha e non volere sempre di più, di più...!
Magari fra 20 o 30 anni in Svizzera non ci sarà più benzina, così dovremó camminare tutti, o ritorneranno i cavalli e le carrozze, oppure ci saranno solamente dei veicoli solari, chi lo sa! Speriamó bene!

Sandro, 12, Vicosoprano

SVIZZERA 2000 13.05.1991 Daniele Madonna

Cerco di esprimere i miei sentimenti di cittadino svizzero in base alle esperienze personali.

A scuola ho imparato che la Svizzera:

- è un paese continentale, situato in una posizione particolare al centro dell'Europa, sull'arco alpino, un paese che deve affrontare e risolvere i problemi di transito sia delle genti che delle merci;
- ha una piccola superficie, densamente popolata se si tien conto delle piccole zone residenziali e le estese zone montagnose, povera di materie prime e quindi dipende dall'estero, ma con un industria tecnologica di precisione e quindi esportatrice di prodotti finiti di alta qualità;
- è un paese ammirato e rispettato dagli altri perché sede di parecchie organizzazioni umanitarie internazionali (CICR, ONU, UNICEF, ...)

In casa, sui giornali, alla radio, alla televisione ho sentito spesso parlare di neutralità e cerco di capire cosa significa. Per me significa innanzitutto benessere, sicurezza, possibilità di esprimere liberamente ciò che si pensa, libertà di spostarsi ovunque, ammirazione per il nostro settore terziario (le scuole, le banche, i servizi sociali, ...).

Ma non è sempre stato così. Le generazioni passate hanno dovuto lottare per conquistare tutte le libertà di cui noi beneficiamo e diamo per scontate, ma che molti popoli ancora oggi non hanno, e vivono terribili conflitti per ottenerle. Il nostro impegno principale é -e sarà- quello di difendere, rispettare, proporre agli altri i nostri diritti aquisiti, non chiudendoci però nel nostro piccolo incantevole territorio ma allacciando legami di cooperazione con altri paesi anche perchè i grossi problemi che assillano l'intera umanità alla soglia del ventunesimo secolo varcano ogni confine.

Per un futuro ancora migliore desidererei una Svizzera che:

- possa salvaguardare tutto ciò che ha attualmente, apportando le dovute migliorie;
- collabori alla soluzione dei problemi comuni a tutti i paesi;
- continui ad essere un modello di democrazia per molti altri popoli, in particolare un paese dove ad ogni individuo siano garantite libertà, dignità e assistenza.

La Svizzera è un corridoio di transito sull'asse Nord-Sud del continente; ogni ponte simboleggia questo legame di popoli, di culture, di tradizioni; ogni galleria é paragonabile a una situazione di crisi, ad un problema da risolvere, ma alla uscita ecco il paesaggio splendido, baciato dal sole, immagine di un'ideale condizione di vita per tutti.

Ogni vetta é simbolo di un progresso raggiunto con sacrifici e gelosamente custodito ad ogni costo

Paolo Grassi

Lugano, il 10.5.1991

L'EUROPA CI ASPETTA

Il ricordo del patto stipulato 700 anni fa al Rütli deve far riflettere sul perché é stato voluto: principalmente per creare un'alleanza difensiva contro gli invasori.
Intorno a questa alleanza difensiva, diventata poi neutralitá col passare dei secoli, la nostra nazione si é chiusa in se stessa, diventando a poco a poco un' "Isola" nell' Europa che la circonda.
La capacità dimostrata dagli svizzeri di appartenere alla Svizzera, cioé di convivere con quattro culture differenti tra loro, deve permetter loro di aprirsi anche alla possibilità di appartenere di fatto all' Europa unita.
Dappertutto "il Settecentesimo della Confederazione" é festeggiato; le nazioni europee stanno onorando questa Festa e la Svizzera potrà ripagarle grandemente unendosi a loro per "un' Europa unita".
Questo credo sia il sogno dei giovani svizzeri:
"Appartenere ad una Svizzera europea".

Agostoni Paolo 9.5.'91

CH: 1291_.....

La nostra Svizzera compie 700 anni e come nel 1291 i tre fondatori della confederazione si sentirono fieri di aver costituito una nazione libera, dopo tutti questi lunghi secoli mi sento fiero di essere qui, a rappresentare il mio piccolo comune d' Aranno, per i festeggiamenti del settecentesimo. In questo giorno mi auspico vivamente che migliorino i seguenti problemi:

- il tasso d' inquinamento sia fonico che ambientale.
- il problema degli stupefacenti.
- il problema dei rifugiati.

Per aiutare a migliorare i seguenti problemi anche noi ragazzi dovemmo cominciare a riflettere su alcune scelte e decisioni. Per esempio:

- tra l'auto e i mezzi publici dovemmo scegliere la seconda alternativa.
- per la droga noi dovemmo impegnarci a fondo per non finire in quel brutto vizio.
- quanto ai rifugiati, noi non ci dobbiamo chiuderci nelle comodità delle nostre case, ma preoccuparci anche degli altri problemi esterni.

Un problema che mi sta molto a cuore è quello dei beneficiari di AVS che non devono essere lasciati negli ospedali ma cercare di inserirli in piccole comunità, così che loro si sentano ancora persone vive.

"Sogni giovanili per la Svizzera del futuro"

La Svizzera è una nazione piccola, perciò non può produrre tutto da sè ma deve ricorrere all'importazione. Le automobili se non le importassimo in Svizzera non esisterebbero così come certi alimenti (pesce di mare, frutti esotici ecc.). Però la mia Patria è una delle nazioni più organizzate; ci sono molti medici e ospedali che funzionano bene, mezzi di trasporto pubblici puntuali (bus, treni...).
Non vorrei che in Svizzera si costruissero centrali nucleari e quelle già esistenti le eliminerei perchè se dovessero scoppiare sarebbe molto grave e proibirei nel modo più assoluto di inquinare l'aria e l'acqua.
I camion stranieri di 40 t. a mio parere non dovrebbero attraversare il nostro territorio perchè inquinano, sono rumorosi, rovinano le strade e soprattutto provocano un aumento del traffico stradale.
La Svizzera dovrà mantenere la neutralità.
I richiedenti d'asilo sono troppi: la Svizzera non può riceverli tutti poichè è piccola; io limiterei le entrate.
In futuro vorrei una Svizzera più ecologica, con meno sprechi ma così com'è la trovo già bella.

Tiziano

Montecarasso, 5 maggio 1991

Lodrino, 9 maggio '91 Daniela Furrer

La Svizzera, oasi di pace nel mondo

Quando accendo la televisione e osservo scene di guerra, di ribellioni, di miseria che accadono nel mondo, mi capita di pensare a come sono fortunata ad abitare in un paese come la Svizzera.

Malgrado le differenze di cultura, di lingue e religioni diverse i cittadini del nostro paese hanno trovato il modo di convivere pacificamente e di contribuire al benessere comune.

Grazie all' impegno di tutti si è riuscito a risolvere in modo pacifico la maggior parte dei problemi esistenti e si è creato una condizione di benessere e di pace sociale.

Per il futuro spero che questa oasi di pace nel mondo possa continuare a esistere e ad essere di esempio per gli altri Stati che ci circondano e che sono confrontati con grandi problemi di convivenza.

Avegno, 9 maggio 1991

LA SVIZZERA DEI GIOVANI

Non mi riesce facile pensare e scrivere questo tema perché non mi sono mai posto domande di questo genere e perché la Svizzera mi piace così com'è. Penso che la Svizzera, un domani, sarà una delle nazioni più pacifiche, una delle più evolute.
Semmai i problemi che toccano il nostro paese sono simili a quelli delle altre nazioni europee.
Per esempio:

- il problema dell'inquinamento fonico e atmosferico, che richiede la soluzione del traffico;
- la piaga della droga che necessita l'impegno con le altre nazioni;
- trovare una soluzione comune in favore dei richiedenti asilo politico.

Comunque quello che importa di più è che la Svizzera non pensi di essere la migliore e che non si chiuda mai in se stessa perché i problemi attuali superano i confini geografici.

Lorenzo Lanzi

Stefano Rezzonico PARADISO, 15 maggio 1991

LA SVIZZERA UN PARADISO?

Quando si va all'estero si sente parlare della Svizzera come di un paradiso senza problemi; ma sará poi vero?
Innanzi tutto c'é il problema della CEE: entrare o non entrare? La maggioranza del popolo vota no per paura di perdere la neutralitá; ma la CEE é un'organizzazione economica; che neutralitá si perderebbe?
La neutralitá deve essere solo politica; non deve invadere altri campi.
Poi c'é il problema dell'esercito: per me solo dei pazzi potrebbero pensare a una nazione senza esercito. Se nascesse un nuovo Hitler come ci difenderemmo?
C'é chi dice che non dovremmo "cacciare" gli immigrati, ma costoro non vedono il problema su scala nazionale; é sbagliato pensare che la Svizzera sia "elastica", possa cioé permettere a tutti di abitarci; e allora, se si prendesse chiunque, alla fine chi veramente ha bisogno di casa e protezione resterebbe fuori, mentre noi saremmo pieni di immigrati giunti fino a qui nella speranza di una vita migliore, ma senza nessuna necessitá veramente importante.
Per finire "in bellezza" un altro eterno problema: proteggere la natura o proteggere il progresso? Di solito quando si parla di Svizzera si pensa a pascoli verdeggianti e a montagne innevate, ma mai a cittá come Basilea, con tutti i suoi prodotti chimici, o alle centrali nucleari, cause di tanti problemi. Con l'ultimo referendum-ambiente si é vietata la costruzione di centrali nucleari per i prossimi 10 anni; ma come reagiranno gli svizzeri quando gli si chiederá una svolta decisiva? Perdere qualche comfort o perdere un ambiente che difficilmente potrá essere ricreato?
É bene quindi che gli svizzeri si rimbocchino le maniche e prendano qualche decisione definitiva, e non sempre vie di mezzo!

Daniela Donati Broglio, 11 maggio 1991

LA SVIZZERA DI OGGI E DI DOMANI

La Svizzera oggi é troppo inquinata e piena di droga. Secondo me per ridurre l'inquinamento occorrerebbe stabilire una legge che multi tutti coloro che usano veicoli a motori senza uno scopo ben preciso, ma solo così, per divertirsi. Si dovrebbe anche convincere la gente ad adoperare i mezzi pubblici di trasporto, ma naturalmente bisognerebbe anche ridurre le loro tariffe. Per quanto riguarda la droga, invece, si dovrebbero invitare soprattutto i giovani a non ricorrervi, informandoli molto di più durante la scuola dell'obbligo. Poi, magari i giovani non ascoltano, ma almeno qualcosa si é cercato di fare.
Ma, purtroppo in Svizzera non ci sono solo l'inquinamento e la droga, ma anche altri problemi; uno di questi é il fatto che, molti rifugiati sono qui da noi. Secondo me sarebbe opportuno che la Svizzera facesse qualcosa prima, che noi Confederati saremo in minor numero dei rifugiati. Un altro problema, é il fatto che in Svizzera ci sono tre lingue. Sarebbe utile scegliere una lingua fra queste, (l'italiano, il francese o il tedesco) che si parli e si usi indipendentemente dai Cantoni. Grazie a questo si eviterebbero spiacevoli problemi d'intesa fra un Cantone e l'altro.
Mi piacerebbe vedere la Svizzera del futuro senza inquinamento, droga e con meno rifugiati; ma con qualche "comodità" in più per gli anziani, costruendo dei ricoveri e offrendo loro qualche opportunità di svolgere un piccolo lavoro secondo le proprie capacità. Ma ci vorrebbe anche qualcosa per i giovani, come cinema, teatri, ecc. anche nelle valli, evitando che chi abita lontano dai centri si debba spostare in città solo per vedere un film.
Malgrado tutti i problemi che ci circondano, possiamo ancora ritenerci fortunati ad abitare in un bel Stato quale la Svizzera

"Sogni giovanili per la Svizzera del futuro"

Cara Svizzera,

ti faccio i miei migliori auguri per il tuo 700.mo compleanno.
Vorrei peró che le future generazioni possano anch'esse farti gli auguri per simili ricorrenze. La tua salute mi sta infatti molto a cuore e non vorrei che ti ammali irrimediabilmente!
Nei miei sogni, malgrado il tuo aspetto esteriore cosí ordinato e pulito, spero che anche le parti che non si vedono diventino piú pulite. Sogno in particolare di vederti con meno traffico, con trasporti pubblici meglio organizzati e meno costosi in modo che tanta gente lascerebbe l'automobile a casa.
Che bello sarebbe poter liberamente giocare e andare in bicicletta sulle strade respirando un aria più pulita!
Sperando che i miei sogni non rimangano soltanto sogni ma che tutti si impegnino per farli diventare realtá, ti auguro ancora una volta buon compleanno!

Nynke Brenn

Leoni Patrick

Morbio Superiore

"Sogni giovanili per la Svizzera del futuro!"

A me piacerebbe una Svizzera che pensasse di piú ai giovani come mé: ad esempio organizzare feste all'aperto, fare dei giochi, ecc.... Secondo mé questa Svizzera del 20º secolo pensa troppo ai propri problemi lasciandoci in disparte.
La Svizzera sarebbe piú bella con:

- piú parchi per divertirsi.
- meno automobili in circolazione.
- con i prezzi degli articoli di qualsiasi genere un pó piú ridotti.
- costruire piú sale giochi nelle valli.

Questi sono i miei 4 unici desideri per la Svizzera del futuro.
Però a parte queste piccolissime cose la Svizzera é bella, "attraente", "sincera", gli manca una cosa per essere tutto .... il mare. Anche senza il mare é sempre bella con le sue montagne, fiumi, laghi e boschi.

Colgo l'occasione per ringraziare tutti gli organizzatori di questa festa del Settecentesimo che avrà luogo sul Grütli e felice poter parteciparci. Ora cercherò di scrivere un tema riguardante:
- la droga - l'inquinamento

Alcuni cenni sui problemi della Svizzera

La Svizzera seppur piccola è una bella nazione e si vive anche bene, in confronto al altre in cui regnano la guerra, la povertà più assoluta, la fame, ... La Svizzera ha un reddito pro capite molto alto, si da il caso che sia la nazione più ricca del mondo. Ma purtroppo anche la nostra nazione ha la parte negativa della medaglia. Si tratta di problemi che toccano tutti; giovani e meno giovani. La droga, per esempio, un punto molto scottante e che dilaga soprattutto tra la gioventù. Ogni anno aumentano i morti per overdose e suicidi. Bisognerebbe aiutare di più questi giovani, avere più fiducia in loro stessi, forse si dovrebbe provare ad ascoltarli di più cercando di capire i loro problemi. Probabilmente con questo aiuto tanti giovani non prenderebbero questa triste strada che porta alla morte sicura. Un altro punto scottante è l'inquinamento; anche qui si aumenta di giorno in giorno sempre di più. Qualche sforzo per fermarlo è già stato fatto, ora sicuramente c'è tanto da fare ancora per avere un pò di più di aria e acqua pulita. Troppe macchine private circolano inutilmente o quasi intasando le strade e sporcando così l'aria, quando, che si potrebbe evitare tanto traffico usando mezzi popolari e veloci, messi a disposizione per i cittadini. Bus o tram che portano anche verso le dogane per servire i lavoratori stranieri, snellendo le code alle dogane e diminuendo tanti gas tossici.

Oltre queste due proposte, altri suggerimenti si potrebbero fare per avere una Svizzera del futuro più bella più attrattiva e più competitiva. Ogni singolo cittadino dovrebbe contribuire magari con qualche piccolo sforzo, a fare qualche cosa per migliorare e salvaguardare certe situazioni divenute ora un pò troppo correnti, per una Svizzera di domani migliore.

Pina Andrea
Cá Louca
6957 Roveredo (TI)

Uri

Mein persönlicher Steckbrief

Name Bissig
Vorname Hardy
Strasse Ruchenblick
Ort Unterschächen
Telefon 6'12'49
Geb.-Datum 17. 5. 1978

Meine Wünsche an die Schweiz von morgen

Ich wünsche mir das es nie Krieg gibt. Keine Ausländer aufnemen. Der Schwerverkehr von der Strasse auf die Schienen verladen. Weniger Geld ins Ausland schicken.
Die Umwelt sauber halten.

Mein persönlicher Steckbrief

Name Jauch
Vorname Susanne
Strasse Dägerlohn
Ort 6473 Silenen
Telefon 044/6'46'39
Geb.-Datum 11 Oktober 1978

Meine Wünsche an die Schweiz von morgen

- Das am Gotthard die zweite Röhre nicht gebaut wird
- Das in der Schweiz der Verkehr abnimmt
- Das man besser zur Umwelt schaut
- Das nicht mehr so viele Fabriken gebaut werden

Mein persönlicher Steckbrief

Name Simmen
Vorname Carmen
Strasse Hegg A
Ort 6491 Realp
Telefon 044/6 70 15
Geb.-Datum 10. Juli 1979

Meine Wünsche an die Schweiz von morgen

reinere Luft, weniger Abgase, vor allem Frieden und Gerechtigkeit.
Den kleinen Bergdörfern in der ganzen Schweiz wünsche ich weniger Abwanderung.
Ganz besonders wünsche ich den Kindern der kleinen Berggemeinden, dass sie die Primarschule im eigenen Dorf besuchen können

Mein persönlicher Steckbrief

Name Baumann
Vorname Antonia
Strasse Stalden oder Breitmoos
Ort 6482 Gurtnellen-Dorf
Telefon 65321 oder 65591
Geb.-Datum 13. März 1979

Meine Wünsche an die Schweiz von morgen

Dass die Schweiz von einem 3. Weltkrieg verschohnt bleibt. Dass die Umweltverschmutzung in der Schweiz nicht grösser wird. Dass die Leute weniger Autofahren und die öffentlichen Verkersmittel mehr gebrauchen. Allerdings sollten die öffentlichen Verkehrsmittel nicht so oft teurer werden.

Mein persönlicher Steckbrief

Name Imhof
Vorname Pamela
Strasse Mohrenkopf 11
Ort 6472 Erstfeld
Telefon 044 /527'53
Geb.-Datum 18.6.1979

Meine Wünsche an die Schweiz von morgen

Ich wünsche mir, dass die ganze Drogen-problematik in der Schweiz gelöst wird. Abgabe von Methadon bringt sicher neue Abhängigkeit – ich hoffe, dass mit Akupunktur und sonstiger Naturheil-kunde neue Wege gefunden werden.
Ich wünsche mir, dass bald ein wirksames Mittel gegen den AIDS-Virus entwickelt wird.

Mein persönlicher Steckbrief

Name Enderli
Vorname Christina
Strasse Plätzligasse 4
Ort 6463 Bürglen
Telefon 044/2'68'58
Geb.-Datum 30.3.78

Meine Wünsche an die Schweiz von morgen

Dass wir Schweizer die Not in dieser Welt sehen und vermehrt, denen helfen, die nichts haben.
Dass man die Verkehrsprobleme auf irgend eine art lösen kann.

Mein persönlicher Steckbrief

Name Wyrsch
Vornome Stefan
Strasse Kummetstr. 21
Ort 6468 Attinghausen
Telefon 044/2 77 74
Geb.-Datum 16. 11. 1978

Meine Wünsche an die Schweiz von morgen

Ich wünsche mir, dass sich die Umwelt verbessert, dass es in der Schweiz genug Arbeit gibt und dass Friede im Land bleibt!

Mein persönlicher Steckbrief

Name : WYRSCH
Vorname : PETRA
Strasse : OB. FELDGASSE 22
Ort : SEEDORF
Telefon : 2'57'89
Geb.-Datum : 1.3.78

Meine Wünsche an die Schweiz von morgen

DAS MAN FÜR DAS VERKEHRSPROBLEM AM GOTT-HARD EINEGUTE LÖSUNG FINDET, DASS AUCH NOCH WEITERE GENERATIONEN EINIGERMASSEN FRISCHE LUFT ATMEN KÖNNEN.
UND ICH WÜNSCHE MIR, DASS DIE SEEN SAUBER UND DIE WÄLDER NOCH LANGE GESUND BLEIBEN.

Vaud

Mon rève de la Suisse de demain

Mon rève et de voir la Suisse...

- sans usines, sans camions, sans véhicules, sans routes goudronnées que des routes en pierre
- Je la vois pleine de richesses avec tout le monde heureux sans guerre, sans voleurs, pleine de forêts, avec des oiseaux qui chantent à notre réveil, des animaux sauvages.
- Je la vois avec des milliers de chevaux en liberté qui viennent chercher leurs carottes dans nos mains.
- Je l'imagine sans famine, avec les clochards qui ont tous une maison avec leurs familles, aussi être amies avec les étrangers et les individus de l'espace.
- J'aimerai qu'elle soie sans vendeurs de drogue ni de drogués et que tous ceux qu'ils le sont soient sains et saufs.
- Je la vois avec des petits villages de paysans avec un boulanger qui fait du pain frais chaques matins et du bon lait frais.
- Je désirai qu'elle soie remplie d'oiseaux et j'aimerai vivre dans la nature encore plus proche d'elle, apprendre à mieux la connaître, la respecter, l'entretenir. Que tous les massacres des forêts et des animaux cesses.
- J'aimerai qu'elle soie pleine de bonheur, remplie de fleurs.

Manon Humbert, 12

Rêve de la Suisse de demain

1291 1991

Avant de vous donner connaissance de mon rêve de la Suisse de demain, je tiens à remercier d'abord la direction des écoles Veveysannes ainsi que les Conseillers Communaux, Cantonaux et Fédéraux de m'avoir choisie pour représenter ma commune, qui est Vevey.

Je voudrais encore dire que c'est grâce aux trois Cantons Suisses URI, SCHWYZ et UNTERWALD, que je suis là en ce moment, car sans eux, il n'y aurait jamais eu de Suisse. S'ils m'entendent, je les en remercie de tout coeur.

Maintenant je peux commencer:

Bien sûr que demain, je serai une dame. Alors pour mes enfants j'aimerais bien que l'on fasse un super parc d'attractions où mes enfants pourraient s'amuser et ce parc je l'installerais soit à Lausanne soit à Genève, car ce sont des grandes villes qui ne sont pas trop éloignée de chez moi. J'aimerais aussi qu'il y ait moins de batiments, pour avoir plus de nature où les enfants pourraient jouer au football, à la puce, a cache-cache, etc... Je trouve que les villes deviennent de plus en plus dangereuses pour les piétons et les cyclistes, je suis sûre que si les voitures ne circulaient plus en ville, il y aurait beaucoup moins d'accidents. Alors, voilà mon idée: que les voitures aient droit seulement aux autoroutes. Seuls les bus auraient le droit de quitter l'autoroute pour aller dans les villes, les villages ou la campagne. En cas d'extrême urgence, une voiture qui devrait quitter l'autoroute en aurait la permission en s'adressant à la police, et pour terminer, rendez-vous pour mes petits enfants pour fêter le 800ème de la confédération et le premier siècle de l'Europe avec GUILLAUME TELL.

Rüdlinger Martine

Valais

Sarah Hess

Monthey, le 23 avril 91

Rêve de jeunesse pour la Suisse de demain.

Lorsque je regarde autour de moi, je vois un pays vert, riche, aux magnifiques paysages. Tout à l'air si simple, si commode. Malgré cela, parfois je me demande si les gens qui vivent ici sont vraiment heureux dans ce pays merveilleux. Alors, j'observe mieux, j'aperçois une larme furtive qu'on essuie d'un revers de main, la misère qu'on cache si bien et tous ces problèmes qu'on tait, qu'on fait semblant d'ignorer.

Mais, quand je ferme les yeux... j'imagine un monde différent, moins de vide dans les coeurs, moins d'indifférence dans les regards des passants. L'Europe unie serait-elle la solution? En tous cas, je pense qu'elle donnera une belle leçon d'humilité à la Suisse qui n'est pas si lisse et nette que ça.

Mon rêve pour demain c'est le bonheur; c'est ce que je souhaite pour la Suisse et tous les Suisses.

Mardi, le 23 Avril

La Suisse de l'an 2000

La Suisse de l'an 2000, je veux qu'elle soit sans animosité envers les étrangers. Je veux qu'en Suisse tout le monde mange à sa faim car malgré son aspect il existe beaucoup de pauvres gens dans ce pays. Que tous les hommes importants de la Suisse consultent aussi les jeunes. Qu'il y ait beaucoup plus de salles de jeux et de lieux de rencontre pour les jeunes. Que la nourriture, l'habillement et les loyers soient moins cher. Mais aussi je veux qu'il y ait beaucoup plus de gens qui s'occupent des personnes âgés. Je veux que chaque homme dans ce pays se sente protégé, que la police nous protège et que l'on ne se fasse pas attaquer à chaque coin de rue. Enfin, mon rêve c'est qu'il n'y ait plus de drogue et d'alcool en Suisse...

Sabine Ecoeur

La Suisse de mes rêves

Alors qu'à l'Est les frontières disparaissent et que dans mains d'un an douze pays ouvriront les leurs, j'aimerais que nous Suisses qui fêtons cette année le 700ème anniversaire de la fondation de la confédération, nous ne restions pas cloîtrés dans notre pays, que nous ne nous renfermions pas sur nous-mêmes comme un hérisson qui se sentirait en danger.

J'espère que nous rentrerons dans la CEE sans toutefois oublier notre culture et nos coutumes, sans perdre notre identité propre.

Il me semble que nous pourrions accepter certaines des conditions posées par la CEE tout en défendant nos libertés. Avant tout, résolvons les problèmes de notre pays tels que la pollution.

Je souhaiterais que la Suisse puisse donner une autre image d'elle-même, qu'elle soit autre chose que le pays du chocolat et des montres, autre chose qu'une tirelire pour dictateurs ou patrons de la drogue. J'espère que les autorités de notre pays seront conscientes de leur rôle et qu'elles prendront les mesures nécessaires pour redorer le blason de la Suisse et nous faire oublier les tristes affaires des fiches et de la P.26

Geneviève Sierro 13 ans

Philippe
Eichenberger

La Suisse de demain.

Je la verrais moins renfermée sur elle-même, la Suisse de demain. Je la verrais plus insérée dans les pays de l'Europe, plus ouverte aux lois européennes. La Suisse de demain, je la verrais "européenne". Je la verrais plus favorable au développement des transports et des communications; nous sommes quand même un pays de transit à travers les alpes; c'est à peu près notre seul atout dans le petit pays de paysans et de montagnards que nous sommes. Alors avançons dans ce secteur.
Je propose des autoroutes à trois voies entre les grands axes routiers comme par excemple: Fribourg, Berne et Zurich. Ce genre de communications est peut-être la seule issue avec le tourisme vers une Suisse plus ouverte.
Vous adultes, qui avez le droit de décider, préparez-nous déjà un avenir confortable et non pas un enfer entre ces montagnes qui nous sont si chères, aussi! Je suis sûr que nous saurons garder cette Suisse future. Je propose aussi un système scolaire uni où les élèves devant déménager dans un canton voisin n'aient pas de gros sauts en arrivant dans une nouvelle école. Certains bâtiments scolaires devraient être renovés, modernisés. Non!!! Je ne dis pas cela parce que l'école est mon domaine, mais je me fais porte-parole de la génération à venir.
Il faudrait encore améliorer certains établissements publics, avancer en technologie dans certains domaines, avant que la Suisse ne soit montrée du doigt comme un pays de "ringards". Ne nous attardons pas à arrondir les angles de certaines activitées comme: la modernisation du système bancaire, mais plutôt de suivre le cours de l'evolution des techiques et d'aider les pays de l'est à la suivre avec nous.
En un mot: descendons de nos montagnes!

La Suisse

Comme nous le savons tous, cette année nous fêterons le 700e anniversaire de la Confédération.
En ce moment, la Suisse traverse des passages difficiles. Le plus grand problème que connait la Suisse, est, à mon avis, celui des étrangers qui quittent leur pays à cause de la famine qui y règne ou des problèmes politiques qu'ils rencontrent, pour venir s'installer chez nous. Nous pouvons très bien les accueillir mais seulement, il faut trouver des endroits où les loger et les intégrer à la population. Je trouve que nos gouvernements pourraient faire en sorte de leur fournir du travail pour qu'ils puissent vivre dignement dans notre pays. Et puis, comme la Suisse ne peut pas recevoir un nombre illimité de réfugiés, il faudrait qu'elle fasse tout pour que ces personnes puissent rentrer chez elles et y vivre en toute sécurité.
Nous avons aussi des problèmes au niveau de la pollution. Pour lutter contre ce fléau, je trouve qu'on devrait limiter le nombre de voitures. Chaque famille aurait droit à une seule voiture. Les parents et les enfants auraient chacun un vélo que le gouvernement leur offrirait généreusement. Chaque citoyen recevrait aussi un abonnement de bus gratuit. Ainsi, nous limiterions les déplacements en voiture.
Bien sûr, il faut aussi voir le bon côté des choses. Moi, personnellement, je pense que la Suisse est un merveilleux pays et je m'y sens très bien. Pourtant, parfois, je regrette de ne pas pouvoir admirer le coucher du soleil sur la plage, ma foi, on ne peut pas tout avoir.

Séverine
IS3 13 ans

Mon rêve pour une Suisse de demain :

Il est huit heures. Un homme et une femme, dans la trentaine, partent travailler. Ils se sont rencontrés lors d'un stage en Allemagne, pendant leurs études universitaires. Ce bonheur, ils le doivent au gouvernement de leur pays qui, en 1992, a adhéré à la C.E.E et a ainsi permis ce type d'échanges. Aujourd'hui, ils occupent tous deux le même emploi dans un laboratoire et, à la fin du mois, ils perçoivent le même salaire puisque le principe de l'égalité fixé ds la constitution de leur pays est parfaitement appliqué. Ce matin, ils se sont réveillés à 6h00 pour s'occuper de leur enfant. A la naissance du bébé, les parents se sont partagés un congé de maternité. Cela a été possible grâce à la politique du gouvernement suisse qui met tout en oeuvre pour respecter la famille.

Un monorail électrique les amène vers leur lieu de travail, l'institut de biologie de Sion. En ville, comme à la campagne, les moteurs à essence ont peu à peu disparu. Les voitures à énergie solaire ont remplacé les anciens véhicules trop pollueurs. On respire un air bien plus pur qu'en 1991. La femme, pour le bien-être de l'enfant, ne travaille que deux jours par semaine au laboratoire. Le reste du temps, elle travaille à domicile: reliée par un ordinateur à son bureau. Le chômage a complètement disparu, et les postes de travail sont nombreux et tous les jeunes peuvent recevoir la formation qu'ils souhaitent et trouver un emploi. Le soir, ou le dimanche, le couple et le bébé parcourent la campagne ou les bois environnants. Les arbres ne sont plus malades et la nature n'a jamais été aussi belle!

"Jasmine, réveille-toi : c'est l'heure de te lever!". Lentement mais sûrement, je quitte les bras de Morphée. Ce n'était donc qu'un rêve, mais quel rêve! Dommage, car il m'avait bien semblé reconnaître la femme, moi dans vingt ans.

Ce paysage de rêve est-il utopique de le désirer? Pourquoi ne pas rêver d'une Suisse où chacun trouverait son bonheur ?!?

(Jasmine Roten) 13 ans

David Robin.

Rêves de jeunesse d'une Suisse de demain.

Lorsque l'on regarde la Suisse aujourd'hui, on aimerait bien pouvoir changer quelques petites choses, l'améliorer, lui donner un autre visage. Alors pourquoi ne pas, par exemple, imaginer la Suisse de demain?

Tout d'abord, la première chose qu'il faudrait améliorer, ce serait le problème de la pollution.
Chaque année, trop d'arbres de nos forêts meurent à cause des pluies acides. Trop de gens sont malades pour avoir respiré les gaz carboniques des véhicules, et les fumées des usines. Pour remédier à tout cela, il faudrait inventer la voiture de demain: voiture solaire, composée d'une batterie rechargeable à la lumière solaire, avec une autonnomie de plusieurs jours.

Il subsiste malheureusement d'autres problèmes à résoudre, comme nos montagnes que l'armée transforme en "gruyère". Pourquoi une armée? car, à tout moment, une guerre peut éclater. Donc si l'on veut éliminer l'armée, il faudrait éliminer la guerre; il faudrait que les hommes apprennent à mieux se comprendre. Beaucoup de ces problèmes sont créés par les hommes, aveugles, qui ne pensent qu'à l'argent. Pourquoi le racisme? Car celui d'un autre pays n'est pas de la même couleur que nous, donc il est esclave! Il n'est peut-être pas de même couleur, mais à l'intérieur de lui, c'est le même homme que nous, un homme tout à fait normal. Et le chômage, et les pauvres et les maladies? Tous ces problèmes-ci sont également très graves. Il faudrait espérer, que demain, l'on trouve un remède au cancer, au sida... un remède à la pauvreté, au chômage...
Alors, en s'aidant mutuellement, on peut arriver à résoudre tous ces problèmes.
Voilà comme je la vois, la Suisse de demain!

Monthey, le 25.04.91 Müller Alain

Rêves de jeunesse d'une Suisse de demain

L'avenir ... c'est quoi l'avenir de la Suisse ? Les voitures volantes, les vélomoteurs à réacteur, les avions qui volent à 723567322 à l'heure, je vous demande un peu ? Non, je ne pense pas ! Au fait l'avenir de ce petit pays est un peu obstrué ! Un pays caché sous sa richesse et sa neutralité. Un pays où la mer n'èsciste pas... La vie Suisse est tellement droite, stricte. Un pays renfermé sur lui-même, qui ne sait plus trop où il est ! Mais non, mais non, la Suisse est riche, la Suisse est propre, la Suisse et bien organisée, bien défendue. Elle est d'ailleurs si bien organiséeque chaque citoyen ne peut à peine lever le petit doigt, qu'on lit déjà sur sa fiche :

"Monsieur X a levé le petit doigt gauche de 1,332 cm le 31.03.90 à 16 H. 15 m 03 Δ 4 < ..." Mais dites-moi, elles doivent être longues ces fiches ! Un pays tellement orgueilleux qu'il n'ose à peine parler d'une éventuelle admission dans l'Europe Unie. Mais non, voyons, ces messieurs Suisses sont bien assez riches !

Je suis suisse et parfois, pas très fier de l'être...
La Suisse est riche de tout, sauf de vie et de solidarité !

La Suisse de demain

La Suisse de demain, je la voudrais moins polluée, avec des moyens de transport moins nocifs pour l'environnement et des trains à grande vitesse, car je trouve que, pour nous Valaisans, certains voyages durent beaucoup trop longtemps. D'un autre côté, chaque citoyen devrait faire un effort pour limiter la quantité de déchets, et pour économiser de l'énergie en se passant d'appareils ménagers superflus (et il y en a!). Je trouve qu'on devrait mieux utiliser l'énergie solaire qui remplacerait ainsi l'énergie nucléaire qui nous fait si peur.
La Suisse de demain, je la voudrais plus verte, plus fleurie. Les hommes reprendraient goût au travail de la terre, qu'ils ont quelque peu délaissé. Les paysans seraient à nouveau nombreux. Les poules, les porcs et tous les autres animaux d'élevage seraient élevés en liberté au lieu d'étouffer dans des batteries. Les surfaces bétonnées feraient place à de grands jardins publics verdoyants où les enfants pourraient jouer en toute sécurité.
La Suisse de demain, je la voudrais débarrassée de tous ces pourvoyeurs de drogue, qui détruisent tant de jeunes, qui les poussent à la délinquance et qui les exposent à l'horreur du Sida.
Bref, la Suisse de demain, je la voudrais NETTE et LIBRE!
La Suisse est un bien beau pays, mais le restera-t-elle? Je compte sur vous, Messieurs les politiciens, pour préserver la beauté de notre pays.

Marie-Claude Curdy

1S3 Sion 13 ans

Meine Schweiz von morgen

Heute sieht die Schweiz auch nicht mehr so gut aus, wie sie einmal war. Die Natur ist verschmutzt, es wird überall gebaut, und jeder will noch etwas Besseres. Auch haben wir in der Schweiz viele Ausländer. Es kommen Flüchtlinge oder solche, die hier ein neues Leben anfangen wollen.

Der Natur geht es schlecht. Überall spricht man von Umweltkatastrophen. Es wäre schön, wenn mann nicht immer davon reden, sondern endlich handeln würde. Wir denken immer nur ans Geld, denn wer Geld hat, hat Macht. Wegen des Geldes haben wir den Irakern Waffen geliefert. Wenn wir das nicht getan hätten, wäre es vielleicht weniger schlimm herausgekommen.

Wir Schweizer Bürger sind ein bisschen eingebildet. Weil es uns so gut geht, sind wir verschwenderisch. Wir sollten einmal an die Leute der 3. Welt denken.
Im grossen und ganzen sind wir friedliebend.
Morgen solllten wir Frieden leben.
Im grossen und ganzen sind wir mitfühlend.
Mgroen sollten wir helfen.
Im grossen und ganzen sind wir kritisch.
Morgen sollten wir selber handeln.
Heute sind wir Schweizer.
Morgen sollen wir Weltbürger sein.

Imstepf Stefan

Meine Schweiz von morgen

Die Schweiz ist voller Berge, Flüsse und Seen. Die einzelnen Kantone der Schweiz verstehen sich gut. Man pocht auf Frei-heit, seit 700 Jahren.

Die Schweiz sollte aber auch mehr für die Umwelt tun. Man sollte in der Schweiz nicht so viele Autobahnen, Passstrassen, Gebirgsstrassen und Alpenstrassen bauen. Die Umweltbedingungen sollten ver-bessert werden. Die Luftverschmutzung nimmt immer mehr zu, weil wir nichts dage-gen tun. Wie wird das nur enden?

Will die Schweiz von morgen bestehen, so muss jeder bei sich selber anfangen, sei-nen persönlichen Beitrag zur Erhaltung unseres Landes leisten. Unsere Schweiz ist gut, es sollte sie auch morgen geben.

Heinz Pf.

Meine Schweiz von morgen

Die Schweiz ist in 26 Kantone unterteilt. Viele Menschen haben sich die Schweiz zum Leben ausgesucht. Es ist ein reiches Land. Ein Land, das jeden Touristen mit offenen Armen aufnimmt. Ein schönes Land. Nun zählt die Schweiz schon 700 Jahre. Eine kleine Feier wird für Helvetia veranstaltet. Wir haben Glück, in der Schweiz wohnen und leben zu dürfen! Ein Sprichwort, das auf sie zutrifft, lautet: „Klein, aber fein!" Mir gefällt. die Schweiz!

Roger. A.

Die Schweiz von morgen

Vergleiche

Früher hiess es Armee weg!
Heute heisst es Arme weg!
Früher hiess es wehrlos.
Heute heisst es gewehrlos.
Früher hiess es Fichen fischen.
Heute heisst es Fische fischen.
Früher hiess es Qualität
Heute heisst es Quantität
Früher hiess es Sonnenennergie
Heute heisst es Sonnenallergie
Früher hiess es Stallfabrik
Heute heisst es Stahlfabrik
Früher hiess es Waldweg
Heute heisst es Wald weg!

Heute heisst es: „Heute leben wir! Heute ist heute und morgen ist morgen! Morgen leben andere!
Morgen sollte es heissen:

- Menschenrechte
- Arbeitsrechte
- Sonnenennergie
- Weniger Autos
- menschenwürdigeres Leben für alle.

Zanja Hutter

Meine Schweiz von morgen

Meine Schweiz von morgen sollte anders sein. Es sollte ein Land sein, das für andere zum Vorbild wird: frei, sauber, unzerstörte Landschaft, ein Land, das für alle Platz hat. Davon träume ich. Sonst ist die Schweiz das schönste Land der Welt. Man kann vieles erleben, ansehen und machen. Die Schweiz ist ein sehr reiches Land. Mich stört, dass man Leute, z.B. Jugoslaven, Türken usw. ausstösst. Diese Leute finden fast nirgends eine Wohnung, nur weil die Mietpreise zu hoch sind. Ich träume von einer Schweiz, die auch Ausländer wie Menschen behandelt.

Marco Pfammatter

Meine Schweiz von morgen

Die Schweiz ist ein sehr reiches Land. Alle Eidgenossen haben ein Dach über dem Kopf, haben eine Arbeit, werden gut bezahlt. Wir Kinder „können" zur Schule gehen, uns werden die besten Ausbildungen angeboten. Täglich bekommen wir Essen und Trinken auf den Tisch. Wir Kinder besitzen ein eigenes Zimmer, haben die besten Velos, einen Computer, Fernseher, Videos und viele andere Sachen. Die meisten besitzen ein Auto. Trotzdem wollen wir noch immer mehr. In der Schweiz leben viele Asylanten, die von „uns" Schweizern wie der letzte Dreck behandelt werden! Wir stossen sie aus. Viele von ihnen sind obdachlos, schlafen auf Bänken, in alte Zeitungen eingewickelt. Wir beschimpfen sie mit Wörtern wie „Asylantenschweine!", „Türkenpack" und mit vielen anderen Wörtern. Wir haben Angst vor ihnen. In meiner Schweiz von morgen sollte es dies nicht mehr geben. Ich träume von einer künftigen Schweiz, in der alle mit dem zufrieden sind, was sie haben!

Veit Eyholzer

Meine Schweiz von morgen

Es ist Geographie angesagt.
Ich träume wieder einmal.
Ich träume, ich sei ein Vogel im Jahr 2050.
Gerade lande ich auf einem Baum.
Ich halte Ausschau nach einem saftigen Wurm.
Wie ich bemerke, ist hier ein Bauernhof.
Soeben sehe ich Kühe, Pferde, Schweine, Schafe, Hühner
und einen saftigen Wurm. Sogleich schnappe ich
nach dem Wurm. Er schmeckt schrecklich!
Würmer sind auch nicht das, was sie einmal gewesen
sind.
Auch kein Wunder, wenn man ständig nach Ungeziefern
spritzt. Man denkt dabei nicht an die armen Tiere!
Kein Wunder, dass es immer weniger Tiere gibt.
Und auch die Haustiere! Sie sind überzüchtet,
haben keine Widerstandskraft mehr gegen
Seuchen. Und wenn sie verenden? Halb so
schlimm! Man macht daraus neues Futter.
Immer mehr Gift bedroht den Menschen.

Heute ein Vogel zu sein, ist schlimm.
Ein Mensch zu sein, ist schrecklich. Zum
Glück erwache ich aus meinem Traum.
Es ist erst das Jahr 1991. Man feiert
das 700. Wiegenfest der Schweiz.

Claudia Wedekind

Meine Schweiz von morgen

Es heisst immer, die Schweiz sei ein reiches Land. In Wirklichkeit ist das aber ganz anders. Viele Menschen sind bei uns arm dran! Das will aber niemand wahr haben. So werden fast alle **Spenden**, welche man einzieht, nicht in der Schweiz behalten, sondern ins Ausland geschickt.
Wir vergessen die Armen in unserem Land, Menschen mit geringem Einkommen, Drogenabhängige, Gescheiterte! Wir haben zwar soziale Institutionen für sie, doch die Armut bleibt.
Wir sollten uns vermehrt um jene Menschen kümmern, die sich mit unseren "Brosamen" begnügen. Vielleicht ist heute ein solcher Mensch neben dir. In der Schweiz von morgen sollten alle Menschen gut leben können, ohne finanzielle Sorgen und menschenwürdig!

Schmid
Nadja

Meine Schweiz von morgen

In Gedanken versunken sitze ich hier an einem See. Das Wasser ist frei von Schmutz und Abfall, frei von Chemie.
Wie viele solche Gewässer gibt es in der Schweiz wohl noch?
Früher brauchte man sich diese Frage wohl nicht zu stellen. Fast alles erzeugten die Leute auf natürliche Art und Weise, ohne Chemie!
Das meiste machte man von Hand.
Doch dann kamen Gewinndenken, Geschäftstüchtigkeit aber auch Bequemlichkeit. Wir sehen es ein. Wir sind zu bequem und zu faul, etwas Grösseres von Hand zu tun. Wir setzen lieber Maschinen, Chemie und Gift ein.
Wir sind zu bequem und zu faul, einmal zu fuss zu gehen. Lieber fahren wir mit dem Auto.
Wir sind zu bequem und zu faul, den Abfall zu sortieren.
Wir sind zu bequem und zu faul, die verschiederen Sammelstellen zu gebrauchen.
So kann und darf es nicht mehr weitergehen.
Um in der Schweiz von morgen ein angenehmes Leben zu haben, müssen wir miteinander die Bequemlichkeit und die Faulheit beseitigen
Jeder muss bei sich selbst beginnen und den ersten Schritt tun, die Verschmutzung der Umwelt bzw. der Schweiz einzudämmen.
In der Schweiz von morgen müssen
- die Bäume wieder kräftiger,
- die Gewässer wieder sauberer und klarer,
- die Luft wieder angenehmer und gesünder, ...

sein.

Nur unser Umdenken lässt uns überleben !!!

Christian E.

Meine Schweiz von morgen

Vor langer Zeit, um genau zu sein 1291, schworen sich auf dem Rütli drei Eidgenossen die ewige Treue. Sie versprachen sich, die Schweiz vor Feinden, Missetaten, vor Unreinheiten und Fehlern, Katastrophen, Unfällen, vor Störefrieden zu schützen, die Schweiz sauber zu halten. War es nicht aber auch die Treue, die Schweiz vor Schandflecken wie Ausländern zu säubern?
Das Wort "Ausländer" hört man in der Schweiz nicht gern.
Die Schweiz sei ja ein Land der vielen Möglichkeiten. Die Schweiz - ein Paradies. Aber trotzdem gibt es für die vielen Asylanten zu wenig Platz. „Asylantenschweine!" „Türkenpack!" „Tamilen raus!" So hört sich der Willkommensruf des Schweizers an. Nicht nur die Asylanten, auch die Obdachlosen haben es schwer bei uns. Sie schlafen auf Parkbänken und unter Bäumen. Und wenn wir ihnen etwas spenden, dann sind wir mit uns zufrieden.
Die Drogenabhängigen in der Schweiz werden schlecht behandelt. Aber warum gibt es sie? Nur weil Leute damit Geld machen wollen? Vielleicht wollen sie mit Drogen vergessen, was täglich in der Schweiz geschieht: nur Leistung zählt!
Die Schweiz ist nur ein kleiner Flecken auf dem Globus. Und doch gehört sie zur Welt, zur Erde. Die Schweiz kann nur verändert und verbessert werden, wenn jeder neu anfängt. Ohne Gewinndenken wäre die Schweiz ein Paradies.

Franzen Felicitas

Chatelain Marie

29.04.91

Rêve de jeunesse
pour la Suisse
de demain.

"A vous citoyens,
ne mettez point en détresse
ce pays ci-joli,
avec vos poubelles, vos déchets dangereux
pensez à vos enfants ... et à votre prochain."

"A vous présidents,
n'écrasez pas trop les pauvres, les tout petits
mais au contraire laissez-les grandir
nous en aurons toujours besoin.

Protégeons la forêt, la source,
les sites merveilleux
Ramassons les déchets, brûlons-les
Otons la drogue, aidons nos malades ./.

Travaillons à la recherche
pharmaceutique et énergétique

Engageons les inovateurs

Gagnons "les petites guerres".

Enlevons les armes
détériorons-les

Ouvrons les portes aux réfugiés

Normalisons les rapports
entre les Etats

Souvions à nos compagnons
qu'ils soient noirs ou blancs

—

Lions des chaînes avec les
pays de toutes langues

Aimons nous tous .... et ....

Un pour tous
tous pour un !!...

Sonia Dos
Santos

REVE de jeunesse pour la Suisse de demain

Chaque année, nous les étrangers, on arrive par milliers en Suisse. On nous réclame, on nous veut mais après vous avoir aidé, vous nous laissez tous tomber. Nous, enfants d'étrangers, on vous dit STOP! il faut savoir ce que vous voulez.
Moi, je veux une Suisse sans frontière, une Suisse où les étrangers ne font plus la guerre à leurs hôtes. Je veux une Suisse qui gagne le prix Nobel de fraternité entre tous les pays déshérités.

Nous les noirs, quand on arrive en Suisse, "Tout le monde, il est gentil" mais les moqueries et les insultes y sont comprises.
Moi, je veux une Suisse où le racisme soit interdit et où la vie soit multicolore.

Moi, le nucléaire, on m'a choisi pour être l'énergie première. Mais quand j'explose et que je détruis la vie, c'est moi qui suis puni.
Nous voulons une Suisse propre où l'air de nos montagnes fasse grogner de jalousie tous ceux qui ne nous ont pas suivis.

Nous, forêt et nature, crions au secours, maisons et voitures sont à nos trousses. Tous les hommes

disent "faut faire quelque chose" mais quand ils réagissent, la mort nous a déjà emportés.
On veut une Suisse verte et bleue, pas la peine de changer le drapeau suisse, si tout va mieux.

Pour atteindre notre but, il faut qu'on s'y mette dès maintenant, sinon, nous tomberons dans la décadence d'une Suisse horrible, grise et inhabitable. On ne demande pas la lune mais juste un petit effort du fond de notre coeur. On ne demande pas le paradis mais juste un pays qui lui ressemblerait un petit peu.

Zimmermann
Valérie

LA SUISSE D'AUJOURD'HUI

Je trouve que la Suisse n'est pas mal, car elle regorge de magnifiques prairies où les coureurs et les touristes peuvent faire de belles randonnées. Des techniques nouvelles ont été découvertes. Notamment en médecine, par exemple : le scanner et le laser qui n'existaient pas avant et, qui nous permettent maintenant de soigner bien des maladies qu'autrefois on pouvait à peine déceler. De nombreux écologistes, soutenus par nos autorités, se battent pour la sauvegarde de notre environement afin de nous procurer une vie plus saine. Mais ce que je reproche à notre pays, c'est d'avoir beaucoup trop d'usines qui nuisent à nos poumons et une circulation trop dense qui nous assourdit et nous empoisonne. La drogue est aussi un problème présent dans notre vie de tous les jours. Si les familles étaient unies et que les parents étaient soucieux de l'avenir de leurs enfants, ça permettrait d'aider à lutter contre ce fléau. Mais il ne faut pas généraliser, et croire que la drogue n'est que chez les jeunes car il y aussi des personnes plus mûres qui en prennent.
Malgré mes reproches sur notre pays, c'est encore celui que j'aime le mieux et je ne voudrais en aucun cas vivre ailleurs.

Maric Sandra

Rêve de jeunesse
d'une Suisse de demain

Souvent en classe, nous discutons de notre situation sociale et nous pensons tous que nous avons bien de la chance de vivre dans un pays comme la Suisse. Mais j'espère que la Suisse de demain sera meilleure. Bien sûr, nous avons une maison, des habits et de la nourriture, mais cela suffit-il pour faire une vie? Sans liberté et sans amour, l'on ne peut pas vivre.
Je voudrais tant que tout homme soit aimé comme il le mérite et pas seulement jugé ou encore méprisé!

En parlant de liberté, je pense à la joie des Berlinois d'avoir enfin retrouvé leurs amis leur famille et surtout la liberté! Mais il existe aussi une autre sorte de liberté: la liberté d'expression. En Russe, par exemple, auparavant l'on n'avait pas le droit de parler de son opinion politique, on devait accepter toutes les décisions du président et se taire. Maintenant, la vie s'est bien améliorée.

Je pense également à la société de notre pays. Les gens sont plus froids et bien moins accueillants que dans certains pays du sud; il n'existe pas vraiment une solidarité entre les personnes, chacun vit sa vie et ne se préoccupe pas de celle d'autrui.

Il ne faut pas non plus oublier l'argent qui fait aussi partie de la vie quotidienne. Bon nombre de gens vivent sans problèmes financiers, mais doivent tout de même se serrer "la ceinture" aux fins de mois. Il faudrait penser aux femmes vivant seules avec leur(s) enfant(s), elles comptent beaucoup sur leurs allocations familiales, mais celles-ci sont bien basses et il serait temps de les augmenter!

Enfin, je crois qu'il serait inutile de parler de ceci pendant des heures, il faudrait le réaliser; alors mon rêve pour l'avenir serait d'avoir non seulement une Suisse, mais un monde sans guerre et sans pauvreté où tous les hommes seraient libres et égaux.

Zug

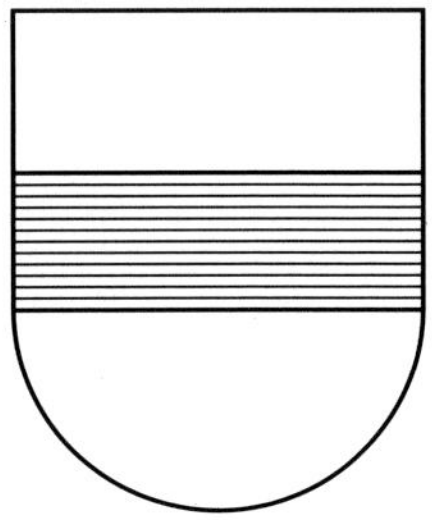

Jugendliche Träume einer Schweiz von morgen

An einem Morgen schaute ich in den Himmel und sah eine schwarze Wolke. Mir war sofort klar, dass sie von Kuwait kam. Ich traute meinen Augen nicht, ich konnte es nicht glauben. Meine ersten Gedanken: Pflanzen, Tiere, Bäume, was wird mit diesen geschehen? Werden wir unsere Sonne je wieder sehen? Aber wir können vielleicht etwas unternehmen: Weniger Auto fahren, Öffentliche Verkehrsmittel benützen, Abfälle sortieren, auf elektrische Geräte wie Mixer, Abwaschmaschine verzichten, Fahrrad fahren und weniger Strom verbrauchen. Wenn wir das tun, dann haben wir sehr viel für unser Land und die Welt getan. Ich hoffe, dass die Erwachsenen ihren Verstand und nicht ihre Waffen benützen. Mein grösster Wunsch wäre, wieder mehr Vögel zwitschern zu hören. Als ich das zweite Mal in den Himmel sah, war die Wolke weiter gezogen.

Johannes, 11, Baar

Träume einer Schweiz von morgen

In der Schweiz fühle ich mich sehr wohl, doch ich frage mich, weil es in Zug sehr viele Asylanten gibt, ob diese berechtigterweise hier sind oder nicht. Und wenn ich so durch die Stadt fahre, sehe ich Reklamen mit den Aufschriften: „Ja. zur N4"... „Ja, zu dies und jenem"... doch ich finde, dass auch Ausländer: Portugiesen, Spanier, Franzosen, Italiener, Deutsche.... das Recht hätten, ihre Meinung abzugeben, schliesslich zahlen diese ja auch Steuern und fühlen sich in der Schweiz wie in ihrem Heimatland; ich fände es gerecht!

In den Ferien ist es ja manchen Kindern langweilig, und darum wäre meine Meinung, dass man mehr Lager anbieten würde, so dass Kinder neue Freunde kennenlernen...oder dass Schüler keinen Eintritt auf Tennisplätzen, Schwimmbäder... zahlen müssen, sondern einen Pass haben, und diesen immer zeigen, damit sie eintreten können.

Französisch ist ja eine Sprache des Landes, aber trotzdem würde ich viel lieber schon nach den Elementarklassen englisch lernen, denn dies ist eine Sprache, die weltberühmt ist und auch auf Computern benützt wird!

Sonst fühle ich mich O.K.!!

Träume einer Schweiz von morgen

Wenn ich an einem schönen Tag spazieren gehe, sehe ich immer wieder Hunde, die hauptsächlich Bodenbrüter wie die Lerche oder den Kiebitz aufscheuchen und ihre Gelege zerstören oder das Wild durch den Wald hetzen, ja sogar in manchen Fällen auch töten. Darum ist es für die Hundebesitzer wichtig, dass sie ihre Vierbeiner an solchen Orten an der Leine führen!
Man sollte auch Leute anstellen in diesen Gebieten, die kontrollieren und allenfalls mit einer Geldbusse bestrafen!

Sonst gefällt es mir in der Schweiz sehr gut, doch viele Waren, darunter auch Lebensmittel sind immer noch in zu viel Karton oder Papier verpackt!
Ich würde es auch gut finden, wenn wir schon in der 1. Sekundarschule das Freifach Englisch nehmen könnten!

Jugendliche Träume einer Schweiz von morgen

Ich hörte in der Tagesschau viele und wichtige Nachrichten.
Im Tessin wurden 686 Albaner weggeschickt.
Auch in Chiasso wurden 50 Albaner weggeschickt.
19 Familien wurden in Rekingen (Aargau) von den Zollpolizisten sofort und auch mit Kraft weggebracht. Mein Wunsch wäre, dass die Schweizer netter zu uns wären. Ich vergleiche jetzt mit Italien. In ganz Italien kamen 20'000 Albaner und die Italiener gaben ihnen zu essen und Decken zum schlafen.
Mein Wunsch wäre, dass die Schweizer vermehrt netter wären mit den Ausländern und den Asylanten. Wir sind alle Menschen von Gott. Gott hat uns erschaffen, um Gutes zu tun, nicht um Böses zu tun, und für einander da zu sein. Die Ausländer haben den guten Willen, sich dem Gastland und den Gegebenheiten anzupassen.

Marco, 12, Baar

Jugendliche Träume einer Schweiz von morgen

Im Jahr 2000 bin ich 21 Jahre alt und hoffe, dass die Welt anders ist als heute. Es wäre sehr schön, wenn man keine Drogensüchtige mehr hätte. Ich vermute, dass die Leute Drogen nehmen, weil sie verzweifelt sind oder weil sie Probleme haben, die sie nicht lösen können. Wenn auf dieser Welt alle fröhlich wären, und man sich gegenseitig helfen würde, dann könnte man vielleicht auch das Problem der Drogensüchtigen lösen. Viele Leute, die Aidskrank sind, haben diese schreckliche Krankheit, weil sie drogensüchtig sind. Aids ist ein Virus, das wir noch nicht bekämpfen können.

Heutzutage ist es sehr schwierig, ein Haus oder eine Wohnung zu finden die man bezahlen kann. Sehr viele Leute haben auch das Problem, keine Arbeit zu finden. Wenn man keine Arbeit hat und nichts verdint, kann man auch das Haus nicht bezahlen. Ebenfalls kann man nichts zu essen kaufen und man muss verhungern. Die meisten, die dieses Problem haben, sind Ausländer. Um diese Schwierigkeiten ein wenig zu lindern, müsste man weniger Büro und dafür mehrere billigere Wohnungen bauen.

Wir haben so viele Strassen, die man nicht unbedingt brauchen würde, und so wenig Natur. Wenn man all diese überflüssigen Strassen nicht bauen würde hätte man mehr Natur. Die Tiere hätten mehr Platz, und ~~w~~ wir könnten im Wald die Tiere beobachten.

So eine Schweiz wäre sehr schön.

Stella, 12 Jahre, Zug.

CH vegetarisch

20. Mäz 2041. Wir Menschen haben die Erde gerettet. Es gibt keine Autos mehr, nur noch Busse, Züge, Flugzeuge, Segelschiffe und Velos. Die Natur ist wieder schön. Es liegt kein Müll in den Wäldern und ~~auch~~ auf den Wiesen. Die Gewässer sind wieder sauber, die Tiere wieder glücklich. Es gibt jeden Tag einen Markt im Dorf. Man kann alles frisch kaufen. Früchte, Gemüse, Teigwaren, Getränke aus der Kanne und weitere Lebensmittel, die man braucht. Es gibt weniger Abfall, die Esswaren werden einfach unverpacht in den Korb gelegt. Milch kommt immer in die Kanne, als Getränk gibt es nur noch Wasser oder Fruchtsäfte, kein Sinalco oder Coca Cola. Die Tiere brauchen keine Angst mehr zu haben. Es gibt keine Tierversuche mehr. Es gibt nämlich keine Abwaschmittel oder Parfum mehr, nur Sachen aus der Natur. Wir essen kein Fleisch, wir wurden Vegetarier. So sollte die Erde sein, ruhig und friedlich. Wie vor 1100 Jahren, am 18. März 941.

Manuela, 77, Unterägeri

Jugendliche Träume einer Schweiz von morgen

Ich möchte, dass man in der Schweiz nicht mehr autofahren darf, sondern nur noch mit Velos. Und was ich gar nicht gerne höre, wenn man die Schwarzen auslacht und ausspottet. Wir sollten sie so lieben wie die Schweizer. Was ich sehr gerne will, dass wir längere Pausen haben und keine Hausaufgaben in der Schule. Ich hoffe, es gibt nie nie mehr Krieg in der Schweiz, und dafür immer Frieden und Freundschaft. Und was ich will, dass es keine Mörder und Banditen mehr gibt, sondern nur noch ganz ehrliche Menschen. Was ich mir immer wünschte, dass wir alle zusammen 700 Jahre Schweiz feiern können.

Marcel, 12, Baar

Jugendliche Träume einer Schweiz von Morgen

Ich sitze an meinem Schreibtisch, schaue aus dem Fenster und träume vor mich hin. Wie wäre es schön: Die Sonne strahlt auf mein Gesicht und das Zwitschern der Vögel weckt mich auf. Ich frühstücke gemütlich auf der Terrasse; kein Stress, keine Schule, keine Hausaufgaben. Nach dem Frühstück spaziere ich durch die Felder, die mit Blumen bedeckt sind. Ich sehe keine breiten Strassen mit Autoschlangen, und die Luft riecht nicht nach Abgasen. Es gibt keine Menschen, die auf den Bus warten. Jeder fährt ohne Eile in seiner Pferdekutsche in die Stadt. Die Leute sind sehr nett und höflich zueinander. Sie haben immer genug Zeit für ein kleines Gespräch auf der Strasse. Die Kinder spielen den ganzen Tag, lassen Drachen fliegen, schwimmen im See und haben keine Sorgen. Ich stelle mir vor, dass es keine Politiker gibt, die stundenlang reden. Es gibt keine Kriege, keine Krankheiten, keine Unfälle und keine armen Leute.

Keine Tiere werden wegen ihres Fells erschossen. Die verschiedenen Tierarten leben in der Natur draussen und nicht im Zoo.

Wenn ich von diesem Traum erwache, denke ich, dass alles nicht wahr wird. Aber träumen ist auch schön.

Canan, 11, Baar

Jugendliche Träume einer Schweiz von morgen

700

Ich finde die Schweiz sehr schön. Das Entsorgen von Abfall haben wir im Griff. Gut finde ich auch, dass wir im grossen und ganzen die Umwelt nicht beschädigt haben. Es wäre jedoch besser, wenn die Fabrikabgase noch sorgfältiger gefiltert und kontrolliert würden. Firmen, die die Vorschriften nicht einhalten, müssen eine Buss bezahlen.

Die Menschen hier sind sehr nett und auch kriegsneutral. Ich wünschte, dass alle Länder so sauber sind wie die Schweiz. Vielleicht kann man den andern Ländern helfen! Schön wäre es, wenn die Kriegswaffen nie mehr eingesetzt würden. Ich glaube, dass wir alle zusammenhalten müssen, ob Schwarz oder Weiss, alle! Es wird uns sicherlich gelingen, dass es auf der Welt ewigen Frieden gibt.

Daniel, 12, Baar

Jugendliche Träume der Schweiz von morgen

Tierversuche finde ich einfach nicht gut, denn heute gibt es so viel Technik, und es ist fast nichts mehr unmöglich. Da hab' ich mir überlegt, ob man Haarwaschmittel, Tabletten und andere Medikamente nicht auch mit solchen Maschinen erproben könnte. Es gibt viele Tiere, die durch diese Versuche zu ihren Krankheiten kommen, aber auch andere Tiere anstecken. Ich finde auch, diese Leute in den Labors haben kein Herz, wenn sie mit anschauen, wie diese Tiere oft förmlich verrecken müssen. In den Teilen Afrikas verwenden sie heute noch wie früher Kräuter und Salben, die sie nicht an Tieren ausprobieren müssen. Für die Labor-Tiere ist es ein schrecklicherer Tod, als für jene, die von einem Feind in der Wildnis erbeutet werden. Darum meine Bitte: Geben wir alle ein bisschen mehr acht auf die Tiere. Die Tierversuchs-Labore sollten abgeschafft werden.

Yvonne, 11, Baar

Träume einer Schweiz von morgen

Ich möchte einmal pro Monat einen autofreien Sonntag. Ich und meine Kollegen könnten auf der Städtliwiese Baseball spielen ohne den Lärm von den Autos. Einmal, als wir Baseball spielten, hatte ich den Baseball Ball über den Zaun auf die Strasse geschossen. Ich hatte schon einen Home-ren gemacht und Remo, der den Ball holen musste, konnte den Ball nicht nehmen, weil er an der Strassenseite warten musste, bis ein netter Autofahrer angehalten hat, und Remo auf die Strasse liess. Man könnte mit dem Velo einen Ausflug machen, auf der Strasse oder auf dem Veloweg, ohne den Lärm, ohne die Abgase und ohne all die Nachteile, die ein Auto bringt. Kleine Kinder könnten auf der Strasse spielen, ohne die Gefahr, von einem Auto angefahren zu werden. Auch die Tiere, die in der Nähe von einer Autobahn oder einer Strasse ihr Nest, oder ihre Wohnung haben, könnten an diesem Autofreien Sonntag aufatmen. Ältere Leute, die gerne in die 11 Uhr Kirche gehen, mussten nicht fünf Minuten vor einem Fussgängerstreifen warten, bis ein Buschauffeur oder ein anderer Gentleman sie auf die andere Seite der Strasse lässt.

Simon, 12½, Jahre
CHam

Meine neue Schweiz

Ich träume davon, wie die Berge von Blumen und Bäumen übersät sind.
Die Bäume sind hoch und weit. Überall sind Tiere, die sich furchtlos streicheln lassen. Alle Seen sind mit Fischen gefüllt. Wenn ich untertauche, sehe ich ein wahres Paradies von Wasserpflanzen. Das Wasser der Bäche und Flüsse ist durchsichtig wie Glas.
Auf weiten Feldern wächst Korn, so dass niemand hungern muss. Jeder Kern der süssen Früchte wird wieder in die Erde gesteckt. Der Mond steht hoch und hell. Alle Leute sind Freunde. Manche sitzen am Lagerfeuer und singen ein Lied. Jeder hat eine Arbeit, keiner langweilt sich. Wenn jemand etwas Ruhe braucht, wird er allein gelassen. In meinem Naturparadies sind alle gleichberechtigt.
Fabriken werden nur noch gemässigt gebraucht. Deshalb wird das Essen in Geschirr verpackt, das man nach Gebrauch zurückbringen muss, um es wieder zu verwenden. Eigentlich sollte man aus Holzgeschirr essen.
So sehe ich die neue Schweiz. Bin ich allein mit meinen Träumen?

Monika 12 Unterägeri

Die Traumwelt

Es würden alle Kinder auf der Strasse miteinander spielen. In den Einkaufshäusern gäbe es grosse Vitrinen, mit Korn und mit anderen Sachen. Für jedes Lebensmittel hätte es eine andere Vitrine mit einem Löffel zum Schöpfen. Die Leute müssten mit Schüsselchen ~~einkaufen~~ einkaufen gehen. Jeder würde das, was er will, in seine Schüsselchen abfüllen. Bei der Kasse hätte es eine Waage, wo man seine Einkäufe hineinstellen könnte, und pro Kilogramm so und soviel bezahlen müsste. Auf der Strasse gäbe es nur Solarautos. Es gäbe ein Tram, Busse und Schiffe. Wenn die Leute nicht weit gehen müssten, würden sie zu Fuss, mit dem Velo oder auch mit anderen Verkehrsmittel wie Rollbrett, Rollschuhe, Einrad, und Stelzen hingehen. Die Erwachsenen hätten mehr Zeit für die Kinder, um mit ihnen zu spielen. Die Kinder würden auf der Strasse spielen, und es gäbe auch viele Wanderwege. Alles würde blühen, es würde nach Blumen riechen. In der Strasse liefen Tiere herum. Es könnte sehr schön sein! Ich glaube aber, dass die Welt in hundert Jahren eine Katastrophe ist. Man kann es nicht wissen, und das ist auch besser so!

Katja, 78, Unterägeri

Hilfe !

Es ist im Jahre 2050. Das Leben in der Schweiz hat sich verschlechtert. Alles ist schwarz von Autoabgase, und es stinkt grauenhaft. Es hat mehr Atomkraftwerke gegeben. Keinen Vogel sieht man am Himmel, alles ist tot. Die Menschen sind böse, niemand sagt mehr guten Tag. Die Kinder haben keinen Platz mehr zum Spielen. Alles ist teuer und noch mehr verpackt. Nur die Reichen haben etwas zu sagen. Der Giftalfall hat auch zugenommen, alles ist schmutzig. Es ist schrecklich! Trring, Trring! Zum Glück war es nur ein Albtraum, der nicht wahr wird. Ich hoffe, dass es schöner wird.

Roger, 78, Unterägeri

Gabel gegen Sturmgewehr

Wenn es so weitergeht dauert es nicht mehr lange, und die Naturist zerstört. Heutzutage hat in etwa jede Familie zwei bis drei Autos. Auch jeder Junggeselle ×ein Auto. Ich würde sagen 60–70% aller Arbeiter fahren allein zur Arbeit. Niemand denkt an die Natur, Bäume, Tiere und an die Menschheit; denn wir rotten uns selber aus. Man sollte Solar- und Elektroautos bevorzugen, man sollte keine Benzintankstellen sondern Energietankstellen für die Elektroautos erbauen.
Das Militär ist auch nichts schlaues. Was lernt man dort ausser Versteck- und Fangspiele. Die Soldaten können den Bergbauern bei der Arbeit helfen oder in den Wald arbeiten gehen.
Die Frauen sollten in die Spitäler, oder Pflegeheime arbeiten gehen oder sich mit Behinderten abgeben. So würde eine Freundschaft entstehen, wenn jeder dem anderes hilft.

× fährt

Christoph, 78, Unterägeri

Träume einer Schweiz von Morgen

Ich finde, dass mann die Atomkraftwerke abschaffen soll. Wenn ein AKW explodieren würde, sterben viele Menschen und Tiere. Vieles wäre dann auch versaucht, hauptsächlich Esswaren. Da die Schweiz Esswaren exportiert, die dann versaucht sind, gefährden wir noch Ausländer. Natürlich sagt ein Leiter eines Atomkraftwerkes: „Das ist absoleut sicher, da kann überhaupt nichts passieren!" Aber das glaube ich nicht so ganz. Man kann auch anders Strom erzeugen, durch Wasserkraft und Wind. Klar sagen jetzt einige Leute: „Das nützt nichts, wenn das Atomkraftwerk in Leibstadt explodieren würde, sind wir auch versaucht!" Deshalb sollte man Atomkraftwerke in Europa abschaffen. Es hat sicher genügend Flüsse und Wind, um Strom zu erzeugen. Dann muss man halt Strom sparen und nicht die ganze Zeit das Licht brennen lassen.

Simon, 14 Jahre, Cham

Jugendliche Träum einer Schweiz von morgen

Eine Hoffnung von mir: Ich finde Drogen etwas Schreckliches. Es gibt verschiedene Drogen: Heroin, Haschhisch, Kokain usw. Die Leute, die Drogen nehmen, nehnt man Fixer. In Zürich gibt es viele Fixer. Jetzt will man extra Häuser erstellen, in dem die Fixer schlafen und sich Drogen spritzen.
Auch Aids gehört teilweise zu Drogen. Wenn einer Aids hat und sich Drogen spritzt, dann ist die Spritze ×mt Aidsviren verseucht. Wenn ein anderer jetzt sich mit der gleichen Spritze Drogen spritzt, dann hat der jetzt auch Aids, weil sich der Aidsvirus übertragen hat. In den Apotheken können jetzt die Fixer saubere Spritzen für eine alte holen. Aids kann auch auf eine andere Art und Weise übertragen werden, aber über die Art möchte ich lieber nichts erzählen. Trotz den vielen Tafeln, die überall angebracht sind, gibt es immer noch viele Drogensüchtige und Aidskranke.
Vieleicht ist dieser Text bloss ein Traum?
Vieleicht aber auch nicht.

Roman 12 Zug

× mit

Jugendliche Träume einer Schweiz von morgen

Ich habe ein langes Leben und ich will die Jugend meines lebens geniessen. Drogen sind etwas sehr Schlimmes. Viele Junge Menschen hier nehmen Drogen. Sie wollen dabei nur Erinerungen vergessen. Ich denke zu den Menschen passen Drogen gar nicht! Im Fernseh zeigt man immer die Menschen, die drogensüchtig sind. Die Menschen, die drogen-süchtig sind, gehen von zu Hause weg. Die armen Familien, die einen drogensüchtigen Mitglied haben, müssen sich sehr traurig fühlen. Und die Menschen, die drogensüchtig sind, wie fühlen sie sich? Sie fühlen sich einsam, und ver-lassen. Die armen Menschen!
Wier Menschen machen die ganze Natur kaputt. Wir merken es nicht, zum Beispiel mit den Fabriken, mit Autos, und den Ab-fall. Dadurch sterben die Pflanzen, die Tiere und auch Bäume. Wenn die Menschen so weitermachen, gibt es bald keine Natur mehr. Die Bäume geben uns Sauerstoff. Mit den Pflanzen machen wir Medizin, und die Tiere sind unsere Freunde. Die Natur muss leben! Hilft doch der Natur, indem du keine Sachen wegschmeist! Die Natur hat viele Farben, und ganz ver-schiedene Tiere leben in der Natur. Die Natur ist das beste, was es auf der Erde gibt, aber nicht so.
Unsere Stadt ist voller Fabriken. Es hat bei uns in der Schweiz mehr Fabriken als Häuser. Die Fabriken machen nur mehr Welt-verschmutzung. Statt Fabriken zu bauen könnten sie mehr Häuser erstellen. Ich will, dass was ich gesagt habe, mal wahr wird aber ich muss noch lange warten. Özlem, 12 Jahre, Zug

Träume einer Schweiz von morgen

Die Schweiz wird immer kleiner. Aber nicht von der Landesgrenze aus gesehen, sondern von den grünen Zonen. Immer mehr fehlt einem das bekahnte Grün, das ja mit dem Leben verglichen wird. Es heisst doch: Grün ist Leben!
Viele Wiesen werden überbaut. Vielleicht wegen eines Ausländers, an erster Stelle Türken und Tamilen. Ich habe fast nichts gegen Ausländer, aber man sollte den Einlass beschränken.
Wenn aber die Schweiz immer mehr mit Beton überbaut wird, nimmt auch die Landwirtschaft merklich ab. Und ohne Bauern und ~~od~~ ohne Wiesen keine Kühe, und ohne Kühe keine Milch!
„Das schönste im Leben ist die Freiheit..."
"Die Angst vor der Angst ist etwas vom schlimmsten im Menschen. Gerade dann, wenn man an die zu Millionen flüchtenden Kurden denkt. Tausend und mehr, vorallem Kleinkinder, sterben pro Tag an Hunger und an Kälte. Das nicht existierende Land Kurdistan, ist ein Land, das seit der Auflösung nach dem zweiten Weltkrieg (Iran, Irak, Türkei und Sowjetunion) von Menschen bewohnt wird, die dauernd verfolgt werden und wurden.
Aber vergessen wir die Schweiz von heute und treteh zur Schweiz von morgen hinüber.
Es sollten dünnere Strassen und mehr Radwege gebaut werden. So spart man Blumen, Rasen,

Geld und Energie. Die Luft muss mehr beachtet werden und die Selbstzerstörung der Ozonschicht aufgehoben werden ~~und~~. Frei atmen! Saubere Luft ist lebenswichtig, aber nicht nur für den Menschen, sondern auch für die Tierwelt. Jedes Tier lebt, der Elefant, aber auch der Floh. Tierversuche sollten bis auf ein Minimum abgeschafft werden. Auch wenn der Affe viel ähnliches mit dem Menschen hat, ist es für ihn genauso schlimm. Menschen genau wie Tiere brauchen Liebe. Wenn der Mensch sich nicht liebt, versteht er sich nicht, und wenn er sich nicht versteht gibt es Krach. Wenn zwei grosse Herren sich nicht verstehen, so wie Gorbi und Bush, gibt es Krieg. Und dann sprechen die Waffen. Alle Waffenfabriken in der Schweiz sollten stillgelegt werden.
Und wenn das alles funktioniert,
ist es eine Schweiz von morgen!

Michi, 12 Jahre, Cham

Zürich

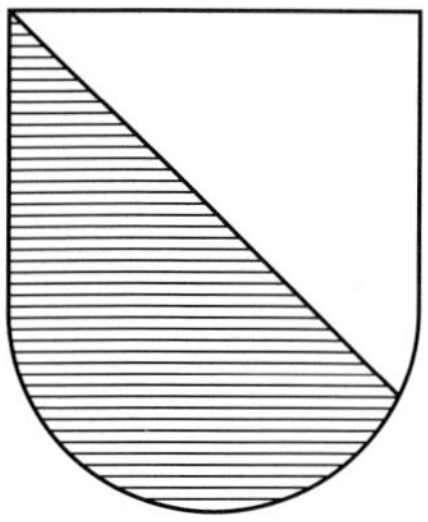

Bauma, den 25.4.91

Sehr geerter Herr Bundespräsident!

Für die nächsten Jahre der Schweiz wünsche ich mir, dass es in der Zukunft sicherer für die Kinder wird, dass es mehr Spielraum für Kinder, Teenager und Jugendliche gibt. Schön wäre es, wenn es fahigere Lehrer gäbe, die uns den Unterichtsstoff besser bringen könnten. Dass Tiere weniger sterben müssen, weil man irgend etwas von ihnen haben will. Man könnte versuchen weniger Asülanten auf zunehmen und dafür mehr grosse Wohnungen für Familien schaffen. Schön wäre es, wenn alle Kinder ein Mami und einen Papi hatten, die sich gut verstehen. Gut finde ich, dass in unserem Land das Volk entscheiden kann. Ich glaube, dass man das beibehalten soll. Vielleicht könnte man auch noch versuchen ein bischen mehr Gerechtigkeit in dieses Land zu bringen.

Steffanie, 12, Bauma

Umweltschutz
Man sollte keine Konservendosen aus Blech herstellen, sondern nur noch solche Verpackungen die man wieder verwenden kann, oder wenig Abfälle geben.
Friede auf der ganzen Welt
Friede auf der ganzen Welt, was es sehr wahrscheinlich leider nie geben wird, wäre sehr wichtig. (Für alles.) Man hört auch immer wieder viele Politiker von Frieden und Humanität sprechen. In Wirklichkeit wird viel zu wenig getan. Man verschanzt sich im Gesetzeswald und will sich die Finger am heissen Eisen nicht Verbrennen. Im Prinzip werden Politiker nur für ihre „guten" Vorträge an den Konferenzen gewählt.
Tierversuche
Es ist ungerecht die Tiere für Kleider und Kosmetika zu töten. Sie haben nämlich das gleiche Recht zu leben wie wir. Es gibt so viele Stoffe für Kleider und so viele Kräuter für Kosmetika. Es gibt (gott sei dank) fast nur noch kunstfelle.
Armen und Behinderten
Es gibt zwar schon viele Kliniken und anderes Zeug für die Armen und Behinderten, aber doch noch zuwenig.

Auf alles das was ich jetzt aufgeschrieben habe, sollte man Rücksicht nehmen und auf unnötige Bequemlichkeiten verzichten.

Cornelia Eicher, 14, Niederweningen

So stelle ich mir die Schweiz von morgen vor!

In der Schweiz:

- gibt es keine Pelzfabriken mehr!
- gibts mehr Geld für den Naturschutz!
- gibt es nur noch saubere Wälder!
- gibt es keine Armee mehr!
- gibt es keine Benzinmotoren mehr!
- gibts keine Drogen mehr!
- gibt es keine Tierversuche mehr!
- gibt es Autofreie Tage!
- gibt es nur glückliche Familien!
- gibt es nur noch Retourflaschen!
- wird die Natur bevorzugt gegenüber dem Profit!
- gibt es keine Spielsalons mehr!
- gibt es keine Spraydosen mit Treibgas!
- gibt es nur noch sauberes Gewässer!
- muss die Gleichberechtigung für die Frauen realisiert werden!
- gibts keine Terroristen mehr!
- gibt es werder arm noch reich!

Mehr Bäume in die Schweiz!

Ich möchte saubere Luft einatmen!

Ester, 13, Wald

An Herrn Cotti

Die Frage über die Schweiz von heute und morgen scheinen mir schwierig zu sein, denn ich kann meine Vorstell[u]n[gen] nicht gut ausdrücken. Ich finde es gut, dass auch wir Kinder Gelegenheit haben, unsere Vorstellungen darzustellen, schliesslich müssen wir ja später mit dieser Welt auskommen.

Ich wünsche mir, dass ich, wenn ich gross bin, in einer Welt leben kann, die noch lebens und liebens wert ist, d.h. dass man zum Beispiel auch ohne Gasmaske draussen Fussball spielen kann, dass man in unserem Hedingerweiher ohne Giftgasanzug baden kann, und dass ich den Salat aus unserem Garten noch essen kann.

Auch wünsche ich mir, dass die ~~twen~~ N4 (wenn schon) in einem Tunnel verläuft, denn wir haben bei uns dann die dreckige Luft und den Lärm!!

Mein Vater ist Arzt und muss efters an eine Sitzung, wo her er erst spät wieder heim kommt. Am nächsten Tag spricht er mit der Mutter (die Arztin ist) über diese fünf Rappen Taxpunkerhöhung, die die Zürcher Ärzte nicht bekommen, und wehe wenn wir stören!

Mich wunders nicht: ein Arzt ist auch doof, er heilt die Leute so, dass er keine Arbeit mehr hat.

Und doch wäre es schön, einen frohen Vater zu haben.

Tobias, 13.
Hedingen.

Träume über die Schweiz

Ich bin eigentlich sehr froh, dass ich in der Schweiz lebe, in einem so freien Land, in dem man keinen Hunger leiden muss, wie in den Dritt-Welt-ländern.
Durch die guten Schulen, von denen genügend vorhanden sind, wird einem eine grosse Berufswahl ermöglicht, das finde ich sehr gut.
Die Umweltverschmutzung, die auch in unserem Land existiert, ist auch bei uns ein noch ungelöstes Problem. Z.B. mit dem Einsetzen von 40t Lastwagen würde ein Teil der kleineren Lastwagen wegfallen, damit wär ein kleiner Schritt für die Umweltverschmutzung getan. Ich begreife nicht, weshalb man für Bus-Tram-und Zugbillete so hohe Preise bezahlen muss, wenn diese billiger wären, würden bestimmt mehr Leute den öffentlichen Verkehr benutzen. Schlecht finde ich hier auch die Polizisten. Wenn z.B. Jemand einen Autounfall macht und im Schockzustand davonrennt, dann behandeln die Polizisten einen, als hätte man jemanden umgebracht.
Ich wünsche mir eine Schweiz, in der die menschlichen Werte mehr zählen als die materiellen Werte.

Nadia, 12, Geroldswil

Drei Wünsche von mir, die ich mir zur 700 Jahr Feier wünsche

Als ich in den Sommerferien im Jahre 1990 in der Adria herumschwimmte, sah ich plötzlich eine grosse Goldene Wunder-lampe. Wie ich schon gehört hatte, muss man an der Lampe reiben. Ich rieb an der Lampe. Da geschah etwas. Ich traute meinen Augen nicht mehr. Flavio Cotti stand in der Wunder-lampe. Er sprach nur zu mir: „Du hast drei Wünsche bei mir offen!" Ich studierte und studierte und mit der Zeit kamen wir ins Gespräch:

„Eine meiner grössten Sorgen ist, dass ich immer wieder höre, dass ~~ich~~ immer wieder ein Laden oder eine Firma zugeht, und ins Ausland umzieht. Da ich noch in der 1. Oberstufe bin, habe ich noch keine Lehrstelle. Also wünsche ich mir, dass es jede Firma so gut geht, dass sie nicht ins Ausland gehen müssen."

Mein zweiter Wunsch ist:

„Wenn ich, meinem Vater und meiner Mutter über das Abrüsten zuhöre, so denke ich immer wieder, warum geben sie den Rentnern so wenig Rente, als so viel für das Abrüsten zu bezahlen. Also ich wünsche mir, dass die Rentner mehr Rente bekommen."

Mein dritter Wünsch soll den Schüler dienen:

Der Buss ist so teuer, da hoffe ich, dass er billiger wird, da wir Oberstufenschüler ihn selber bezahlen müssen.

Patrik Honegger, 13, Winterthur

Ich wünsche mir

... weniger Atomkraftwerke!
... weniger Luftverschmutzung!
... weniger Abfallprobleme!
... weniger Fremdenhass!
... weniger Militär!

... mehr Liebe und Herzlichkeit!
... mehr Sonnenenergie-Nutzung!
... mehr Umweltbewusstsein!
... mehr Zivil- und Sozialdienst!
... mehr Hoffnung für die Zukunft!
...

... Frieden auf der ganzen Welt!

Rafael, 12, Adliswil

Unsere Schweiz

Ich lebe gerne in der Schweiz. Wir haben viel
Freiheit:
Wir können in die Kirche gehen, wir können reisen,
wir können abstimmen. In den Läden sind die
Gestelle immer gefüllt.
Es sollte nicht mehr so viel Autoverkehr haben.
Vielleicht könnte man mehr Solarautos bauen.

Kaspar, 13, Seegräben

Meine Meinung zur Schweiz

Ich möchte das die Schweiz so bleibt wie sie ist. Es giebt für mich kein schöneren Ort, weil sie unabhängig ist, ohne Krieg und ohne irgend welche Kämpfe.
Es war ja schon die Rede ob die Schweiz in die EG eintreten sollte. Aber ich finde, dass wäre ja schade, denn vor 700 Jahren kämpften die Urner, Schwyzer und die Unterwaldner für die Freiheit, ich finde, wenn man wirklich in die EG eintretten will, dann ginge unsere Freiheit ganz sicher verloren. Auch unsere Meinung könnten nicht mehr verwirklicht werden! Ich finde, unsere Regierung sollte mehr Mut haben, unser Land vor Ausländischen Meinungen zu schützen.

Severine, 12, Oberweningen

"Träume einer Schweiz von morgen"

Die Schweiz ist schön! Eine wunderschöne Heimat! Es gibt "Schönes" und weniger Erfreulicheres. Zum B. der Platzspitz. Man kann doch, diesen einst prächtigen Park nicht 'verwildern' lassen! Man könnte ausserhalb von Zürich eine Anlage für die Drogenabhängigen bauen. Die Schweiz könnte noch umweltbewusster sein; wenn das Volk, (die, die Autofahren können) ein mit Katalysatoren ausgerüstetes Auto fahren würden. Ich hoffe, in ein paar Jahren wird es soweit sein! Ich finde es gut, dass die Schweiz neutral ist. Die Schweiz von morgen wird sich sicherlich nicht viel verändert haben!

Cornelia, 12, Seuzach.

Was ich mir überlegt habe

In meiner Zeitschrift „Schweizer Jugend" habe ich einen Bericht über Herrn Cotti gelesen. Ich war sofort überzeugt, dass man einen guten Bundespräsidenten gewählt hat.
Der Satz – Als der Erstklässler Flavio einmal in einem Aufsatz aufzählen sollte, was er am gestrigen Tag erlebt hatte und ihm einfach nichts mehr in den Sinn kam, wollte ihm die Mutter helfen. „Das darf ich nicht schreiben, man darf doch nicht lügen", wies Flavio entrüstet den erfundenen Vorschlag seiner Mutter zurück. – gefiel mir am besten.
Ich finde die schöne Schweiz gut. Aber ich wünsche mir, dass die Leute im Strassenverkehr mehr aufpassen und dass sie netter, offener und entgegenkommender sind.
Es sollte nicht alles überbaut werden, damit man noch eine Hütte bauen und mit Freunden Unseherlis (ein selbsterfundenes Spiel, in dem man nicht gesehen werden darf) spielen kann.

Bernhard, 11 ½, Bülach

23.12

Die Schweiz von Morgen

Eines Morgens wachte ich auf, und die Welt war faszinierend anders. Ich schaute zum Fenster hinaus und sah auf der ganzen Landschaft nur, mit duftenden Blumen besäte, Wiesen. Schön verteilt weisse kleine Häuschen und Feldwege von einem Haus zum anderen. Überall Fahrräder und nirgends stinkende Autos oder Mopeds. Und nirgends ein Bettler an den Wegen oder eine prunkvolle Villa. Durch die ganze Landschaft schlängelte sich ein Zuggeleise. Der Strom für den Zug lieferte die Sonne; Solarzellen wurden in einer Fabrik hergestellt, aber kein Rauch stieg auf. Die Wände der Fabriken, der wenigen Fabriken, verwandelten die giftigen Gase wieder in Sauerstoff, genau wie Blätter Kohlendioxidgas in Luft verwandeln.

In jedem Häuschen leben entweder eine grosse Familie oder zwei kleine und alle hielten sich an ein altes chinesisches Sprichwort: Ein Baum der fällt, macht mehr Lärm, als ein ganzer Wald der wächst. Ich wachte auf. Leider war das ganze nur ein Traum gewesen, aber wir, die Kinder, werden alles erdenkliche tun, dass dieser Traum Wirklichkeit wird.

Fleur, 12, Greifensee

Ich finde wir Kinder sollten auch Abstimmen dürfen, denn schliesslich leben wir ja später in der Schweiz die ihr „regiert" habt!! Vieleicht könnte man in jeder Gemeinde 2-3 Kinder bestimmen, die einen gemeinsamen Abstimmungszettel haben. Diese Kinder müssen dann miteinander besprechen was sie stimmen wollen und damit hätten wir auch etwas zu sagen was in dem Land, das spähter uns gehören wird, (verändert, verbessert u.s.w.) zusammengefasst: pasieren wird.

Maya, 12, Schöfflisdorf

Meine Gedanken zur 700 Jahrfeier

Ich träume fast jede Nacht davon, wie die Schweiz in Zukunft aussehen wird: Das Schweizerische Autobahnnetz weisst keine Lücken und keine Engpässe mehr auf. Von Basel nach Chiasso besteht ein 40 Tonnenkorridor. Das Eisenbahnnetz ist auf Magnetschwebebahn umgerüstet worden. Zudem sind die Basistunnels am Lötschberg und am Gotthard vollendet und die Orte
Bellinzona - San Bernardino - Thusis
Chiavenna - Maloja - St. Moritz
Schuls - Vinadi - Landeck (Österreich)
Oberwald - Grimsel - Innertkirchen
Altdorf - Seelisberg - Luzern
Innertkirchen - Susten - Wassen
Linthal - Klausen - Altdorf
Nesslau - Wildhaus - Buchs (SG)
sind mit einer Bahnlinie verbunden. Die Arme wurde International abgeschafft. Es gibt keine Kriege mehr.

Wie lange werde ich wohl noch träumen müssen, bis alle meine Wünsche in erfüllung gehen...

Felix, 12, Elsau

SWITZERLAND

Die Schweiz ist für mich ein populäres Land, obwohl es nicht viele km^2 zählt ist es fast weltbekannt. Ich empfinde die Schweiz als ein Land das fast alles hat, was gebraucht wird. Ich habe manchmal ein schlechtes Gewissen wenn ich z.B. einen angebissenen Apfel in den Müll werfe. Das schlechte Gewissen bezieht sich auf die Menschen die hungern müssen in der dritten Welt. In der Schweiz fehlt es nie an Nahrung.

Ich lebe gerne in der Schweiz. Ich könnte mir aber ein Leben in einem fremden Land gut vorstellen. Wie jedes Kind habe ich gegenüber der Schweiz Illusionen. Ich wünsche mir, dass die Natur erhalten bleibt. Ich wünsche mir, dass die Schweizer ohne Vorurteile mit den anders rassigen Menschen friedlich zusammen leben können. Da ich relativ realistisch denke, weiss ich, dass jene Wünsche wirklich Träume bleiben.

Ich stelle mir die Schweiz von morgen wie folgt vor: Noch mehr Industrie, grössere Agglomeration, mehr Autos, selbstverstädlich wird es auch positive Sachen für uns Jugendliche geben, wie z.B. mehr Kinos, mehr Jugendtreffs usw.

WANDA IRINA 13
Birmensdorf ZH

Meine Gedanken über die Schweiz
von heute und morgen

Juhui!! Unser Volk feiert 700 Jahre Eidgenossenschaft. Es ist schon ein schönes Gefühl dazu zugehören.
Unsere wunderbaren Berge, Täler, Seen und Flüsse. Die Natur ist unser Zuhause. Wir müssen sehr auf sie achtgeben, damit man sich auch in Zukunft noch an ihr erfreuen kann.
Ich möchte auch noch als erwachsener Mann von einer Bergspitze in die friedlichen und sauberen Täler schauen können.
Wir dürfen auch den Frieden nicht vergessen, der seit langer Zeit zu uns gehört. Vielerorts auf der Welt gibt es Kriege, die viel Elend mit sich bringen. Ich wünsche mir, dass es bei uns nie einen Krieg gibt.
Es wäre schön, wenn meine Wünsche in Erfüllung gehen würden.

Stefan, 12, Schwerzenbach

Marthalen 12.5.91

Sehr geehrter Herr Cotti,

ich freue mich sehr, dass ich am Tag der Jugend teilnehmen darf.

Ich habe mir vorgestellt, wenn Tell wieder auferstehen würde und seine Schweiz sähe: Schlangen von Lastwagen die durch Uri fahren, - Autos, Autos, Autos! (Pferdekutschen wären doch viel umweltfreundlicher und schöner anzusehen!) Verbetonierte Landschaften, Wälder die sterben, das Wasser der Flüsse und Seen schmutzig, tote Fische, der kleine Fischotter ausgestorben, Flugzeuge donnern über die Berge, Betonklötze stehen auf den Bergen statt Alphütten, usw.! Würde er dann nicht einen Schock bekommen und tot umfallen?

Die Schweiz in meinen Träumen: Waffenfabriken und Armee würde ich abschaffen. Das wäre ein Schritt zu einer friedlichen Welt.

Die Leute, die in den Städten leben sollen nicht an den Abgasen ersticken. Ich möchte überall frische und saubere Luft atmen können. Alle Fahrzeuge, die keinen Lärm verursachen und kein Abgas in die Luft lassen dürfen benützt werden, die anderen nicht.

Auf den Autobahnen und breiten Strassen würde ich Bäume Büsche und Blumenwiesen pflanzen.

Was ich jetzt schreibe ist kein Traum sondern sehr Ernst:

Ich habe Angst es könnte ein AKW explodieren, wie bei Tschernobil und die ganze Schweiz verseuchen Was können wir tun?

Den kranken Wäldern zuliebe wünsche ich mir autofreie Sonntage, wir Kinder möchten ohne Gefahr auf der Strasse Rollschuh-, Rollbrett-, oder Velofahren!

Eine Bitte an die Erwachsenen: Macht unsere Zukunft nicht zu einem Albtraum!

Liebe Grüsse Eliane, 12, Marthalen

Die Schweiz von morgen

Meine Vorstellungen: Zuerst einmal, so meine ich, sollte das Militär bleiben, ebenfalls der Nachrichtendienst, denn schon die alten Eidgenossen gewannen ihre Kriege (z. B. Morgartenkrieg), weil sie sich über den Gegner erkundigt hatten.
Wenn ich schon beim Krieg bin, so ist es nicht mehr weit, bis zur Neutralität der Schweizer, die bleiben sollte. Diese ist einer der vielen starken Punkte der heutigen Schweiz. Ich wünsche mir ebenso, dass die Abstimmungen besser erklärt werden, so dass sie auch von Jugendlichen verstanden werden können.
Der Verkehr ist ein schwacher Punkt der Schweiz! So gibt es doch Leute die, übertrieben ausgedrückt, am Sonntag mit dem Auto durch den Gotthardtunnel fahren, um im Stau zu stehen und am Abend um einen Stau reicher zurückzukehren. Die gleichen Leute sollten in Zukunft mit dem Zug gehen. Sie sähen viel mehr von der Natur und würden erst noch beitragen, dieser zu helfen.

Romano, 12, Andelfingen

So stelle ich mir die Schweiz vor

Die Schweiz ist ein sauberes Land, dass heisst: In Städten und Parkanlagen, es hat auch genügend „Kübel" um den Abfall wegzuwerfen. Die Schweiz ist aber nicht sauber, im Sinn von der Umweltverschmutzung. Wenn das Volk das Prinzip weniger Auto → mehr Öffentlicher Verkehr anwenden würde, gäbe es viel geringere Umweltbelastung. Man könnte 12 Autofreie Sonntage einführen. Keine 40t Lastwagen durch unser Land fahren lassen.
Die Umweltbelastung könnte das Volk beträchtlich senken
Zb. mehr Recycling mitmachen:
- Tonijoghurt Gläser Abwaschen und an die Kaufstelle zurückbringen
- Coca-Cola, Fanta usw. Alufolie-Büchsli an Sammelstelle bringen
- Leere Flaschen zurück oder an Sammelstelle bringen

Die Schweiz dürfte von mir aus in die EG und/oder UNO.
Es käme zwar dann das 40t Lastwagenproblem, dies könnte aber mit mehr Huckepack (Basel-Chiasso ⇔) (Zürich-Chiasso ⇔) gelöst werden.
Ich weiss nicht wie es mit den AKW steht, wenn möglich aber nie mehr eines dazubauen.
Die Armee könnte auch abgeschaffen werden, denn wenn ein Angriff kommt, haben wir keine Chance.

Michael, 12, GLATTBRUGG

Meine Traum Schweiz

Im grossen ganzen gesehen möchte ich, dass die Schweiz weiterhin neutral bleibt, aberich möchte auch ins Detail gehen.

Unterkünfte:

Meine Vorstellungen sind, es sollte mehr Unterkünfte für Asylbewerber geben. Es sollte kein, ja gar keinen Menschen geben der Obdachlos in der Schweiz ist.

Schule:

In den Schulen wünschte ich mir sollte man viel mehr Fremdsprachen erlernen dürfen. Die Handarbeit sollte wieder nur für Mädchen sein. Und dafür das Werken nur für Knaben. Biblischerunterricht sollte nicht pflichtig sein und man würdem troztdem Komformiert. Die 5 Tage Woche dürfte es nichmehr geben. Schön wäre wenn dass 10. Schuljahr obligatorisch wäre. gut wäre wenn dass Wahlfach schon ab 1 Oberstufe wäre. ⟶

Hauptstadt:

Die Hauptstadt sollte Zürich sein

Abfall:

Es sollte weniger MC Donalds geben. Dafür mehr andere Restaurants. Das best e wäre aber gar keine MC Donalds.

Arbeit:

Man sollte den Drogensüchtigen, Alkoholikern usw. eine Chance geben für eine Arbeit.

Grenze:

Und dass letzte wäre dass die Schwei z keine einzige grenze hätte (Land-grenze).

Selaskan Demelas

Übrige Autoren
Autres auteurs
Altri autori
Ulteriurs auturs

Andrea, 15, Mägenwil, AG
Barbara, 15, Unterkulm, AG
Beat, 14, Mägenwil, AG
Damaris, 16, Mellingen, AG
Dieter, 16, Teufenthal, AG
Lorenz, 15, Oberwil-Lieli, AG
Marianna, 14, Buchs, AG
Martin, 13, Staffelbach, AG
Nadia, 15, Fislisbach, AG
Sandra, 15, Mellingen, AG
Sonja, 16, Unterkulm, AG
Adrian, 16, Brülisau, AI
Frowin, 16, AI
Hansueli, 16, Haslen, AI
Karin, 17, AI
Katrin, 16, AI
Manuela, 15, Steinegg, AI
Marcel, 16, Meistersrüte, AI
Markus, 16, Steinegg, AI
Martin, 16, AI
Monika, 16, AI
Patricia, 16, AI
Priska, 17, Steinegg, AI
Raphael, 16, Haslen, AI
Reto, 16, Appenzell, AI
Reto, 16, AI
Richard, 16, Haslen, AI
Urs, 16, AI
Walter, 16, Appenzell, AI
Claudio, 13, Heiden, AR
Emanuel, 13, Lutzenberg, AR
Ivo, 13, Waldstatt, AR
Manuela, 13, Heiden, AR
Manuela, 13, Waldstatt, AR
Mario, 13, Heiden, AR
Patrick, 13, Lutzenberg, AR
Peter, 13, Heiden, AR
Roger, 12, Lutzenberg, AR
Roger, 13, Waldstatt, AR
Andreas, 12, Trub Brandösch, BE
Barbara, Langenthal, BE
Barbara, 12, Trub Brandösch, BE
Beatrice, 13, Bern, BE
Beatrice, 13, Trub Brandösch, BE
Bendik, Langenthal, BE
Chrigi, BE
Daniel, 13, Trub Brandösch, BE
Daniel, BE
Diana, BE
Diego, 13, Bern, BE
Iris, 12, Bern, BE
Janosch, Langenthal, BE
Manuela, Langenthal, BE
Marc, BE
Maria, 13, Bern, BE
Matthias, BE
Michael, Langenthal, BE
Michael, BE
Monica, 12, Bern, BE
Monica, 12, Bern, BE
Montserrat, 12, Bern, BE
Nadja, 11, Trub Brandösch, BE
Oliver, Langenthal, BE
Oliver, Langenthal, BE
Orfeo, Langenthal, BE
Petra, Langenthal, BE
Regula, BE
Ruben, Langenthal, BE
Sevi, 12, Bern, BE
Simone, Langenthal, BE
Stefan, 11, Trub Brandösch, BE
Susanne, 12, Trub Brandösch, BE
Ueli, 13, Trub Brandösch, BE
André, 14, Rümlingen, BL
Andrea, 13, Liedertswil, BL
Andrea, 13, Rünenberg, BL
Annik, 14, Seltisberg, BL
Barbara, 12, Arlesheim, BL
Barbara, 13, Bretzwil, BL
Beat, 13, Bubendorf, BL
Chanette, 14, Häfelfingen, BL
Chantal, 13, Binningen, BL
Chiwith, 13, Gelterkinden, BL
Christoph, 13, Waldenburg, BL
Cornelia, 13, Frenkendorf, BL
Daniela, 13, Eptingen, BL

Daniela, 13, Hersberg, BL
Dominik, 14, Lauwil, BL
Dominik, 12, Zunzgen, BL
Dominique, 13, Diepflingen, BL
Esther, 13, Arboldswil, BL
Fernanda, 14, Lausen, BL
Jan 14, Giebenach, BL
Jörg, 14, Sissach, BL
Kathrin, 13, Wittinsburg, BL
Kurt, 15, Augst, BL
Lukas, 12, Biel-Benken, BL
Marc, 13, Füllinsdorf, BL
Martin, 14, Känerkinden, BL
Martina, 14, Itingen, BL
Maya, 13, Diegten, BL
Melanie, Binningen, BL
Michael, 12, Buus, BL
Michael, 12, Lampenberg, BL
Michael, 13, Thürnen, BL
Michele, 12, Pfeffingen, BL
Mike, Aesch, BL
Miriam, 14, Oberdorf, BL
Nicole, 13, Rothenfluh, BL
Nicole, 13, Ziefen, BL
Nikolaus, 14, Läufelfingen, BL
Patrick, 13, Ettingen, BL
Philipp, 13, Muttenz, BL
Philipp, 12, Wintersingen, BL
Philippe, 13, Pratteln, BL
Rahel, 13, Böckten, BL
Robert, 14, Liestal, BL
Roger, 12, Zeglingen, BL
Sandra, 13, Kilchberg, BL
Sandra, 13, Münchenstein, BL
Sandra, 13, Tecknau, BL
Sandrine, 13, Lupsingen, BL
Selina, 15, Allschwil, BL
Silvia, 13, Wenslingen, BL
Stefan, 11, Arisdorf, BL
Stephan, 15, Maisprach, BL
Stephan, 13, Reigoldswil, BL
Thomas, 13, Oberwil, BL
Tina, 13, Titterten, BL
Yvonne, 13, Reinach, BL
Dominik, 16, Basel, BS
Markus, 16, Basel, BS
Alain, 13, Avusy, GE
Alexandre, 12, Onex, GE
Anne, 12, Meyrin, GE
Céline, 10, Bellevue, GE
Céline, 13, Russin, GE
Cyrille, 13, Dardagny, GE
David, 13, Perly-Certoux, GE
Eliane, 12, Cartigny, GE
Florian, 12, Satigny, GE
Guy, 12, Hermance, GE
Jessica, 11, Choulex, GE
Jonathan, 14, Aire-la-Ville, GE
Josée, 12, Collonge-Bellerive, GE
Létizia, 13, Laconnex, GE
Lucile, 12, GE
Nathalie, Presinge, GE
Patrick, 14, Chancy, GE
Rachel, 13, Versoix, GE
Sébastien, 13, Plan-les-Ouates, GE
Sébastien, 13, Vernier, GE
Séverine, 11, Gy, GE
Tania, 13, Chêne-Bougeries, GE
Yannick, 12, Thônex, GE
Barbara, Nidfurn, GL
Doris, Schwanden, GL
Mario, GL
Markus, Näfels, GL
Nicole, Leuggelbach, GL
Andreas, 13, Andeer, GR
Annina, 12, Bonaduz, GR
Bernhard, 12, Tenna, GR
Bettina, 13, Samnaun-Laret, GR
Catia, 13, Domat/Ems, GR
Claudio, 12, Zillis, GR
Corina, 13, Furna, GR
Daniel, 12, Untervaz, GR
Daniela, Peist, GR
Manuela, 12, Samedan, GR
Marion, 13, Chur, GR
Nina, 12, Churwalden, GR

Patrick, 12, Riom-Parsonz, GR
Renato, 13, Cazis, GR
Roger, 11, Tartar, GR
Silvio, 13, Haldenstein, GR
Urs, 13, Arosa, GR
..., 12, Buchrain, LU
Andrea, 14, Meggen, LU
Annigna, 12, Ebikon, LU
Christina, 15, Meggen, LU
Corinne, 12, Ebikon, LU
Cornelia, 12, Buchrain, LU
Daniel, 12, Buchrain, LU
Daniel, 12, Ebikon, LU
Daniela, 11, Ebikon, LU
Fränzi, 14, Meggen, LU
Isabelle, 14, Meggen, LU
Ivo, 12, Buchrain, LU
Ivo, 12, Buchrain, LU
Jörg, 16, Meggen, LU
Jolanda, 12, Ebikon, LU
Martin, 12, Buchrain, LU
Martina, 13, Ebikon, LU
Maya, 14, Meggen, LU
Melanie, 12, Ebikon, LU
Michael, 12, Ebikon, LU
Michèle, 12, Buchrain, LU
Patrick, 12, Buchrain, LU
Regula, 12, Buchrain, LU
Rohan, 11, Ebikon, LU
Roland, 12, Buchrain, LU
Ruth, 14, Meggen, LU
Sandra, 12, Buchrain, LU
Sandra, 15, Meggen, LU
Tanja, 14, Meggen, LU
Anne-Christelle, 12, Boudevilliers, NE
Catherine, 12,
Le Cerneux-Péquignot, NE
Jérémie, 12, Chézard, NE
Julien, 12, La-Chaux-du-Milieu, NE
Marika, 12, Mont-de-Buttes, NE
Markus, 11, Les Planchettes, NE
Matthieu, 12, Cornaux, NE
Nathalie, 12, Marmoud, NE
Pierre, 12, Dombresson, NE
Xavier, 12, Môtiers, NE
Barbara, 13, Sachseln, OW
Beat, 13, Sachseln, OW
Beat, 13, Sarnen, OW
Claudia, 13, Alpnach Dorf, OW
Kerstin, 13, Alpnach Dorf, OW
Louis, 13, Sachseln, OW
Maja, 13, Giswil, OW
Marcel, 13, Sarnen, OW
Martina, 13, Alpnach, OW
Nadia, 13, Sachseln, OW
Nadine, 13, Sachseln, OW
Raphael, 12, Sarnen, OW
Susanne, 13, Sarnen, OW
Urs, 12, Sarnen, OW
Astrid, 12, Sargans, SG
Bodil, 13, Rorschach, SG
Carmen, 13, Sargans, SG
Christa, 12, SG
Christian, 13, Rorschach, SG
Claudia, 12, Rorschacherberg, SG
Claudia, 12, SG
Claudia, 12, SG
Felix, 12, Sargans, SG
Gregor, 12, Rorschacherberg, SG
Marco, 12, Sargans, SG
Martin, 13, Rorschach, SG
Nicole, 12, Sargans, SG
Nicole, 12, Sargans, SG
Patrick, 12, Sargans, SG
Ramona, 14, Sargans, SG
Rebecca, 12, SG
Rebekka, 11, Rorschacherberg, SG
René, 12, Sargans, SG
Sandra, 12, Sargans, SG
Serge, 13, Sargans, SG
Simon, 12, SG
Simone, 12, Sargans, SG
Sonja, 12, SG
Thomas, 13, Rorschach, SG
Barbara, 13, Barzheim, SH
Barbara, 13, Schaffhausen, SH

Barbara, 12, Schleitheim, SH
Eveline, 13, Stein am Rhein, SH
Evi, 13, Hemishofen, SH
Karin, 12, Buch, SH
Katja, 12, Hemmental, SH
Katja, 13, Hofen, SH
Katja, 12, Löhningen, SH
Michi, 12, Bibern, SH
Nicole, 12, Buchberg, SH
Patrick, 12, Hallau, SH
Philip, 12, Büttenhardt, SH
Remo, 13, Ramsen, SH
Tanja, 13, Trasadingen, SH
Ueli, 12, Thayngen, SH
Aurelia, 16, Küssnacht, SH
Isabelle und Tanja, 13,
Niedergösgen, SO
Simone, 13, Niedergösgen, SO
Simone, Marco, Judith, 13,
Niedergösgen, SO
Stephan und Christoph, 14,
Niedergösgen, SO
Stefan, 12, Niedergösgen, SO
Thomas und Andreas, 13,
Niedergösgen, SO
Beat, 16, Küssnacht, SZ
Daniela, 13, Wangen, SZ
Gaby, 16, Küssnacht, SZ
Jimmy, 17, Küssnacht, SZ
Kathrin, 17, Küssnacht, SZ
Lorenz, 13, Siebnen, SZ
Marc, 16, Küssnacht, SZ
Martin, 13, Siebnen, SZ
Peter, 16, Küssnacht, SZ
René, 13, Brunnen, SZ
Serena und Carola, 13, Brunnen, SZ
Tabita, 13, Brunnen, SZ
Andreas, 13, Wassen, UR
Antoinette, 14, Sisikon, UR
Beatrice, 13, Flüelen, UR
Bruno, 13, Schattdorf, UR
Carmen, 12, Altdorf, UR
Davina, 13, Göschenen, UR
Isabelle, 12, Seelisberg, UR
Karin, 12, Bauen, UR
Madlen, 12, Isenthal, UR
Priska, 13, Hospental, UR
Stefan, 14, Andermatt, UR
Ueli, 14, Spiringen, UR
Andrée, VS
Barbara, Naters, VS
Bernard, VS
Bruno, VS
Cédric, VS
Christian, 13, VS
Corinne, VS
David, VS
David, VS
Dominique, 13, VS
Evelyne, VS
Florian, VS
Gwenoëlle, 13, VS
Jérôme, VS
Jérôme, VS
Jöel, VS
Jöel, VS
Julie, 13, Sion, VS
Käthy, Naters, VS
Karin, Naters, VS
Kristel, VS
Laurent, Monthey, VS
Laurent, VS
Ludwine, VS
Marie, Monthey, VS
Marie, Monthey, VS
Marika, VS
Nathalie, Monthey, VS
Nicole, Naters, VS
Pascal, Muraz, VS
Pascal, VS
Patricia, Naters, VS
Pérola, VS
Raphael, Monthey, VS
R., Naters, VS
Sabine, 16, VS
Sandrine, 13, VS

Sarah, 13, VS
Sébastien, Monthey, VS
Sébastien, 14, Sion, VS
Sébastien, VS
Séverine, VS
Simone, Naters, VS
Soizic, VS
Sophie, VS
Stéphanie, VS
Thomas, Naters, VS
Valery, VS
Virginie, 13, VS
Yannick, Monthey, VS
Yannick, VS
Yasmine, Naters, VS
Yves, VS
Adrian, 13, Unterägeri, ZG
Alexander, 11, Baar, ZG
Alexander, 13, Zug, ZG
Andrea, 11, Baar, ZG
Andrea, 13, Zug, ZG
Andrea, 13, Zug, ZG
Andreas, 12, Zug, ZG
Angela, 13, Zug, ZG
Beat, 12, Baar, ZG
Bruno, 15, Unterägeri, ZG
Caterina, 12, Baar, ZG
Christian, 13, Baar, ZG
Claudia, 13, Cham, ZG
Dagmar, 12, Baar, ZG
Daniel, 12, Baar, ZG
Daniel, 12, Baar, ZG
Daniel, 14, Cham, ZG
Daniela, 14, Cham, ZG
Daniela, 12, Zug, ZG
Daniela, 12, Zug, ZG
Daniele, 14, Zug, ZG
Denis, 12, Baar, ZG
Eliane, 12, Cham, ZG
Esther, 13, Zug, ZG
Eva, 12, Baar, ZG
Eva, 11, Zug, ZG
Fabian, 13, Zug, ZG
Fredi, 13, Unterägeri, ZG
Geraldine, 12, Cham, ZG
German, 13, Zug, ZG
Helen, 12, Cham, ZG
Isabella, 12, Zug, ZG
Isabelle, 12, Baar, ZG
Ivan, 12, Zug, ZG
Jasmina, 13, Cham, ZG
Kristina, 12, Zug, ZG
Linda, 13, Zug, ZG
Manuela, 12, Zug, ZG
Marcel, 11, Baar, ZG
Marco, 13, Unterägeri, ZG
Marco, 12, Zug, ZG
Marco, 12, Zug, ZG
Maria, 12, Zug, ZG
Markus, 12, Baar, ZG
Martin, 11, Baar, ZG
Martin, 13, Cham, ZG
Martina, 14, Zug, ZG
Martina, 12, Zug, ZG
Mathias, 12, Zug, ZG
Meryem, 13, Zug, ZG
Michael, 13, Zug, ZG
Michelle, 13, Zug, ZG
Michi, 13, Cham, ZG
Miriam, 12, Baar, ZG
Mirjam, 12, Zug, ZG
Mirjana, 12, Zug, ZG
Monika, 13, Cham, ZG
Nadja, 12, Zug, ZG
Nadja, 13, Zug, ZG
Oliver, 12, Unterägeri, ZG
Oria, 13, Zug, ZG
Pedro, 13, Zug, ZG
Petra, 13, Unterägeri, ZG
Philipp, 13, Unterägeri, ZG
Pirmin, 13, Zug, ZG
Pius, 13, Cham, ZG
Remo, 12, Cham, ZG
Remo, 13, Unterägeri, ZG
Richard, 12, Zug, ZG
Sandra, 12, Zug, ZG

Silvan, 13, Cham, ZG
Silvia, 12, Cham, ZG
Simon, 13, Zug, ZG
Susana, 12, Baar, ZG
Susanne, 12, Zug, ZG
Tanja, 12, Baar, ZG
Tanja, 12, Cham, ZG
Tanja, 12, Cham, ZG
Tihomir, 11, Baar, ZG
Tobias, 12, Unterägeri, ZG
Vedran, 12, Zug, ZG
Yvonne, 13, Unterägeri, ZG
Yvonne, 12, Zug, ZG
Aline, 13, Mettmenstetten, ZH
Andi, 13, Wetzwil am Albis, ZH
Andreas, 13, Bertschikon, ZH
Andreas, 12, Steinmaur, ZH
Andreas, 12, Teufen, ZH
Anita, 13, Oberembrach, ZH
Astrid, 13, Kilchberg, ZH
Carlo, 11, Oberrieden, ZH
Carmen, 13, Dietikon, ZH
Christian, 12, Kyburg, ZH
Christian, Schlieren, ZH
Christian, 12, Wila, ZH
Christoph, 14, Rümlang, ZH
Christophe, 13, Neerach, ZH
Corina, 13, Rüti, ZH
Corinne, 13, Brüttisellen, ZH
Cornelia, 13, Buchs, ZH
Daniela, 13, Zürich, ZH
David, 12, Rifferswil, ZH
Deborah, 13, Winkel-Rüti, ZH
Dominik, 12, Wildberg, ZH
Doris, 13, Flaach, ZH
Franziska, 13, Flurlingen, ZH
Hanna, 13, Dürnten, ZH
Irene, 13, Truttikon, ZH
Judith, 12, Weiach, ZH
Käthi, 12, Ellikon an der Thur, ZH
Karin, 13, Aesch, ZH
Karin, 12, Dielsdorf, ZH
Katharina, 12, Wetzikon, ZH
Katrin, 13, Bachs, ZH
Lisa, 15, Hinteregg, ZH
Lukas, 12, Dübendorf, ZH
Lukas, 14, Guntalingen, ZH
Manuela, 12, Bonstetten, ZH
Marco, 13, Bäretswil, ZH
Marieke, 12, Uetikon am See, ZH
Martin, 12, ZH
Martin, 13, ZH
Martina, 13, Dorf, ZH
Martina, 12, Maur, ZH
Michael, 12, Henggart, ZH
Michaela, 12, Hombrechtikon, ZH
Monika, 13, Oetwil am See, ZH
Nicole, 12, Niederglatt, ZH
Oliver, 12, Feuerthalen/Langwiesen, ZH
Patrik, 13, Rheinau, ZH
Rafael, 13, Bachenbülach, ZH
Roland, 12, Knonau, ZH
Roland, 13, Wiesendangen, ZH
Sabine, 13, Sulz-Rickenbach, ZH
Salome, 12, Zollikon, ZH
Sandra, 13, Rorbas, ZH
Sara, 12, Dällikon, ZH
Sara, 13, Kappel, ZH
Sara, 12, Obfelden, ZH
Sarah, 12, Herrliberg, ZH
Simon, 11, Brütten, ZH
Simon, 12, Dachsen, ZH
Simone, 13, Dietlikon, ZH
Simone, 13, Gräslikon, ZH
Susi, 12, Dättlikon, ZH
Tanja, 13, Ossingen, ZH
Tanja, 12, Stallikon, ZH
Thierry, 12, Bubikon, ZH
Ueli, 13, Männedorf, ZH
Urs, 13, Regensdorf, ZH

Dank
Remerciements
Ringraziamento
Engraziament

Unser Dank geht an:
Notre remerciement est destiné à:
Il nostro ringraziamento và a:
Nies engraziament s'auda a:

Regierungsrat des
Kantons Basel-Landschaft

BL-Organisationskomitee CH-700

Verlag des Kantons Basel-Landschaft

Markus Monsch, Projektleiter
Tag der Jugend, Brunnen

Für die Mithilfe beim Auswählen der Aufsätze:
Nous remercions de la sélection des compositions:
Ringraziamo per la cooperazione nella scelta delle composizioni:
Per igl agid tier la selecziun dils concepts engraziein nus a:

Malick Baulet, Croix-de-Rozon GE
Iris Jiminez, Carouge GE
Deborah Nardini, Brunnen SZ
Eva Hegglin, Brunnen SZ
Odette Häfeli, Füllinsdorf BL
Oliver Reichenstein, Sissach BL